Memoria de Auschwitz

Memoria de Auschwitz
Actualidad moral y política

Reyes Mate

EDITORIAL TROTTA

COLECCIÓN ESTRUCTURAS Y PROCESOS
Serie Filosofía

© Editorial Trotta, S.A., 2003
Ferraz, 55. 28008 Madrid
Teléfono: 91 543 03 61
Fax: 91 543 14 88
E-mail: editorial@trotta.es
http://www.trotta.es

© Reyes Mate, 2003

ISBN: 978-84-8164-648-1
Depósito Legal: M-39544-2003

Impresión
Gráficas De Diego

CONTENIDO

Introducción 9

1. Del hitlerismo a la racionalidad occidental 33
2. El campo, lugar de la política moderna 71
3. La memoria de Auschwitz 117
4. La autoridad del testigo 167
5. El testigo, entre la palabra y el silencio 217
6. Por una justicia de las víctimas 241

Bibliografía 261
Índice general 267

INTRODUCCIÓN

«Indiferencia y crimen ¿son lo mismo?»

(Marek Edelman, gueto de Varsovia)

En Auschwitz, suele decir Elie Wiesel, no murió sólo el judío sino también el hombre. La humanidad del hombre, esos triunfos parciales logrados por el ser humano sobre la barbarie a lo largo de los siglos, quedó pulverizada, en algunas de sus zonas vitales, en las cámaras de gas. Y, en primer lugar, la capacidad de memoria. Hay que tener en cuenta, en efecto, que Auschwitz no fue sólo una gigantesca fábrica de muerte sino también un proyecto de olvido. Todo estaba pensado para que no quedara ni rastro, por eso todos tenían que morir y los cadáveres debían ser quemados, los huesos molidos y luego aventados. Lo más singular de este acontecimiento es, como dice el historiador francés Vidal Naquet, «la negación del crimen dentro del crimen» para que no hubiera huella en la memoria de la humanidad.

Durante un tiempo pareció que, pese a la derrota del nazismo, el programa amnésico había sido logrado. Europa pensó que para vivir había que olvidar. Quien se empeñara en recordar era, en el mejor de los casos, tolerado, como bien recuerda Jean Améry, pero no bien recibido. Esa situación ha empezado a cambiar desde hace pocos lustros. Se van multiplicando las señales que anuncian una presencia provocadora de la memoria.

Un día es la creación, en España, de una Asociación para la Recuperación de la Memoria Histórica; otro, la información de que países que fueron viveros de esclavos, como Suráfrica, piden cuentas a las antiguas metrópolis por su pasado criminal, luego nos cuentan que, en Argentina, se plantean la revisión de las leyes del Punto Final y Obediencia Debida... Para entender lo que en todos esos casos significa recordar la barbarie, la referencia a Auschwitz, figura extrema y ejemplar de la injusticia de las víctimas, es obligada. Este libro se inscribe en esa estrategia de construir una cultura de la memoria que permita a las generaciones presentes construir un futuro en el que ese pasado no se repita porque hemos entendido lo que significa para la política hacer justicia a las víctimas.

Que no se trata, cuando convocamos la memoria, sólo de honrar o conocer el pasado, sino de hacerle valer aquí y ahora, es algo que queda bien explicado en la carta enviada por Gabriel García Márquez y otros intelectuales colombianos al gobierno español, protestando por la exigencia de visados a los colombianos:

> Aquí hay brazos y cerebros que ustedes necesitan. Somos hijos, o si no hijos, al menos nietos o biznietos de España. Y cuando no nos une un nexo de sangre, nos une una deuda de servicio: somos los hijos o los nietos de los esclavos y los siervos injustamente sometidos por España. No se nos puede sumar a la hora de resaltar la importancia de nuestra lengua y de nuestra cultura, para luego restarnos cuando en Europa les conviene. Explíquenles a sus socios europeos que ustedes tienen con nosotros una obligación y un compromiso históricos a los que no pueden dar la espalda.

Hay que explicar, no sólo a los socios europeos, sino a nosotros mismos, qué deudas contraídas hace quinientos años tienen todavía vigencia...

Le memoria goza, pues, de buena prensa, pero ¿qué entendemos por ello? No es difícil observar una notable diferencia entre las respuestas de los entendidos, eruditos o políticos y las que dan los más afectados por ese pasado olvidado. Los primeros quieren recordar para que la historia no se repita. La frase de George Santayana que despide al visitante del campo de concentración de Dachau —«El que olvida la historia está condenado a repetirla»— es santo y seña de la floreciente política de la memoria. Los segundos, sin embargo, colocan el acento en otro lugar: los nietos de los republicanos asesinados al borde del camino de un pueblo leonés, Piedrafita, trasladan los cadáveres de un lugar de paso al camposanto para honrar a sus muertos y para hacerles justicia. No es lo mismo recordar para que la historia no se repita, que para que se haga justicia: en el primer caso pensamos en nosotros mismos y, en el otro, en las víctimas.

INTRODUCCIÓN

Este libro es una reflexión filosófica sobre las víctimas y tiene como eje de su recorrido a Auschwitz. El término de «Auschwitz» remite a un acontecimiento de barbarie, datado en el tiempo y en el espacio, que pretende señalar la materialidad de la experiencia del mal y, por tanto, el rechazo a subsumirlo bajo una forma abstracta (*el mal*) o la insignificancia de un acontecimiento concreto. Imre Kertesz ha acuñado la expresión «espíritu de la narración», aplicado a Auschwitz, para dar a entender la referencia obligada a la memoria del sufrimiento concreto, si queremos elaborar un discurso moralmente aceptable sobre el hombre, el mundo o la historia.

Auschwitz es un acontecimiento concreto y singular, pero no hasta el punto de que carezca de historia. Toda esta investigación se ve guiada por el esclarecimiento de esas dos dimensiones: la de ser un acontecimiento singular y, al mismo tiempo, resultado de un proceso. Si es el resultado de un proceso, habrá que asignarle antecedentes que lo hagan comprensible de alguna manera. Pero, además, Auschwitz es un acontecimiento inédito e impensado. Para entender lo que significa la vigencia moral y política de la barbarie hay que aunar esos dos momentos: el que identifica la lógica de un proceso que lleva al exterminio y el que, por ser impensable, da que pensar, esto es, se constituye en punto de partida, en origen, de un modo de pensar.

En el primer capítulo, titulado «Del hitlerismo a la racionalidad occidental», se rastrea la historia de esa lógica letal. Auschwitz no es el primer caso de inhumanidad y tampoco ha sido el último que hemos conocido. Es, por el contrario, el episodio extremo de una historia ligada a la racionalidad occidental. Un estudio de Emmanuel Lévinas, escrito en 1934, titulado «Algunas reflexiones sobre la filosofía del hitlerismo», va a servir de hilo conductor para esta reconstrucción. Un año antes, en 1933, Heidegger, a la sazón rector de la Universidad de Friburgo, había volcado el peso de la fenomenología en favor del hitlerismo. Lévinas quiere darle la réplica mostrando la capacidad crítica de la filosofía europea.

El hitlerismo no es una locura sino el sueño de los sentimientos elementales. Esos sentimientos expresan la primera actitud de un alma frente al conjunto de lo real, es decir, prefiguran el sentido de la aventura a la que el alma está expuesta en el mundo, si no logra desprenderse de esa elementalidad mediante el pensamiento, es decir, si no se decide a pensar. Ese pensar de más, para poner freno a la aventura de los sentimientos elementales, es lo que ha hecho la civilización occidental, gracias a las grandes tradiciones que la han conformado: el judaísmo, el cristianismo, el liberalismo. El hitlerismo supone, por tanto, la ruptura de esos diques civilizatorios y, por tanto, el enfrentamiento total con las tradiciones que los han conformado. El bien más preciado de Occidente es la libertad, que no se agota en las libertades políticas. La libertad es un sentimiento de liberación absoluta del hombre frente al mundo y frente a las posibilidades que incitan a su acción. La libertad es liberación de los condicionantes que suponen el tiempo y la historia.

Hay liberación del tiempo cuando se puede poner coto a las consecuencias de una acción, de suerte que éstas no parezcan irreparables. A primera vista, todas las consecuencias de una acción son irreparables. Podemos ser más o menos libres en hacer algo pero, una vez hecho, nadie puede controlar las consecuencias directas e indirectas de esa acción. El hecho consumado se presenta así al hombre como algo inamovible y, por tanto, irreparable. Nada puede hacer frente a lo ya hecho, si no es cabalgarlo y, por tanto, continuarlo. La libertad supone o supondría recuperar la acción, poder hacerla de nuevo, darla un nuevo comienzo. La liberación de la historia supone no ligar ni someter la realización del individuo a la fuerza impulsora del destino colectivo pues esa supeditación acaba por desvalorizar la singularidad del individuo y por convertirlo en combustible del «progreso».

En eso ha consistido la civilización occidental, en luchar contra la tiranía del tiempo y de la historia en defensa de la libertad. Figuras como el perdón (judaísmo), la conmemoración (cristianismo) o la autonomía del sujeto (liberalismo) representan bien esos esfuerzos de la libertad para librarse del determinismo del destino. Con todo esto lo que se está diciendo es que no sólo es libre la decisión del hombre, la elección del proyecto personal, sino que sigue libre frente a la decisión tomada o a la elección consumada. El hombre puede rescindir el contrato que contrae con las consecuencias de su acción cada vez que actúa libremente.

La quiebra con esta civilización occidental sólo sería posible si la situación a la que el hombre está atado fuera erigida en el fundamento del ser del hombre, es decir, si la barbarie que se quiere domeñar fuera considerada principio espiritual del hombre. Y esto es lo que ha ocurrido cuando se ha convertido al cuerpo —que es algo a lo que el hombre está atado— en la base del hombre. El hitlerismo ha colocado en la base de su concepción del hombre el sentimiento del cuerpo, llevándolo al extremo, es decir, al centro de la vida espiritual: «Lo biológico con todo lo que conlleva de fatalidad se convierte en más que un objeto de la vida espiritual, se torna su corazón». El corazón de la vida espiritual es la sangre y la tierra, las llamadas de la herencia y de la tradición. El hombre ya no está constituido por la libertad, sino por «una especie de encadenamiento». Ser uno mismo no es estar por encima de las contingencias sino «tomar conciencia del ineluctable encadenamiento original, exclusivo, a nuestro cuerpo; es, sobre todo, aceptar este encadenamiento». La centralidad de la sangre y de la tierra, a la hora de definir la «espiritualidad» del hombre, remite ya al racismo. Nada más lógico entonces que organizar socialmente a los hombre teniendo como referente la consaguineidad. Si la raza no existe, hay que inventarla.

Lo que define al hitlerismo es el encadenamiento al cuerpo, erigido en principio espiritual. Ahora bien, si en 1934, fecha en que el escrito fue redactado, el hitlerismo aparecía como la negación de la civilización occidental, en 1990, cuando lo reedita, añade una postdata en la que esa barbarie aparece como una dimensión oculta de la susodicha civilización y no ya como su negación pura y simple. Lo que entretanto ha ocurrido ha sido una lectura crítica de toda la filosofía, «desde los jónicos hasta Jena» (desde los presocráticos hasta Hegel), como decía su maestro Franz Rosenzweig, que muestra a la venerable filosofía canónica cual ideología de la guerra. El idealismo de partida estaba grávido de totalitarismo. Desde el momento, en efecto, que Tales de Mileto afirmó que «todo es agua», reduciendo la riqueza y pluralidad de la realidad a un solo elemento, la filosofía estaba entregada a cualquier elemento totalizador, llámese naturaleza, Dios, humanidad, proletariado o raza.

Es difícil hoy hacernos una idea de la crisis que supuso la primera guerra mundial para los pensadores europeos. Se les vino abajo un proyecto de Ilustración, diseñado dos siglos antes, que les obligó a empezar de cero. El sueño de un mundo organizado desde la razón había dado a luz el nacionalismo, la violencia y la guerra. La historia, que esa misma filosofía había erigido en tribunal de la razón, se levantaba ahora acusadora contra un proyecto ilustrado, sentenciando que el fuego de la Gran Guerra era el lugar en el que el proyecto moderno de Europa se consumaba y se consumía. Aquello no era un accidente sino su realización y, al realizarse como guerra, también anunciaba su acabamiento. La generación de entreguerras tuvo entonces que buscar un nuevo comienzo del pensar: Heidegger, en los presocráticos; Rosenzweig, en el lenguaje; Ortega y Gasset, en la vida; Benjamin, en la experiencia. Esas visiones holistas de la filosofía, a la que tan dada era esta generación de filósofos, se explica por la dimensión de la catástrofe y, por tanto, de la frustración. A ellos les tocó despertarse a la realidad insinuada en el aguafuerte de Goya *Los sueños de la razón producen monstruos.*

El contenido material de esta visión formal es la biopolítica, un concepto que maneja Michel Foucault y que Giorgio Agamben lo convierte en pieza clave de su crítica política. De eso habla el capítulo segundo, «El campo, lugar de la política moderna». Biopolítica significa reducir el hombre a nuda vida, devolver el *bíos* a la *zoè*. En un mundo conceptual en el que todo lo que existe es reducido a objeto o combustible del conocimiento del sujeto —y eso es lo que ocurre con el idealismo— el hombre no puede ser sujeto real de derechos, y la política sí puede convertirse en un campo de concentración. Éste es el planteamiento radical de la biopolítica que caracterizaría, según estos autores, no sólo al fascismo, sino a nuestra Modernidad. Para que el hombre fuera un sujeto real de derechos, convicción moderna indiscutible y sustancia de la doctrina de los derechos humanos, el hombre, cualquier hombre por el hecho de nacer, debería tener garantizado el cumplimiento de los mismos. Ahora bien, si algo ha experimentado el ser humano a lo largo del siglo XX es que no hay nada sagrado bajo la dignidad de ser hombre, como decía Hanna Arendt. Los apátridas, exiliados, o desnaturalizados de entreguerras fueron la prueba viviente de que quien se presentaba ante las fronteras de cualquier Estado sin más documento que la dignidad humana, estaba perdido. Lo mismo que ocurre hoy con los indocumentados que llegan a los países ricos huyendo de la miseria de origen. Un ministro español de Asuntos Exteriores, Abel Matutes, formuló esta dramática verdad, a propósito de un episodio xenófobo en un pueblo de Almería, con una fórmula insuperable: «Para el Estado el emigrante sin papeles no existe». Por su supuesto que existe como mano de obra. Pero si ese ser humano sustanciado en una mano, mano de obra, pretende ser sujeto de derechos humanos, entonces aparece la gran verdad de que esos derechos dependen de un papel que da el Estado.

El Estado es la figura política fundamental, el gran invento de la filosofía política moderna. Hegel lo calificó de «totalidad ética», término contradictorio que en su boca sonaba a piropo pues lo que quería decir es que en esa forma política se reconciliaban por fin y por primera vez los intereses del individuo y los de la comunidad. La *crux* de esta «totalidad ética» es que no estaba sola: al lado de un Estado había otro Estado que también era «totalidad ética», y la relación entre dos totalidades no podía ser otra que la guerra. De nuevo la guerra. Carl Schmitt ha recogido en una fórmula provocativa esta larga tradición política occidental al definir a la política como «el enfrentamiento amigo-enemigo». No hay que entender los términos «amigo» y «enemigo» en sentido psicológico, sino político.

INTRODUCCIÓN

El enemigo no es alguien a quien odiamos, sino un colectivo, un pueblo diferente al mío, porque el amigo es mi pueblo, aquellos seres con los que comparto la misma tierra y la misma sangre. El Estado no escapa a esa definición, aunque introduzca la variante de una pluralidad de sangres en el mismo territorio.

Schmitt precisa otro concepto del que la biopolítica toma buena nota: la soberanía política se expresa eminentemente en la posibilidad de decretar el estado de excepción. En el gesto de suspender los derechos, propio del estado de excepción, se manifiesta con toda claridad que es «el Estado el que da los papeles», es decir, que esas grandes conquistas políticas del individuo que llamamos derechos humanos, son decisiones del poder. El lugar más visible —y más extremo— del estado de excepción es el campo de concentración, con lo que la biopolítica llega a la conclusión de que la figura que mejor visualiza la política moderna es el campo. Sabemos que el campo de concentración no es un invento nazi sino un lugar muy frecuentado por todos los Estados occidentales a la hora de resolver el problema de esos seres que no tenían más papeles que su dignidad humana. Ahora se da un paso más y se declara, por la biopolítica, que todo es campo.

¿Es todo campo? ¿Puede compararse la vida en una democracia liberal con la que los supervivientes nos cuentan de los campos de Dachau, Buchenwald o Auschwitz? Es una exageración y hasta un escarnio para quienes tuvieron que vivir en algunos de esos infiernos. Hay pues que afinar. Benjamin introduce la primera distinción: «Para los oprimidos el estado de excepción es la regla». Puede que una buena parte de la sociedad interprete su existencia y la de los suyos como progreso, por algo colocamos la evolución de Occidente en los dos últimos siglos bajo la categoría del progreso, esto es, de la incesante conquista de nuevas cotas de bienestar, de razón y de dignidad. Lo que dice Benjamin es que algunos han pagado el precio del progreso. En esto, obligado es reconocerlo, todo el mundo está de acuerdo. La diferencia está en la interpretación del costo humano y social del mismo: para esa parte de la sociedad que experimenta la existencia como progreso, el costo humano y social es una excepcionalidad, esto es, una situación transitoria, provisional, destinada a desaparecer pues la dinámica del progreso acabará absorbiendo el costo, de suerte que, al final, todos felices. Para los oprimidos, sin embargo, la excepcionalidad es permanente: hay una clase de hombres, y ellos lo saben, que han costeado sistemáticamente el bienestar de otros. En esa aseveración hay un momento práctico y otro teórico. El práctico: la constatación de que su existencia y la de los suyos ha sido un permanente estado de excepción; si examináramos las grandes y las mejores producciones del espíritu humano llegaríamos a la convicción de que «no hay un solo documento de cultura que no lo sea también de barbarie». El momento teórico: la lógica del progreso no conduce a la superación de la necesidad del costo humano y social, sino a su constante progresión; nunca, por ejemplo, ha habido más progreso que ahora y nunca tanto miedo al futuro, conscientes de que el progreso cada vez se cobra mayores precios. El progreso es incapaz de reciclar sus propios desechos.

Ahora bien, si para una parte de la sociedad —parte cuantitativamente nada despreciable— el estado de excepción, el campo, ha sido lo habitual, ¿puede la otra parte desentenderse del campo? De alguna manera todo es campo, decían las mentes más lúcidas antes y después de la segunda guerra mundial. Si para los oprimidos el estado de excepción es permanente, eso significa que, para ellos, la política es biopolítica. Esta percepción está más generalizada de lo que parece. He aquí dos muestras, una literaria y otra filosófica, que denotan la rebaja del hombre a nuda vida. La literaria la proporciona Kafka con la figura de la animalización. *La metamorfosis* arranca así: «Una mañana, tras un sueño intranquilo, Gregorio Samsa se despertó convertido en un monstruoso insecto». Kafka acostumbra a presentar al hombre convertido en un animal (Samsa se convierte en un *Ungeziefer*, gusano, nombre que luego los nazi darían a los judíos en los campos de exterminio). Es una manera de ver la realidad del hombre reducido a nuda vida, a pura biología, en la sociedad actual. El sueño del sujeto de derechos que alumbrara la *Déclaration des droits de l'homme et du citoyen*, de 1789, ha quedado en monstruoso insecto o en mano de obra. El otro testimonio es filosófico. Las tablas de la ley del hombre moderno están escritas bajo la rúbrica de «imperativo categórico» que podríamos resumir como el convencimiento de un hombre adulto, esto es, el que vive bajo la lógica de la razón, según la cual bueno es aquello que siendo bueno para mí entiendo que es bueno para todos. De esta suerte confluyen el principio de autonomía y el de universalidad, las dos joyas de la Ilustración, en la construcción de la acción moral. Bueno, pues la gran tragedia de este hombre moderno es que nunca nadie, jamás el hombre concreto, por mucho que intente actuar así, moralmente, sabrá si lo que en cada caso decide que es bueno, lo es de hecho. Se le exige que actúe legislativamente pero sin que jamás llegue a saber si lo que toma por ley moral lo sea realmente. El resultado es que el hombre se encuentra abandonado a su suerte, esto es, sometido ciegamente a una norma de la que no puede saber si es buena. En ese abandono no hay nada de dignidad sino la indignidad del sometimiento ciego, como si el hombre fuera nuda vida. Podríamos ilustrar la tesis de que el hombre es, para la política habitual, nuda vida, con la lectura de la prensa diaria. Nuda vida es la mujer para los traficantes de esclavos en Sudán; «ahora soy medio animal», confiesan los afganos detenidos en Guantánamo; cuerpos sin derechos, cualquier sospechoso para la autoridades norteamericanas de terrorismo...

Si, de alguna manera, todo es campo, ¿qué cabe hacer? Preguntarnos si la biopolítica es la única política posible. Una mirada sobre la historia de la filosofía política nos muestra que hay como dos tradiciones que se solapan y hasta se enfrentan desde el principio. Una la tenemos en Aristóteles y la otra, en Platón. Es Aristóteles, en efecto, el que nos recuerda que el *demos* surge en Atenas el día que Solón decreta que las deudas no se pagarán con la esclavitud. Eso significa que los pobres pueden ser ciudadanos. Lo importante, nos señala, es que estos nuevos ciudadanos pobres, el *demos*, no van al ágora, donde juegan a la democracia unos pocos ciudadanos ricos y varones, a sumarse a las reglas de juego que allí dominan, sino que ellos se constituyen en representación de todos y plantean unas nuevas reglas políticas de juego en las que, a diferencia de las del ágora, no produzca exclusiones, como las que ellos han vivido. Ése es el momento fundante del *demos* y, por tanto, de la política o de la democracia. Aristóteles decía otra cosa más: que la política es un instrumento pensado por el hombre para resolver las diferencias entre ricos y pobres, es decir, que la gracia de la política es la justicia; el problema, sigue diciendo el Estagirita, es que sólo los pobres están interesados en lograr una acuerdo general, mientras que los ricos no ven más universalidad que la proyección de sus intereses. Ahora bien, ese tipo de planteamiento hubiera provocado la repulsa de Platón que no entendía que cualquiera pudiera ser político. La política no es cosa del *demos*, sino de profesionales capacitados que deberán hacer política para el pueblo pero sin el pueblo. Esas dos tradiciones han coexistido a lo largo de los siglos, aunque con desigual fortuna, pues hoy vemos que en política, como en filosofía, seguimos siendo platónicos.

La superación de la biopolítica supone una vuelta a la política, pero sin ingenuidad, a sabiendas de lo mucho que se ha perdido a lo largo de los siglos. Cuando los oprimidos entran en la política masivamente, en el siglo XIX, con los sindicatos y partidos de izquierda, lo hacen empujados por la memoria de injusticias pasadas. No les anima el ideal del progreso, ni la utopía de unos nietos felices, sino que les empuja el recuerdo de sus abuelos humillados y ofendidos. La memoria se coloca en el centro del proscenio político no para desbancar el concepto de justicia, sino para cargarle de sentido. Éste es el tema del capítulo tercero, «La memoria de Auschwitz».

Lo que añade Auschwitz a estas reflexiones es que el campo dejó de ser una figura literaria (una metáfora de los tiempos que corrían) o una mera posibilidad política, para convertirse en realidad. El campo tuvo lugar, con lo que quedaron confirmados aquellos análisis que veían bajo el manto indiferente del idealismo la latencia del totalitarismo. Pero Auschwitz no es sólo la confirmación de estas teorías, sino también su negación, ya que el campo que tuvo lugar desbordó totalmente las previsiones hechas. Auschwitz es, por un lado, la confirmación de lo que cierta filosofía pensó, pero, por otro, la prueba de lo impensado por la filosofía, el acontecimiento impensable y, precisamente por eso, el acontecimiento epocal que da que pensar. Si decimos que Auschwitz divide la historia del pensar en un antes y en un después, es porque la filosofía conocida no pudo pensar adecuadamente por adelantado lo que tuvo lugar. Desde entonces la filosofía que no se niegue a seguir pensando tiene que referirse a ese acontecimiento no como a un clásico objeto de su conocimiento, sino como lo que da que pensar. Auschwitz se convierte así en un origen del pensar que sólo puede poner en marcha un nuevo proceso de reflexión en la medida en que se hace presente a la reflexión por la memoria. Para pensar lo impensado, la memoria tiene que constituirse en categoría fundamental. Theodor W. Adorno ha captado con acierto esta situación cuando dice:

> Hitler ha impuesto a los hombres un nuevo imperativo categórico para su actual estado de esclavitud: el de orientar su pensamiento y su acción de modo que Auschwitz no se repita, que no vuelva a ocurrir nada semejante.

Para un filósofo moderno hablar de creación de un nuevo imperativo categórico no es asunto menor, pues el imperativo categórico es la versión ilustrada de las Tablas de la Ley, es decir, contiene la fórmula para que un acto del hombre sea un acto humano, es decir, moral. Lo que llama la atención es que Adorno piense que intentar fundamentarlo —fundamentar que el nuevo imperativo consiste en que Auschwitz no se repita— es una monstruosidad. Sorprende, digo, porque todos los filósofos modernos se han visto obligados a fundamentar de una u otra manera la ética moderna, una vez que la religión ha dejado de ser el soporte indiscutido e indiscutible de la moralidad. Ahora resulta que intentar esa vieja e inacabada tarea filosófica, tiene algo de inhumano pues supondría negar lo evidente: que Auschwitz significa un atentado contra la humanidad y que el hombre, si no quiere dejar de serlo, tiene que apagar ese fuego. La preocupación por el fundamento era comprensible en el caso del viejo imperativo categórico pues se partía de un contexto racional y había que dar razones para que la propuesta moral fuera aceptable por todos. El contexto del nuevo, sin embargo, no es el gabinete del filósofo ilustrado, sino la brutal experiencia de inhumanidad que supuso el campo. Que no se repita Auschwitz significa, de entrada, recordarlo pues en ese recuerdo se juega el ser o no ser de la humanidad del hombre; por eso el nuevo imperativo es el deber de recordar o, si se prefiere, la concepción moral del recuerdo.

Si buscar razones para convencer a los demás de la conveniencia del nuevo imperativo categórico es una monstruosidad, lo que sí parece razonable es tratar de profundizar en el tipo de mal que representa Auschwitz pues eso nos permitirá saber, entre otros extremos, si ahí se desvelan o no claves interpretativas de la condición humana. Y llegados a este punto hay que agradecer a Hanna Arendt los esfuerzos que invirtió en el esclarecimiento de esta pregunta. Sabemos que para designar el tipo de maldad que se hizo presente en los campos de exterminio, Arendt habló de *la banalidad del mal*, abandonando un lenguaje, aparentemente más severo, riguroso y canónico, como era el del *mal radical*. Que esta lúcida pensadora recurriera a una expresión casi periodística para definir el punto más abisal de inhumanidad del hombre debería darnos que pensar. Arendt entendió, durante el proceso de Eichmann en Jerusalén, que aquellas fábricas de muerte no podían ser fruto del odio, no podían ser acciones de unos pervertidos. Eso no da para tanto. Las fábricas de muerte necesitaban (necesitaron), para su creación y funcionamiento, el concurso de todo el mundo. Había que buscar, pues, en la condición humana ese punto en el que el hombre normal se convierte en criminal. Y eso es lo que se quiere señalar con lo de la banalidad del mal. No se trata de exculpar a nadie, sino de no perder de vista la magnitud del crimen. La aproximación del hombre normal al criminal y, por tanto, el paso del uno al otro, se produce mediante un tipo de ideología, muy frecuente en los laboratorios occidentales, que plantea la moralidad como un más allá del bien y del mal. Es verdad que Nietzsche habló de ello, pero se trata de algo de mucho más alcance. De lejos venía, en efecto, el convencimiento secreto de que el ser bueno no podía consistir en poner límites o frenos a las posibilidades del hombre, sino en su despliegue ilimitado. Un hombre cabal tenía que ser el que agotara las posibilidades del ser humano y, por tanto, el que activara toda la potencia del hombre. Y es evidente que donde se ponen a prueba esas posibilidades es en relación con la vida y la muerte. El ser señor de la vida, administrando irrestrictamente la muerte, era la prueba más concluyente del poderío del hombre. Para una mentalidad así, la fabricación de cadáveres podía convertirse en rutina administrativa. Eso obligaba a desprenderse de ciertos hábitos y creencias que la civilización occidental había ido tejiendo a lo largo de los siglos en torno al concepto de humanidad. La creación de un hombre nuevo, a la altura de los tiempos, suponía acabar con el modelo de civilización que el hombre había construido. Había que minar el empeño milenario de separar el hombre normal del hombre criminal.

Aunque no se dice expresamente, evitar que Auschwitz se repita, supone recordarlo. Adorno cifraba la no-repetición en el hecho de la memoria. Lo cierto es que esas ideas de *Minima moralia* o *Dialéctica negativa*, escritas después del holocausto y leídas hoy, provocan dos reacciones complementarias: que la barbarie ha seguido y que hemos olvidado. Los genocidios han seguido en Camboya, África central, Timor, ex-Yugoslavia, por no hablar de las dictaduras en el Cono Sur americano. Y también hemos olvidado. Nada visualiza mejor el olvido de la significación de Auschwitz que el abandono en que se encuentran los campos de exterminio, ya sean Auschwitz-Birkenau, Belzec o Sobibor. Belzec, por ejemplo, es un bosque abierto, sin una sola referencia explícita a lo que fueron esas tres hectáreas de terreno en la que en nueve meses asesinaron a más de medio millón de personas y cuyos restos en forma de huesos molidos o grasas humanas confundidos con la tierra del subsuelo son los testigos mudos de un pasado que a pocos importa. Aquel campo de exterminio es hoy (al menos era en agosto del 2002, como pude comprobar) un bosque donde los lugareños pasean o van de merienda. El abandono del lugar físico tiene que ver con el olvido de su significación.

Si había inicialmente una relación entre no-repetición y memoria, el olvido masivo de aquel horror no nos permite ya repetir ingenuamente el imperativo adorniano. De poco sirve reivindicar la memoria como antídoto contra la barbarie si no introducimos en la reflexión el hecho del olvido y también la repetición de la barbarie.

Decía hace un momento que la memoria aparece en nuestra reflexión en el preciso momento en que Auschwitz aparece como lo que desborda lo pensado y, en este sentido, como lo no-pensado. La memoria de ese acontecimiento sorpresivo es lo que permite que

INTRODUCCIÓN

Auschwitz venga a nuestra presencia y, por tanto, dé que pensar, es decir, alimente la reflexión posterior y, por consiguiente, nuestra idea de la moral, de la política y hasta de la propia razón. La memoria será efectiva si definimos con exactitud su relación con la razón. Ahora bien, si concedemos por un momento que la filosofía es la casa de la razón, tenemos que decir que una cierta filosofía dijo mucho sobre la barbarie ya *antes* de Auschwitz. Les hemos llamado *avisadores del fuego*, una expresión benjaminiana que ahora aplicamos a él y a algunos otros, como Rosenzweig o Kafka.

El aviso de Rosenzweig, ya lo hemos adelantado, se resume en la denuncia de la filosofía occidental por idealista. Y no lo hace Rosenzweig desde el horizonte de un pensamiento materialista, sino porque ve en el idealismo la tentación del totalitarismo. Si el hombre occidental tiene que reducir la pluralidad de la vida a un único elemento para poder pensar —es lo que ocurre cuando Tales sentencia que «todo es agua»— porque si no, no hay manera de pensar, entonces el civilizado hombre occidental inaugura una historia de violencia, que algunas pocas veces será sólo teórica y, las más, también política, hasta llegar al «todo es raza», que es la negación de toda política. El momento violento de la filosofía reside en ella misma, en la decisión de identificar conocimiento de la realidad con apropiación de una pretendida almendra esencial —lo óntico es lo que es—, desentendiéndose del resto de realidad porque no pertenece a la esencia. La violencia que supone reducir la riqueza de la realidad a la almendra de la esencia permite al sujeto que conoce dominar el mundo, pues ese mundo ya macerado por lo que se entiende por conocimiento acaba siendo un objeto del sujeto. Rosenzweig avisa con tiempo de la violencia latente en nuestra manera de conocer o, como traducirá luego Lévinas, de que el idealismo es una ideología de la guerra.

Rosenzweig muere en 1929, cuatro años antes de que los nazis ganasen las elecciones. Un lector atento de Rosenzweig, Walter Benjamin va a adentrarse por entre las vías críticas abiertas por aquél, persiguiendo los rastros de la violencia de la filosofía en el lenguaje y en la política. La violencia del lenguaje cristaliza en una teoría de la verdad empeñada en que las cosas respondan al nombre que el hombre les pone, en lugar de responder con el lenguaje a lo que las cosas son. Es, como dice escueta y gráficamente Benjamin, la sustitución del nombre por el juicio, es decir, sustituir la actividad consistente en dar nombre a las cosas, tras escuchar lo que son, y decidir arbitrariamente un nombre para que sean lo que queremos que sean.

La violencia política no la sitúa Benjamin tanto en el totalitarismo subyacente al idealismo del pensamiento occidental, cuanto en la in-significancia de lo singular para ese mismo idealismo. Es como si sólo supiéramos pensar a lo grande: en vez de pensar al hombre real construimos un sujeto trascendental —la humanidad— que sería el sujeto real de los derechos humanos, por ejemplo. Ahora bien, si aceptamos como doctrina indiscutible la existencia de los derechos humanos, mientras que en la realidad de los hombres concretos brilla por su ausencia, será porque para la verdad de esa doctrina lo importante es el sujeto trascendental y no los sujetos reales. Esto quiere decir que para esa doctrina o, mejor, para la filosofía que segrega ese tipo de doctrinas, la realidad concreta es in-significante, por eso puede la humanidad gozar de buena salud aunque los hombres de carne y hueso estén en las últimas. El peligro de este tipo de construcciones teóricas es que pueden justificar cualquier proyecto que apunte muy alto, aunque tenga un severo costo humano y social, porque lo concreto, al carecer de significación teórica, ni valida ni invalida el proyecto general. Esto se ve mucho más claramente en las teorías del progreso, tan volcadas hacia la promesa de felicidad de futuras generaciones o de una buena parte de la humanidad presente, que no puede ver los cadáveres y escombros que cimientan la marcha triunfal de la historia.

El aviso de Benjamin no se contenta con desnudar la inhumanidad del progreso, sino que llega a denunciar la complicidad, contra lo que habitualmente se piensa, entre progreso y fascismo. Lo que tienen en común es la in-significancia del hombre real y la importancia del destino, sea bajo la figura de las leyes de la historia o de las leyes de la naturaleza. Por eso, sentencia Benjamin, nada ha favorecido tanto al fascismo como la falsa creencia de que es la negación del progreso. Mientras no se vea su relación, la apuesta general a favor del progreso acrecienta el caldo de cultivo de la barbarie.

Kafka describe por adelantado la sociedad que viene con imágenes de una precisión extrema. Hemos hablado de su recurso a la animalización del hombre para desmitificar la idea que tenemos del hombre moderno, sujeto de derechos inalienables, y mostrarles como nuda vida, más cerca de la *zoè* que del *bíos*. Y también habría que recordar la clarividencia con la que describe la desaparición de la política, entendida como espacio público abierto a todos, mediante esos relatos en lo que lo privado se convierte en público y lo público en privado. *El proceso* empieza narrando la transformación de un dormitorio en una sala de juicios. Ese fundido de lo público y lo privado caracteriza igualmente la existencia en el campo: lo único político es algo tan privado como el cuerpo de los prisioneros. Toda la vida del campo está pensada en torno al cuerpo. Para los carceleros, el sentido del campo es reducir la existencia del prisionero a las funciones biológicas del cuerpo: comer, defecar, matar y hacer desaparecer el cuerpo. Y si lo privado es lo público, la lucha del prisionero va a consistir en tratar de transformar vanamente lo público en privado. Estos avisos demuestran que no toda la filosofía calla, que no toda filosofía estuvo ciega a la catástrofe que se avecinaba. Hubo quien alertó, sea poniendo ante los ojos de sus contemporáneos imágenes de lo que acabarían siendo, sea planteando una estrategia de interrupción de una lógica letal preñada de insospechadas posibilidades destructoras. Para una filosofía que quiera seguir pensando, el rescate de esta tradición es urgente e imprescindible.

Hoy podemos decir que las peores predicciones se cumplieron y fueron ampliamente superadas. Se había avisado de la existencia de campos de concentración y llegaron los campos de exterminio; se había denunciado la in-significancia del individuo concreto por parte del progreso y lo que tuvo lugar fue un crimen contra la humanidad; el hitlerismo fue descrito como la irrupción del mal elemental, desbordando con su furia los diques de la civilización occidental, y lo que hemos visto ha sido la transfiguración casi-natural del hombre normal en hombre criminal... Ese plus de novedad no puede ser atrapado por el modo habitual del conocimiento filosófico porque tampoco fue advertido. Pero como ese plus debe dar que pensar, aunque no haya sido pensado, es por lo que es necesario convocar a la memoria.

La memoria aparece, por tanto, como la respuesta a un fracaso del conocimiento. En Auschwitz, lo que se escapó al conocimiento fue la forma extrema de inhumanidad y, por tanto, de sufrimiento. Este caso nos permite extrapolar y plantear, de una manera general, que la memoria permite un acceso a la realidad que se oculta a la mirada del conocimiento conceptual. Michel Foucault señala que el conocimiento, sobre todo el ilustrado, es de presente, es decir, tiene que ver con lo que viene a su presencia. La ciencia responde en estado puro a esta característica ya que el objeto de su investigación es lo que hay: de lo que no existe no puede hacer ciencia. Lo sorprendente de la memoria es que nos hace ver que de la realidad forma parte también algo que no existe. Hay una parte oscura, olvidada porque ha quedado en el camino, que forma parte de la realidad, aunque no esté presente porque ha sido frustrada. Pensemos, por ejemplo, en las pirámides de Egipto que hoy admiramos: ¿acaso no forma parte de esa realidad actual el sistema de esclavitud, la miseria del pueblo, o su política teocrática? Cuando se dice que no hay un solo documento de cultura que no lo sea también de barbarie, no se está diciendo que la cultura sea barbarie, sino que ambos momentos están coimplicados y ambos son igualmente significativos a la hora de entender esa realidad. Hay, pues, una parte ausente y Adorno precisa en qué consiste: «La expresión de lo histórico en las cosas no es otra cosa que la expresión del sufrimiento pasado». Esa parte de la realidad que ha contribuido a su conformación y que hoy ya no es visible no es otra cosa sino el sufrimiento que costó. La parte emergente de la realidad tiene otra sumergida que es una *historia passionis*.

La memoria no consiste tanto en recordar el pasado en cuanto pasado, como en reivindicar esa *historia passionis* como parte de la realidad: «Dejar hablar al sufrimiento es el principio de toda verdad». La memoria tiene una pretensión de verdad, es decir, es una forma de razón que pretende llegar a un núcleo oculto de realidad inaccesible al raciocinio. En esta pretensión de verdad de la memoria se esconde la explicación de por qué el olvido es injusticia. Esa *historia passionis*, en efecto, no evoca un sufrimiento abstracto, sino la frustración o negación del proyecto de vida y de esperanza a las que tenían derecho. Esa negación es una injusticia. Lo que añade el olvido a la injusticia pasada es su archivo, de suerte que desaparezca la reivindicación de unos derechos pendientes de la conciencia de la generación presente. La memoria es justicia porque reabre el archivo y coloca como causa pendiente la respuesta a las injusticias pasadas. Hacer justicia es responder de las causas pendientes, y para la formulación de esas preguntas es capital el papel de los testigos. Ese es el tema del capítulo cuarto, «La autoridad del testigo». Pero antes de llegar ahí conviene volver rápidamente al nuevo imperativo categórico adorniano para subrayar su fuerza y su debilidad. Su fuerza: poder abrir archivos que la ciencia o la historia dan por clausurados. Su debilidad: la memoria puede reconocer la vigencia de causas pendientes, pero no siempre está en sus manos la respuesta. Por eso Benjamin habla de «una débil fuerza mesiánica», entendiéndolo bien: las generaciones pasadas tienen sobre las siguientes el derecho a que se les reconozcan las injusticias padecidas y a que se les haga justicia; pero la capacidad de respuesta de la generación presente sobre esas demandas es limitada, es «una débil fuerza mesiánica». Es débil porque no puede responder adecuadamente, y es mesiánica porque acepta la vigencia hoy de las injusticias de ayer.

El capítulo cuarto reconoce que la palabra de la víctima es capital tanto para una teoría de la verdad como para una de la justicia. Lo primero que llama la atención es que no existe en filosofía una teoría de la verdad que la relacione con el testigo. Existe en derecho pero no en filosofía. La filosofía ha premiado, por el contrario, la figura del espectador, cuyo entusiasmo Kant erige en criterio de progreso moral, precisamente porque no está implicado, como lo está el testigo de la barbarie. Esto que acabo de decir es verdad en general, pero hay excepciones. En Lévinas, Rosenzweig y Benjamin hay *in nuce* una teoría de la verdad como testimonio, cuyos rasgos más señalados serían éstos: el testigo tiene la llave de la parte oscura de la realidad. Cuando el superviviente Simon Srebnik dice en el film de Claude Lanzmann, *Shoah*, «era ahí», está señalando un tiempo y un espacio que no es visible, que está ocultado por una historia posterior que no quiere recordar, con la complicidad de la naturaleza que oculta bajo la maleza de un bosque la antigua fábrica de muerte. En segundo lugar, la verdad es verdad para alguien, de suerte que sin testigo que verifique la realidad comunicada, no hay verdad. Si la verdad es testimonio, la verdad es plural; eso no tiene por qué significar relativismo o escepticismo, ya que todos los testimonios apuntan a un silencio que les supera y al que se deben. El testimonio de un superviviente está en función de la víctima que no puede hablar. Finalmente, un testimonio se disuelve si no produce testigos que lo actualicen. El testimonio necesita un lector u oyente que juzgue, que haga justicia al testimonio, reconociendo la vigencia de lo narrado. Al recoger la palabra y transmitirla luego, el oyente del testigo hace memoria, se incorpora como un eslabón a la cadena que recuerda una injusticia. Y esa metabolización del hecho en memoria es capital para la verdad. El testigo es lo que nos permite hablar de relato, de la vida como una narración que le proporciona horizonte y sentido. Ahora bien, el relato de nuestro tiempo, si quiere ajustarse a la verdad, arranca no de cualquier testigo, sino del de Auschwitz, de ahí que Imre Kertesz diga que «Auschwitz es el espíritu de la narración». El testigo de Auschwitz plantea preguntas cruciales: ¿se puede pensar ya como si nada hubiera ocurrido?, ¿dónde estaba Dios? Y, sobre todo, ¿dónde estaba el hombre? «En Auschwitz», escribió una vez Elie Wiesel, «murió el hombre y la idea del hombre». En los campos se asesinó al hombre físicamente y también a la humanidad del hombre. Los testigos coinciden en afirmar que los nazis no sólo querían matar judíos, sino expulsarles de la condición humana; querían someterles a una vida inhumana para que interiorizaran que no pertenecían a la especie de los hombres. Como escribe Emil Fackenheim, Torquemada torturaba los cuerpos para salvar las almas; Eichmann, por el contrario, quería destruir las almas, antes de gasear los cuerpos. Por eso dice Primo Levi y repite Agamben que el «musulmán» era el nervio del campo. En la jerga concentracionaria se llamaba por ese nombre al prisionero que alcanzaba el último grado de deterioro físico y moral. Eran muertos vivientes o vivos más bien muertos, indiferentes a la vida y sin ninguna dignidad. ¿Consiguieron los nazis su objetivo? Habría que analizar a los tres grupos humanos en los que se dividía la humanidad en relación al campo: las víctimas, los verdugos y los espectadores.

Las víctimas no tenían empacho en reconocer que eran indignos: para sobrevivir había que dejar la dignidad colgada del portón de entrada, ese mismo portón que saludaba al recién llegado con la consigna «El trabajo hace libre» o «A cada cual lo suyo». Primo Levi se enoja con los demás supervivientes que tratan de disimular la indignidad en la que vivieron, y Jean Améry reconoce paladinamente que, los que sobrevivieron, no salieron del campo ni mejores ni más sabios. Esa confesión plantea una dramática pregunta a los filósofos morales que, desde la Ilustración, fundaban la moralidad sobre la dignidad. Porque una de dos: o mantenemos ese fundamento y declaramos a los prisioneros inmorales, o buscamos otro fundamento. Para lo primero, no hay valor; intentar lo segundo suponía reconocer que nuestra prestigiosa filosofía no servía para mucho.

Los verdugos lo tenían más claro. Hablaban de un hombre nuevo que había que forjar en la fragua de la impasibilidad, como muestra el relato *Deutsches Requiem*, de Jorge Luis Borges. Ahí cuenta la víspera de la ejecución de Otto Dietrich zur Linde, un nazi confeso. El hombre repasa su vida criminal y se siente a gusto, a la altura del hombre nuevo que ellos anunciaban. Sólo tuvo un momento de debilidad que supo, sin embargo, atajar a tiempo. Se refería al momento en que tuvo que condenar a muerte a Jerusalem, un viejo poeta judío que respiraba bondad con los cuatros costados. Tuvo que matarlo para matar el brote de compasión que asomaban en él. El nuevo hombre no se lo podía permitir. Evitar la repetición de Auschwitz tenía que significar entonces desactivar esa complicidad entre el hombre normal y el hombre criminal. Mostrarse impasible ante el sufrimiento ajeno, matar todo asomo de compasión y acabar con cualquier brote de indignación ante las injusticias del mundo eran el camino obligado para el logro de esa novedad.

¿Y el espectador? No se sintió afectado, ni conmovido por esa catástrofe. Arendt cuenta que Hitler sondeó a la cancillerías más importantes y llegó a la conclusión de que nadie movería un dedo por el genocidio de los judíos. Había, por supuesto, miedo, pero sobre todo, la clara conciencia en la cultura occidental de que los principios civilizatorios no pueden conmoverse por más que la práctica los conculque. Steiner habla de la «colaboración de la indiferencia», practicada por nueve de cada diez europeos. Robert Antelme cuenta la reacción de una alemana normal que se siente despavorida cuando descubre un gesto de humanidad en él, un prisionero, arrastrado por los alemanes en su huida del campo, cuando ya se acerca el ejército soviético. Se asusta al ver que la vieja humanidad —que se expresa en una frase cortés, *Je vous en prie, madame*— no ha sido aniquilada en el campo, como prometía la propaganda de los carceleros. La humanidad sólo podía estar de su lado y si sobrevivía la vieja, no podían sentirse seguros.

No parece entonces que Wiesel exagerara cuando levantaba acta de la muerte de «la idea de hombre». Si en Auschwitz, como dice Kertesz, «el soldado se convirtió en asesino profesional; el capital, en una gran fábrica equipada con hornos crematorios y destinada a eliminar a seres humanos; la ley, en reglas de un juego sucio; la libertad universal, en una cárcel de los pueblos, y el sentimiento nacional, en genocidio», hay que concluir que el crimen contra la humanidad, con que jurídicamente calificamos lo ocurrido en Auschwitz, alcanza mucho más de lo que parece. No sólo, en efecto, se atentó contra la especie humana, al eliminar una parte de la misma, sino que se exterminó la humanidad del hombre que la civilización había alumbrando a lo largo de los siglos. Un crimen contra la especie humana (*Menschheit*) y un crimen con la humanidad del hombre (*Menschlichkeit*).

¿Entonces? Nos quedan los testigos. Los nazis habían diseñado el genocidio de suerte que no quedaran huellas: los cuerpos se convertían en cenizas y las cenizas debían ser aventadas. Pero quedan los testigos y éstos dicen «era aquí». No quieren dar sólo una información, sino abrir un hueco en la realidad por donde se cuele un nuevo tiempo. Los testigos horadan la realidad como esos huecos en las esculturas de Chillida que rompen la opacidad de la materia para crear un nuevo espacio que altera la verdad de la materia inerte. El testigo no da, digo, sólo información, sino que nos pide que hagamos justicia. La humanidad que surge de Auschwitz no estará ya fundada en la dignidad, sino en las víctimas: será asunto de respuesta o responsabilidad ante la injusticia cometida.

El testigo de Auschwitz, tal y como se expone en el capítulo quinto, «El testigo, entre la palabra y el silencio», tiene una particularidad. No habla por él mismo, sino que pone voz a los que no pueden hablar, ya sean los «musulmanes» o ese ochenta por ciento que ni entraron en el campo porque fueron conducidos inmediatamente a las cámaras de gas. Esta remisión de la palabra al silencio puede entenderse de dos maneras: que ninguna palabra vale la pena porque la palabra del superviviente está contaminada por la vergüenza de sobrevivir y es, de una manera u otra, ideología de superviviente; o bien, que la palabra del superviviente es la de un privilegiado, propia de quien no ha apurado hasta el fondo el cáliz del sufrimiento, y que, por tanto, debe completarse con el silencio de quien no puede dar testimonio. La primera hipótesis es difícilmente defensible, mal que le pese a Agamben, y nos llevaría a un callejón sin salida pues si de nada valen las preguntas de los testigos, habría que otorgar al silencio total la capacidad de explicar todo. A Agamben le tienta este planteamiento porque ha visto en la potencia pura a la que ha sido reducido el hombre moderno, la potencia absoluta de una redención. No en vano recurre a la figura bíblica del *resto*, que deposita en la víctima la capacidad de salvación. Más sensato, sin embargo, resulta establecer una relación dialéctica entre palabra y silencio. El concepto de *resto* sería válido pero con otro sentido: el resto sería ese plus de significación que tendría el testimonio del testigo y que consistiría en remitirnos al silencio del que no puede hablar; y *resto* sería también la necesidad de la palabra del testigo que tiene el que no puede hablar. En el campo hubo silencios y palabras, por eso la palabra no debe guardar silencio sino guardar al silencio. Las preguntas que nos plantean los testigos nos convierten en jueces, es decir, nos piden que hagamos justicia, pero a sabiendas de que esa justicia es imposible porque nunca agotaremos las preguntas de las víctimas. Ese estado de vigilia que produce la dialéctica entre palabra y silencio da a luz el concepto de «responsabilidad absoluta». El testigo del campo da testimonio de la injusticia del sufrimiento de las víctimas, causado por el hombre y del que el hombre debe responder. Tras el silencio de Dios, como dice Etty Hillesum, el hombre tiene que hacerse cargo. El hombre sólo puede escaparse de esa responsabilidad si el sufrimiento no fuera injusticia. La diferencia entre Antígona y nosotros es que por medio anda el testigo, y si para aquélla «nunca sufrió el inocente», para éste el que sufre es inocente. Ésa es la autoridad del testigo.

Un viaje por la memoria como el que aquí se pretende tiene por estación de destino la justicia. Y es que la memoria no significa, en primer lugar, conmemorar una fecha, sino reconocer la vigencia de injusticias pasadas, por eso memoria y justicia se solapan. Si eso es así, entonces la tarea que tiene ante sí una teoría de la justicia como memoria es ingente porque ni el derecho ni las teorías de la justicia convencionales reconocen lugar alguno significativo a la memoria. Lo significativo y sintomático son categorías como amnistía y prescripción que son formas de olvido. Ha habido que esperar a mediados del siglo XX para que aflore la figura jurídica de la imprescriptibilidad y eso aplicada a un caso extremo como el genocidio, pero, cabe preguntarse ¿porque no prescribe el genocidio y sí prescribe cualquier crimen contra un inocente? De eso trata el capítulo sexto, «Justicia y memoria».

Independientemente de su relación con el pasado, la comprensión filosófica de la justicia tiene una historia que es la de una lenta e imparable devaluación. Resulta harto ilustrativo comparar, por ejemplo, la justicia de los antiguos y la de los contemporáneos. Para aquéllos, la justicia era algo material y tenía como referente el otro. Tenía que ver, en efecto, con talentos o cosas, y el sujeto de la justicia era quien había padecido injusticia, es decir, el otro. La justicia, decía, por ejemplo, Tomás de Aquino, consiste en que se restituya al otro lo que es suyo, y lo de menos es que esté o no de acuerdo el que tiene que restituir: lo importante es la injusticia objetiva y el otro. Para los modernos, por el contrario, la justicia es un asunto de libertad y tiene que ver con nosotros; lo importante, en efecto, es la distribución equitativa de la libertad y quien eso decide no es el otro, sino nosotros. Pensemos, por ejemplo, en las teorías discursivas de la justicia: el sujeto de la justicia es el nosotros que tiene que decidir lo que es justo o injusto; pero lo justo o injusto se juega en el procedimiento con que se decide: lo justo es decidir con el mismo grado de libertad, de ahí que el eminente jurista argentino, Santiago Nino, llegara a la conclusión de que la justicia moderna sea un reparto equitativo de la libertad, y no del pan, añado por mi cuenta, como era la justicia de los antiguos. Este trueque sustancial se nos presenta bajo el manto erudito y mundialmente celebrado del «paso de lo bueno a lo justo», dando a entender que la justicia de los antiguos (subsumida bajo el epígrafe de lo «bueno») era una para andar por casa, mientras que la nueva justicia (la sugerida en la rúbrica de lo «justo») sí tiene en cuenta la complejidad de la vida moderna y por eso puede ser universal. Conviene revisar urgentemente tópico semejante pues su falta de fundamento sólo es comparable al prestigio del que disfruta, es decir, inmenso.

En algo coinciden las justicias de los modernos y la de los antiguos: en la falta de sentido del tiempo y, por tanto, de la memoria, aunque se puede constatar una predisposición favorable en los antiguos y una estrategia decididamente opuesta en los modernos. Lo que en cualquier caso distingue una justicia anamnética de otra que no lo es, es que la segunda pivota sobre el concepto de imparcialidad, y la primera, sobre el de responsabilidad, en el sentido de respuesta a la injusticia. En el primer caso el tiempo es irrelevante, mientras que en el segundo es determinante. Se puede explicar lo que significa la diferencia entre tomar en consideración al tiempo y no tomarlo, recurriendo a la interpretación que da Benjamin del mito de la caída de Adam. Dice él que consiste en sustituir el juicio por el nombrar. Adam era justo porque se atenía al poder del nombrar que consistía en poner el nombre apropiado a las cosas, nombre que respondía a su esencia lingüística. La caída consiste en sustituir ese poder de nombrar por el del juicio. Entiende por juicio decidir por su cuenta el nombre de las cosas sin atender a la esencia lingüística de las mismas; es pretender crear con el nombrar, imitando así a Dios, a costa de la escucha de las cosas. Pues bien, la justicia anamnética consiste en entender la justicia como respuesta a la injusticia, mientras que la justicia procedimental consiste en decidir lo que es justo o injusto al margen de la experiencia de la injusticia. Naturalmente que esto habría que matizarlo, señalando, por ejemplo, que sí hay lugar para que las injusticias subjetivas se hagan presentes, pero añadiendo a continuación que sólo conseguirán ser reconocidas como injusticias objetivas si son capaces de convencer racionalmente a los demás. Está claro que con este procedimiento las injusticias de los sin voz —los «musulmanes», por ejemplo— tienen todas las de perder, por muy buenos abogados que encuentren.

Ya hemos dicho en los capítulos anteriores que la injusticia no se agota en las experiencias subjetivas, sino que conforman la realidad, aunque por modo de ausencia. La injusticia es la *historia passionis* de la realidad emergente. Una teoría anamnética tendrá entonces que hacerse cargo de ese pasado ausente, declarando la vigencia de esa injusticia y reconociendo por consiguiente su derecho a la reparación. La justicia están tan orientada a la víctima que, visto el actual derecho desde esa perspectiva, más parece la justicia legal una forma de venganza (la justicia se resuelve en castigar al culpable) que de justicia.

Uno de los aspectos más paradójicos del pensamiento moderno es haber descubierto la importancia del pasado en asuntos de injusticia y haberlo camuflado con la misma celeridad. Pensemos en el Rousseau de *Los orígenes de la desigualdad entre los hombres*. Lo que el autor pretende es demostrar que las desigualdades existentes no son hechos naturales, sino productos de la razón y de la voluntad del hombre, de suerte que el hombre actual está implicado. ¿En qué consiste esa implicación? Una teoría anamnética diría que si las desigualdades han sido obras del hombre, entonces son injusticias, es decir, aquellas injusticias tienen una connotación moral; y, si son injusticias, habría que entender a la política como una respuesta a éstas. Pero Rousseau no va por ahí. Para él, si las desigualdades presentes han sido causadas por el hombre en el pasado, el hombre actual tiene que organizarse de modo que pueda recuperar la igualdad originaria mediante un sistema político resultado de la voluntad de todos (es el *contrat social*). Rousseau responde a la desigualdad histórica con un sistema *justo* que olvida las injusticias pasadas, es decir, que no reconoce la vigencia de los derechos de las víctimas. La respuesta a la injusticia pasada no es la justicia sino la igualdad. Ésta es la razón, creo yo, por la que Lévinas habla de la inmoralidad de la igualdad. La moralidad tiene que ver con la respuesta a la injusticia del otro; ahora bien, si en vez de pagarle con lo que se le debe, se le concede un carnet de igualdad para que disfrute de los mismos derechos que quienes han cometido la injusticia, se entiende que la igualdad sea inmoral.

Una teoría anamnética de la justicia debería recuperar toda la materialidad de la justicia de los antiguos, más el sentido del tiempo que proporciona la memoria de Auschwitz. Por eso propongo una lectura complementaria de Aristóteles y santo Tomás, por un lado, y de Walter Benjamin, por otro. De los primeros aprenderemos que la justicia es *general*, es decir, no es sólo distributiva de bienes existentes (que es a lo que ha quedado reducida en nuestra conciencia), sino creativa de bienes; la justicia es, antes que nada, derecho de cada ser humano a conformar el bien común, a desplegar todos sus talentos para enriquecer los bienes de todos. En segundo lugar, que la justicia es material: problema de pan y no de libertad, por muy importante que ésta sea (pero eso es otro capítulo). Y, en tercer lugar, que el sujeto de la justicia es el otro, *ad alterum*, y no nosotros. Benjamin añade la dimensión temporal, animada por el principio escatológico de «que nada se pierda» (digo escatológico porque el juicio final se resuelve, en él, en la idea de la *restitutio in integrum sive omnium*). Es una propuesta moral porque ya se ha perdido mucho. La justicia no puede ser ingenua como lo hubiera sido en el primer día de la creación. En eso Benjamin coincidiría con Rousseau, pero, a diferencia de él, Benjamin se siente doblemente heredero de ese pasado: heredero de las injusticias cometidas contra las víctimas, por eso está en duelo permanente, o, si se prefiere, obligado a hacerlas presentes; y heredero también de los que causaron la injusticia ya que vive, disfruta y padece en un presente fruto de aquel pasado. Y eso le convierte en alguien que tiene que hacer justicia, cuestionando una organización política y una comprensión del mundo hechas sobre el olvido de los sufrimientos pasados. La justicia anamnética es una en la que el recuerdo es reconocimiento de la significación del sufrimiento.

¿Se podrá un día con este tipo de materiales construir una teoría anamnética de la justicia? Sobran razones para dudar de que se lleve a cabo. Benjamin, guiado esta vez por un sentido de realismo, hablaba de «organizar el pesimismo». No se refería sólo a las escasas posibilidades que ofrecían los tiempos que corrían, sino a la historia del hombre. Heidegger hablaba de que la metafísica, desde sus orígenes platónicos hasta el presente, era una historia del olvido del ser. Y no es que la metafísica olvidara el ser como quien olvida un paquete de cigarrillos, sino que lo que quería decir es que el conocimiento es olvido. «Organizar el pesimismo» es reconocer que todo conocimiento es olvido y que, por tanto, sólo nos queda saber que olvidamos cuando conocemos. Esto, aplicado a la justicia, significa que ésta nunca descansará en una teoría satisfactoria, porque siempre habrá una injusticia olvidada. La justicia anamnética funda una responsabilidad absoluta pero no permite una teoría de la justicia que la sacie.

1

DEL HITLERISMO
A LA RACIONALIDAD OCCIDENTAL

Primo Levi (1997, 210-211) termina el relato de su regreso a casa, tras la experiencia de prisionero en Auschwitz y de liberado errante por territorios devastados del este de Europa, con un sueño. Cuenta que se ve a sí mismo tranquilamente sentado con amigos y familiares en una verde campiña. Pese a lo distendido de la imagen, él siente una fuerte desasosiego interior, propio de quien intuye un peligro desconocido que se acerca. De manera imperceptible la imagen cambia al derrumbarse el entorno como si cayera el decorado de un teatro. En medio de todo ese caos él se encuentra solo y consciente de que siempre supo que la imagen bucólica era un sueño y el campo la realidad. Oye entonces la voz temida y extraña que cada mañana les arrancaba del sueño en Auschwitz para devolverles a la realidad del horror y que ahora disipa también la ilusión de una vida normal: *Wstawacs*, que quiere decir «¡Arriba!». ¿Es el campo una pesadilla, el sueño pesado propio de quien viene del infierno o es Auschwitz la única realidad y todo lo demás una ilusión? La experiencia de un superviviente y la nuestra no puede ser la misma. Para nosotros, instalados en la normalidad de una vida ordenada por los patrones civilizados de la democracia liberal, la barbarie es una excepción y por eso sólo puede introducirse en nuestra vida normal como una pesadilla. Para Levi es seguramente una experiencia que ha marcado su existencia y, en ese sentido, puede ser la única realidad. Decir esto no es decir mucho. Remitir la interpretación de la realidad a las experiencias que cada cual tiene de ella sólo tranquiliza si eso nos liberara de las experiencias de los demás y de las del mundo que vivimos, asunto harto improbable. De ahí la pregunta: ¿es el campo, el campo de concentración, un lugar marginal o es nuestro *habitat* natural porque nada hay exterior al mismo? Lo que pretenden las siguientes páginas es responder a la pregunta del sueño: si todo es campo de suerte que el campo pueda erigirse en el símbolo de la política moderna o si el campo es sólo la pesadilla de un superviviente y, por tanto, un pasado cuyo lugar en el presente sólo puede ser el que le conceda la historia o la memoria.

I. LA MODERNIDAD DEL HITLERISMO

En el año 1934, Emmanuel Lévinas publicaba en la revista católica *Esprit* un breve artículo que si entonces pudo pasar desapercibido, hoy no lo puede ya. Se titulaba «Algunas reflexiones sobre la filosofía del hitlerismo» (Lévinas, 1998). Era un madrugador análisis crítico de un fenómeno, políticamente identificado como fascismo, pero que es también y antes que nada un talante, un modo de ser y de entender la realidad. Empezaba Lévinas diciendo que el hitlerismo no es una locura sino el despertar de los sentimientos elementales. Esos sentimientos encubren una filosofía, pues expresan la primera actitud de un alma frente al conjunto de lo real, es decir, prefiguran el sentido de la aventura a la que el alma está expuesta en el mundo, si no logra desprenderse de esa elementalidad mediante el pensamiento, es decir, si no se decide a pensar. Ese pensar de más, para poner freno a la aventura de los sentimientos elementales, es lo que ha hecho la civilización occidental, gracias a las grandes tradiciones que la han ahormado: el judaísmo, el cristianismo y el liberalismo. El hitlerismo supone, pues, la ruptura de esos diques civilizatorios y, por tanto, el triunfo de lo elemental y el enfrentamiento con las tradiciones que han pretendido encauzarle.

El gran desafío del proyecto civilizatorio consistía en superar la pesadez del ser gracias al juego de la libertad. El ser evoca lo dado; de ahí a la dictadura de la facticidad sólo hay un paso. La libertad era la superación de los límites que imponía el ser, por eso el bien más preciado de Occidente es la libertad. Gracias a la libertad, en efecto, Occidente ha roto los límites geográficos y ha podido presentar sus productos, los espirituales y los materiales, como universales. Por supuesto que la libertad no se agota en las libertades políticas, como el liberalismo tiende a hacernos creer. La libertad es un sentimiento de liberación absoluta del hombre frente al mundo y de confianza frente a las posibilidades que solicitan su atención y su acción. La libertad es liberación de los condicionantes que suponen el tiempo y la materia, categorías propias del ser.

Hay liberación del tiempo cuando se puede poner coto a las consecuencias de una acción, de suerte que éstas no parezcan irreparables. A primera vista, todas las consecuencias de una acción son irreparables. Podemos ser más o menos libres en hacer algo pero, una vez hecho, nadie puede controlar las consecuencias directas e indirectas de esa acción. El hecho consumado se presenta así al hombre como algo inamovible y, por tanto, irreparable. Nada puede hacer frente a lo ya hecho, si no es cabalgarlo y, por tanto, continuarlo. La libertad supone o supondría recuperar la acción, poder hacerla de nuevo, darle un nuevo comienzo.

La liberación del tiempo o de la historia supone no ligar ni someter la realización del individuo a la fuerza ciega del destino, pues esa supeditación acaba por desvalorizar la singularidad del individuo y por convertirlo en combustible del progreso. La liberación del cuerpo no consiste en el desprecio gnóstico o cristiano por el mismo sino en la percepción del cuerpo trascendiendo sus propios límites, lo que, por ejemplo, se logra en la herencia (con el pasado) y en la comunión (con los demás). En eso ha consistido la civilizacion occidental, en luchar contra la tiranía del tiempo y del cuerpo en defensa de la libertad.

En el principio de la civilización occidental está el judaísmo que rompe la tiranía del tiempo gracias a la figura del perdón. Dice Lévinas que «el remordimiento anuncia el arrepentimiento generador del perdón que repara» (Lévinas, 1998, 66). La impotencia ante la irreparabilidad del daño cometido (el remordimiento) es el punto de partida de un proceso que lleva al perdón, a pedir perdón, como expresión del arrepentimiento que causa una acción infamante que uno quisiera borrar del mapa. El perdón, como respuesta al arrepentimiento, rompe la cadena fatal de un acto pasado. Frente al remordimiento, figura de lo irreparable, el judaísmo crea la figura del perdón que permite poner fin a la fatalidad de las consecuencias de una acción[1]. También el cristianismo representa un momento de rebel-

---

1. Lévinas no ignora que en su propia tradición judía existe otra figura del perdón: la del don gracioso, incondicional y libre que se otorga incluso en el caso de que el culpable no se arrepienta. Pero no es esa modalidad la que ha pasado a la cultura occidental.

Sánchez Ferlosio recupera esta misma temática, aunque con una intención diferente. Ferlosio opone la figura del arrepentimiento a la del remordimiento como si la primera fuera sinónimo de compadreo, siempre dispuesto a echar un tupido velo

día contra la natural impotencia del hombre ante la acción pasada (impotencia que constituye lo trágico de la *moira* griega). El cristianismo ha colocado, en efecto, en el centro de su creencia un acto que es un memorial —la eucaristía— en virtud del cual diariamente se actualiza un acontecimiento del pasado. El triunfo de la cruz sobre la muerte que tuvo lugar hace dos mil años, vuelve a acontecer de nuevo, gracias a ese memorial, con lo que las sucesivas muertes no podrán pretender la última palabra. El memorial pone a disposición del hombre una «gracia» con la que neutraliza los efectos letales de las propias acciones. La misma lógica rompedora rige le tesis tomista que coloca como fin propio del hombre un *finis supernaturalis*. Esta paradoja de un hombre natural, abocado a un fin que le supera y que no puede alcanzar con sus solas fuerzas, responde a la misma voluntad de quebrar el determinismo del ser al que debiera someterse el hombre (Mate, 1994, 7-15).

Con todo esto lo que se está diciendo es que la libertad no se agota en el plano de la decisión del hombre, sino que tiene que afectar a la decisión tomada o a la elección consumada; por supuesto que no hay libertad si no se puede elegir libremente, pero tampoco la habría si la decisión tomada no tuviera remedio. El hombre puede rescindir el contrato que contrae con las consecuencias de su acción, cada vez que actúa libremente o, dicho de otra manera, «en cada momento puede recobrar su desnudez de los primeros días de la creación» (Lévinas, 1998, 66). Lévinas vería en ese desapego lo sustancial del concepto cristiano de alma. El desapego del alma no es una huida sino un poder concreto y positivo de abstraerse de las condiciones de la realidad. Llega incluso a afirmar que la tesis de la igual dignidad de todas las almas no se basa en una homogeneidad de la estructura psicológica, sino que «se debe al poder otorgado al alma de liberarse de *lo que ha sido*, de todo lo que la ha atado, de todo lo que la ha comprometido, para reencontrar su primera virginidad» (*ibid.*, 67).

Este convencimiento ha pasado al liberalismo moderno, pese a sus devaneos, bajo la figura de autonomía de la razón. La espiritualidad de la razón —y la autonomía moderna es una forma de ella—

---

sobre el mal y llegar así a soluciones negociadas, que caracterizarían ni más ni menos que la sustancia del derecho y también de la justicia. El remodimiento, por el contrario, debería caracterizar la moral y expresaría la hondura irreparable de nuestras acciones malas. Desde el punto de vista de Lévinas ese remordimiento significaría una recaída en el pensamiento mítico, olvidando el esfuerzo liberador y civilizatorio que supuso la introducción del perdón (cf. Sánchez Ferlosio, 1996).

no deriva de las categorías del mundo físico, sino que pone su fundamento «fuera del mundo brutal y de la implacable historia de la existencia». Y prosigue:

> Al ciego mundo del sentido común sustituye el mundo reconstruido por medio de la filosofía idealista, bañado de razón y sometido a la razón. En lugar de la liberación por medio de la gracia está la autonomía, pero la penetra el *leit motiv* judeo-cristiano de la libertad (*ibid.*).

Ni siquiera el materialismo marxista, al decretar que es el ser social el que determina la conciencia, desprovee al espíritu del poder de tomar conciencia de las contradicciones de la realidad y poner en marcha un proceso crítico de renovación.

La ruptura con la idea occidental del hombre, amasada penosamente a través del proceso civilizatorio, sólo sería posible si el encadenamiento al cuerpo fuera erigido en el fundamento del ser del hombre, es decir, si la barbarie que se quiere domeñar fuera considerada principio espiritual del hombre. Y esto es lo que ha ocurrido cuando se ha convertido el cuerpo —que es aquello a lo que el hombre está atado— en la base del hombre. La valoración del cuerpo ha cambiado mucho entre ayer y hoy. Para la interpretación tradicional, en efecto, el cuerpo es el obstáculo y a Sócrates le pesa tanto como las cadenas que le atan en la cárcel de Atenas (Lévinas, 1998, 68). Con el cristianismo las cosas no mejoran. Para Pablo, el cuerpo está sometido a los tres poderes que han reducido la carne a esclavitud, a saber, la «ley», el «pecado» y la «muerte» (Rom 7, 5). La Modernidad supuso un cambio que el propio Lévinas ha desarrollado con decisión. El cuerpo es lo más próximo que tenemos y es también lo que nos proporciona el sentimiento de identidad. Las sensaciones de nuestro cuerpo es lo primero que experimentamos como propio mucho antes de que el yo se desarrolle y hasta pretenda liberarse del cuerpo. En los momentos clave —cuando un deportista quiere alcanzar una marca o cuando alguien quiere ejercer una acción de vida o muerte— todo dualismo, toda falta de sintonía y sincronización entre el yo y el cuerpo, puede ser mortal. Esa comunidad de destino entre el cuerpo y la conciencia se aprecia bien si observamos cómo un enfermo asediado por del dolor busca desesperadamente en una nueva posición del cuerpo el alivio al dolor que le viene de dentro y que le llega al alma. Atrapado en el dolor queda tanto el espíritu rebelde como el cuerpo que busca una posición de descanso. Toda la fuerza del espíritu de nada sirve si el cuerpo no acompaña.

El fondo del dolor sería la desesperación de un cuerpo que ya no responde a la voluntad del espíritu.

Vemos, pues, que el cuerpo no es sólo un desgraciado o afortunado accidente que nos pone en contacto con el implacable mundo de la materia. Es, también, una adherencia a la que uno no escapa, de ahí la ambigüedad del cuerpo moderno que es, por una parte, relación con el mundo y, por otra, encerramiento en él. Lo que está claro es que la filosofía moderna ha descubierto el cuerpo y se ha reconciliado con él. La esencia del hombre no está en un yo desprovisto de materia sino en la relación al cuerpo. El cuerpo no es ya el problema, sino la manera de relacionarse consigo mismo y con el mundo. El hitlerismo, al colocar en la base de su concepción del hombre el sentimiento del cuerpo, es un producto de la Modernidad. Su singularidad consiste en radicalizar el significado del cuerpo, convertido ahora en el centro de la vida espiritual. El corazón de la vida espiritual es la sangre y la tierra, las llamadas de la herencia y de la tradición. El hombre ya no está constituido por la libertad, sino por una especie de encadenamiento. Ser uno mismo no es estar por encima de las contingencias sino «tomar conciencia del ineluctable encadenamiento original, exclusivo a nuestro cuerpo; es, sobre todo, aceptar este encadenamiento» (Lévinas, 1998, 70). La centralidad de la sangre y de la tierra, a la hora de definir la espiritualidad del hombre, apunta en dirección del racismo. Si el espíritu del hombre lo da la pertenencia a la sangre y a la tierra, ¿por qué no organizar socialmente a los hombres teniendo como referente la consanguinidad? El hitlerismo se lo plantea sin ningún rubor. Lo que conviene dejar bien claro es que haciéndolo no se alinea con pueblos primitivos, sino con sus contemporáneos. Si definimos la política moderna y occidental, aunque sea de modo provisional y condicionado, por la distinción amigo-enemigo, lo que estamos diciendo es que es la consanguinidad lo que convierte a una comunidad en amiga y, por tanto, enemiga de otra comunidad con otra sangre.

II. EL ENCADENAMIENTO DEL CUERPO

Lo que cabe preguntarse es cómo y por qué el culto al cuerpo, que es reciente, ha echado por la borda en poco tiempo y de manera tan radical los milenarios esfuerzos civilizatorios occidentales, basados en la libertad. La razón hay que buscarla en la banalización de la libertad por parte del propio Occidente. Cuando se le llena la boca al hombre moderno de libertad pero no se compromete con ninguna verdad; cuando canjea el sentido crítico de la libertad por carencia de convicciones; cuando la superioridad de la libertad no se traduce en creación de valores espirituales, entonces se cuela la estafa en el santuario del espíritu y se esfuma la autenticidad. Esto le ha pasado al liberalismo, nacido precisamente del culto de la libertad. El liberalismo no se toma tan en serio la libertad. Como luego tendremos ocasión de ver, al liberalismo le importa tanto la libertad como la seguridad. Eso quiere decir que el liberalismo no está dispuesto a seguir a la libertad por sus fueros, siempre exploratorios, innovadores y desasosegantes. Libertad, sí, pero dentro de un orden.

El lugar de la libertad en el liberalismo —y, por tanto, en nuestra existencia (no olvidemos que, al fin y al cabo, lo nuestro es el triunfo del liberalismo)— queda bien reflejado en un relato magistral de un escritor que vivió bajo el régimen comunista de la República Democrática de Alemania, Thomas Rosenlöcher, mientras soñaba, desde aquel lado de las rejas, con un mundo de libertad[2]. En aquella zona de Alemania había escasez de muchas cosas. Tampoco casi había plátanos, sólo algunos, pocos y por navidad, que había que conseguir en interminables colas que no garantizaban ningún final feliz. Al contrario, la esperanza de conseguirlos disminuía conforme avanzaba la fila. Thomas, como tantos otros, tenía familia en la otra parte, en la de la Alemania rica, un parentesco que les aseguraba un paquete navideño, con plátanos. El tío Heinz aparecía puntualmente con sus regalos. Todos se sentían felices. Los de la zona pobre, por los dones; los del lado rico porque la espera de los regalos les permitía sentir un reconocimiento y una importancia que nadie les daba en su lugar de origen. Aunque, en honor de la verdad, hay que decir que tanto cumplido le parecía al tío Heinz un poco exagerado. Pero es que él no sabía que para ellos las bananas no eran sólo bananas, como para los del oeste, sino el símbolo de otra vida. Eran además anticipos del reino de la libertad. Ésa era la gran diferencia entre el que daba y el que recibía. Hasta que cayó el muro. Thomas corrió como un poseso a comprar plátanos. Y se puso a comerlos vorazmente como si comiendo quisiera recuperar los cuarenta años de ventaja que le sacaban sus parientes del rico oeste. Ocurrió entonces algo inimaginado: «Cuantos más plátanos comía, menos conciencia tenía de que estaba comiendo plátanos. Hasta que

---

2. Cf. «Das Leuchtbild der Banane», en Th. Rosenlöcher, *Ortgezete*, Suhrkamp, Frankfurt a.M., 1972, pp. 1719-1721.

de tanto comer plátanos se olvidó de comerlos». La ausencia de escasez orilló el sueño de abundancia. Los plátanos acabaron dejando de lado a los plátanos.

Le pasó lo mismo con otro bien escaso en la vieja Alemania del Este: la libertad. Desde el momento en que todo el mundo decía que aquello era la libertad, dejó de soñar con ella. Ya no era capaz de oler aquel perfume encantador desde el momento en que él mismo olía a plátano. Tampoco le interesó más la libertad puesto que él ya formaba parte del mundo libre. Algo se había perdido con el cambio. Y no se refería el pobre Thomas al régimen comunista sino a la utopía asociada al plátano. Si la libertad soñada era eso que le vendían como país libre, el sueño era una equivocación o aquello no era la libertad. Pero ésta es una reflexión que se hace muchos meses después. Lo que entones ocurrió es que dejó de interesarse por los plátanos y también... por la libertad[3].

Un liberalismo que pierda de vista el costado liberación o liberador que comporta la libertad y se reduzca a conservar parcelas de libertad ya conseguidas, se convierte en caballo de Troya del hitlerismo, porque ese planteamiento reduce la libertad a una característica de las cosas, a una segunda naturaleza que libera al hombre del esfuerzo de luchar por ella. Para una sociedad así el ideal germánico del hombre como fidelidad al cuerpo y por tanto a su pueblo, aparece con una indudable capacidad de seducción. Mientras el liberalismo presenta la libertad como una segunda naturaleza, el hitlerismo representa el encadenamiento, la fidelidad al cuerpo y al pueblo, como el resultado de una decisión arriesgada. Por eso se cultiva tanto en el hitlerismo el concepto de autenticidad, de existencia auténtica. Cuando Lévinas escribe su articulo, en 1934, Heidegger ya ha pronunciado su *Discurso del rectorado* y, sobre todo, ya ha escrito

---

3. No habría que deducir de este relato que sólo en la escasez nacen las utopías con lo que habría que vivir mal para poder soñar. Lo que Thomas lamenta es la pérdida de sus sueños. Quien vive el disfrute del plátano o de la libertad como si fueran realidades naturales y no duras conquistas, pierde los sueños asociados a esos bienes y se queda con meros artículos de consumo. Pero ¿cómo escapar a ese desencanto? Recordando que no son «naturales», que no siempre estuvieron ahí, que no siempre las disfrutamos, que no son bienes al alcance de todos. La memoria tiene esa función redentora de su dimensión de encantamiento.

Cuando digo que ya no sabemos por qué hablamos de libertad o de justicia, sea porque nacemos y vivimos en libertad o en la abundancia, lo que quiero decir es lo que decía Thomas con sus plátanos. Mientras no los tuvo, pudo soñar no sólo con plátanos sino con un mundo mejor. Ahora que los tiene siempre a disposición, pierde los sueños. Corre el peligro de ser más pobre ahora que antes.

*Ser y tiempo*⁴. La crítica de Lévinas al hitlerismo tiene por eso en cuenta la teoría heideggeriana de la existencia auténtica. Hay inautenticidad en la existencia cuando el individuo se pierde en la masa y hay existencia auténtica cuando se integra en una vida en común. El sujeto de una vida en común es el pueblo y lo que a éste le vertebra es el sentido de la tradición y de la herencia. Un pueblo se labra un destino colectivo cuando actualiza la tradición, esto es, cuando entiende la fidelidad no como repetición sino como decisión. En esto de la decisión, lo de menos es lo que se decide; lo importante es a qué se está dispuesto a la hora de decidir: a morir. Hay que asociar por tanto al concepto de existencia auténtica la sangre, la sangre colectiva, es decir, el pueblo, y también el concepto de decisión y muerte, es decir, lucha. Frente a la seriedad con la que el nazi asume la existencia, el liberalismo real sólo puede aparecer como miedo a la libertad y flojera pequeñoburguesa. Parecería, pues, que el defensor de valores es el hitlerismo mientras que el liberalismo es presentado como un imparable proceso de decadencia y degeneración hedonista⁵. El hitlerismo se ha colocado en la zona digna de los grandes valores pues ha sabido revestir su violencia y barbarie latente con el manto de las preocupaciones filosóficas de su tiempo. Una vez instalada ahí no renunciará a nada, tampoco a la universalidad propia de la verdad que él comparte con la filosofía de su tiempo, aunque no tenga inconveniente en imponerla por la fuerza. Si nos preguntamos ¿cómo puede ser el encadenamiento al cuerpo, es decir, el racismo, universal?, hay que responder que no se va a universalizar recurriendo a la inercia propia de la bondad —*bonum diffusivum sui ipsius*, decían los antiguos— sino por el imperio de la fuerza. La universalidad de la verdad del cuerpo es la universalización del encadenamiento. Que la universalización hitlerista se haga mediante el recurso a la fuerza no es atentado alguno a la libertad, pues de lo que se trata es de «liberar» a todos los hombres, a todos los pueblos, de cualquier identidad que no sea la del cuerpo, la de la nuda vida. La libertad del liberalismo es un obstáculo a la verdad. Hay que trans-

---

4. De la existencia auténtica habla Heidegger en el § 74 de *Sein und Zeit*, Max Niemeyer, Tübingen, 1963, pp. 382-387 (trad. de J. E. Rivera, *Ser y tiempo*, Trotta, Madrid, 2003, pp. 101-103). El mismo tenor se encuentra en Carl Schmitt: «Es sólo en la guerra donde el agrupamiento político en función del amigo y del enemigo alcanza su última consecuencia. Gracias a esta posibilidad extrema adquiere la vida del hombre su polaridad específicamente política» (1975, 110).

5. Esto explicaría la atracción que ejerció entre los jóvenes conservadores españoles el falangismo. Cf. Santos Juliá, 2002, 4-13.

formar lo más propio en un proyecto, la herencia biológica en un destino. Es lo que hará el nacional-socialismo en Alemania al hacer del racismo el eje de su proyecto político. Pero no perdamos de vista el fondo de ese planteamiento: aunque a primera vista el hitlerismo parezca un proyecto de universalización, lo que en realidad persigue es una superación, es decir, reducción de la política al cuerpo, de la *polis* al *oikos*. Hay, por tanto, algo de paradójico en la modernidad del hitlerismo porque si es moderno por la centralidad que acuerda al cuerpo, es arcaico en cuanto negación de la intención civilizatoria que tiene la Modernidad. Se pone al día para neutralizar las estrategias de domesticación del mal elemental desarrolladas milenariamente por eso que llamamos civilización. Nada extraño entonces que en la reedición de 1990 precise, en la breve apostilla añadida al final, el enfoque de su primera reedicción[6]. El acento no se pone ya en la modernidad del hitlerismo sino en la manifestación nueva de un «mal elemental» del que la cultura occidental no ha sabido protegerse debidamente. Ese mal originario no hay que entenderlo como supervivencia de un instinto asesino, sino como una querencia del ser humano cultivada, muy a su pesar, por la filosofía europea a lo lago de los siglos. Hay un hilo conductor que va de la ontología de los antiguos al «hombre pastor del ser» de la fenomenología heideggeriana, que sirve de coartada, cuando no de ideología, al encadenamiento del hitlerismo. Estas complicidades explicarían por qué las barreras civilizatorias no han aguantado los primeros envites del hitlerismo. Lévinas ha denunciado en múltiples lugares la complicidad de la filosofía heideggeriana. Mientras medita en su análisis resuenan aún los aplausos en Heidelberg del *Discurso del rectorado*,

---

6. Dice Lévinas en esa apostilla: «El artículo [de 1934] procede de una convicción de que la fuente de la sangrienta barbarie del nacional-socialismo no está en alguna contingente anomalía del razonamiento humano, ni en algún malentendido ideológico. Hay en este artículo la convicción de que esta fuente radica en una posibilidad esencial del *Mal elemental* al que puede conducir mucha lógica y contra el cual no se había asegurado lo suficiente la filosofía occidental. Posibilidad que se ha inscrito en la ontología del ser preocupado de ser —del ser, «dem es in seinem sein um dieses sein selbst geht», según la expresión heideggeriana—. Posibilidad que amenza todavía al sujeto correlativo del «ser-a-unificar» y «a-dominar», este famoso sujeto del idealismo transcendental que, ante todo, se quiere y se cree libre. Uno debe preguntarse si el liberalismo es suficiente para la auténtica dignidad del sujeto humano. ¿Alcanza el sujeto la condición humana antes de asumir, en la elección que lo eleva a este grado, la responsabilidad para con el otro hombre?» (Lévinas, 1998, 72).

Recordemos que la primera publicación es en noviembre de 1934 —«casi al día siguiente de la llegada de Hitler al poder», dice el autor— en el número 26 de la revista *Esprit*. La segunda, en *Critical Inquiry* 17 (otoño de 1990), pp. 63-71, contiene la *addenda* aclaratoria.

en el que el filósofo pone al servicio del hitlerismo su interpretación de la fenomenología. En ese escrito luce con luz propia la idea de la fidelidad al cuerpo como nueva forma de espiritualidad:

> El mundo espiritual de un pueblo no es una superestructura cultural como tampoco un arsenal de conocimientos y valores utilizables, sino que es el poder que más profundamente conserva las fuerzas de su raza y de su tierra, y que, como tal, más íntimamente excita y más ampliamente conmueve su existencia (Heidegger, 1989, 12-13).

El espíritu es la expresión de la raza y de la tierra de un pueblo. La fenomenología heideggeriana sirve en bandeja al hitlerismo un entramado categorial tan prestigioso como el que elabora Heidegger. Cuando decimos que el hitlerismo es un artículo indiscutiblemente moderno, apuntamos al soporte filosófico que le presta Heidegger, pero no sólo a eso, sino también a la importancia que tiene el cuerpo en la Modernidad. El Medievo se había caracterizado por la dualidad alma y cuerpo, dualidad que había que abolir para que pudiera nacer la libertad de los modernos. Los fundadores intelectuales de la Modernidad sabían que la dualidad cristiana era algo más que un postulado teológico, pues sobre esa dualidad pivotaba toda una concepción teórica y una organización práctica del mundo. Esta dualidad, en efecto, al proclamar la carnalidad del cuerpo y, por tanto, su inclinación instintiva al pecado, anunciaba un tipo de política, de ética y hasta de ontología, caracterizado por la sumisión del cuerpo a las potencias representativas del alma. Pero había algo más en esa dualidad. El principio neumático tenía el encargo de comunicarse con lo divino y ser así el anunciador de la redención *divina* del cuerpo. Pues bien, para la Modernidad no eran de recibo ni la pecaminosidad del cuerpo ni que su salvación tuviera que venir del fuera del hombre. El cuerpo no era el enemigo del hombre y la salvación era cosa del hombre. Para expresar esta nueva concepción, el alma es sustituida por «lo espiritual». Las diferencias entre el alma y lo espiritual son notables. En primer lugar, lo espiritual no es lo opuesto al cuerpo sino su complemento. Para el espíritu el cuerpo es una morada digna. En segundo lugar, si el alma tenía un marcado carácter individual, lo espiritual es más difuso, más interpersonal y social. Espiritual es todo aquello que no es natural (horizonte de la naturaleza), que no es real (empírico), pero sin lo que ni la naturaleza ni la realidad tendrían sentido. Finalmente, lo espiritual acabó identificándose con lo racional —a pesar de que no todo lo espiritual tiene que ser intelectual, pues puede ser místico—, expresando de esta manera el genio específico de la Modernidad. El binomio espiritual-corporal tiene por función alcanzar una síntesis entre el cuerpo y el espíritu que era impensable entre el alma y el cuerpo. Una vez que se descargaba al cuerpo de esa capacidad innata para el mal y habida cuenta de que el nuevo espíritu carecía de las ínfulas de superioridad del alma cristiana, se daban las condiciones para un entendimiento entre los dos polos del nuevo binomio. Ahí se ve que, pese al destino que tuvo el cuerpo a lo largo de la Modernidad, su importancia es un dato moderno.

Ése era el proyecto; otra cosa, la realidad. Y es que la armonización completa de lo corporeo y lo espiritual, la liberación total del cuerpo y la síntesis absoluta de ambos elementos, bien puede adscribirse al capítulo de promesas incumplidas de la Modernidad. Se infravaloró el cuerpo, se lo sometió, reglamentó, se le buscó sustituto y no se ahorró esfuerzo para expulsarle de la vida moderna. «Pero lo irónico del proceso modernizador», señala Heller, «fue precisamente que este acto de liberación, cuyo objetivo proclamado era acabar con la corporeidad abstracta, preparase el camino para la biopolítica» (1995, 19), entendida como reducción del hombre al cuerpo y de la *polis* al *oikos*. De ahí que el peligro de «el mal elemental» no está fuera de nuestro mundo, en una barbarie lejana que sería como la negación de muchos siglos de civilización. Nada de eso. «El mal elemental» está en medio de nosotros, de ahí que una respuesta a ese mal no pueda consistir en la pura y simple afirmación de la Modernidad, sino en una matizada y crítica recepción de la misma.

Lévinas se inscribe en un movimiento de pensamiento, representado por la fenomenología de Heidegger, empeñado en rescatar la facticidad y, por ende, la importancia del cuerpo. Pero con una diferencia notable: él no lo convertirá en un principio de identidad sino de alteridad. Lévinas se rebelará contra la marginación del cuerpo que operaba el pensamiento medieval pero no seguirá a la fenomenología hasta el punto de convertir el cuerpo en principio de identidad. La diferencia entre el tratamiento levinasiano de la alteridad y el heideggeriano de la identidad, obedecería a la distinción que hacía Gabriel Marcel entre «tener un cuerpo» y «ser un cuerpo»[7]. El matiz lo expresaba bien Merleau-Ponty: «Aunque mi cuerpo sea algo más que un objeto, no hay que llegar a decir, por tanto, que sea yo mismo: está en la frontera de lo que yo soy y de lo que yo tengo, en el límite del ser y del tener»[8]. La identificación con el

---

7. Ver el comentario de M. Abensour, en Lévinas, 1998, 61.
8. La cita de Merleau-Ponty, «Être et avoir»: *La vie Intellectuelle* (octubre 1936), p. 102.

cuerpo no permite distancia alguna. «Encadenado al cuerpo», dice Lévinas, «el hombre no puede escapar de sí mismo». Está literalmente «varado» (*rivé*) en la playa del cuerpo. La filosofía no se inventa el concepto de pesantez del ser, sino que lo toma de la experiencia, sobre todo la que proporciona el dolor y la guerra. El fondo del dolor está hecho de la imposibilidad de interrumpirle. Y en la guerra el hombre experimenta la realidad como un bloque de mármol que le atrapa fatalmente. Cuando el hombre es su cuerpo no escapa a su suerte. Heidegger ha tematizado la respuesta a esa pregunta con el término *Geworfenheit*, término que expresa el hecho de que el *Dasein* está arrojado y abandonado en medio de sus posibilidades. Ese abandono a las posibilidades impuestas es lo que nos permite hablar del *hecho* de la existencia humana. Esta remisión a las posibilidades finitas del *Dasein* es lo que Heidegger define como facticidad de la existencia.

Fiel a esa filosofía, Lévinas tiene claro que el ser no se revela al *existent* o *Dasein* bajo la forma de una noción teórica sino mediante la explicitación de la existencia del *Dasein*, de suerte que nos tendremos que preguntar cómo siente el existente humano su existencia, si es que queremos avanzar hacia el ser del hombre. La respuesta de Lévinas es contundente: la siente «con el sentimiento agudo de estar varado». El hombre vive la existencia como un enfermo el sufrimiento: pegado a todo su ser. En ambos casos pesa la inmovilidad de su presencia. Hay mucho de Heidegger en la centralidad del cuerpo que plantea Lévinas tanto en este escrito, de 1934, como en otro complementario, *De l'évasion* (1982), de 1935. En ese momento Lévinas está convencido de que hay que despedir cualquier filosofía que no parta de la diferencia ontológica entre «la existencia» y «el existente», que es como él prefiere traducir los heideggerianos *Sein* y *Seiendes*. Ese entusiasmo heideggeriano le lleva a utilizar la fenomenología como la mejor arma para comprender su tiempo. Ahora bien, el que recurra a Heidegger para el diagnóstico de su tiempo no significa ni que se quede en él, ni tampoco que le siga en la terapia. Lévinas va a proseguir su diagnóstico fenomenológico recurriendo a tres categorías que luego harán fortuna: la náusea, la vergüenza y la evasión.

El ser varado, el hombre totalmente identificado con la suerte de su cuerpo, está poseído por la náusea, en un sentido muy cercano al que luego daría la filosofía de Sartre. Esta experiencia existencial puede ilustrarse evocando el simple mareo o «mal de mar». Uno se marea porque está en la mar, lejos de la tierra firme. El mareo surge cuando el cuerpo tiene la sensación de haber perdido pie, de estar flotando, sin tierra firme en la que sostenerse. Flotando nos sentimos solos pues ni siquiera el barco en el que navegamos nos resulta otra cosa que una cáscara flotante. El mareo se apodera de nosotros justo cuando hemos interiorizado que la embarcación no es un trozo de tierra sino una parte de nuestra flotación. El barco, como el agua, desaparecen como entidades para no ser más que el puro elemento sobre el que vamos a la deriva, flotando todos, agua, barco y nosotros mismos, en el vacío que deja la tierra firme. Tenemos náuseas porque estamos en suspenso, lejos de la tierra firme, abandonados por la mar y desaparecidos en la embarcación. En una palabra, lo que caracteriza a la náusea es ese abandono del existente en la nada, en el puro ser, en la existencia:

> [...] esa desesperanza, el hecho de estar varado, origina toda la angustia de la náusea. En la náusea, que es una imposibilidad de ser lo que se es, uno está varado cabe sí mismo, encerrado en un cubículo estrecho que agobia. Uno está ahí y no hay nada que hacer, nada que añadir a ese hecho, al que hemos sido entregados de pies y manos, al hecho de que todo está consumado: eso es la experiencia del puro ser (J. Rolland, en Lévinas, 1982, 116).

Con esto no está todo dicho. Si el encerramiento o estar varado fuera el final de nuestra civilización, el hitlerismo sería la filosofía irrebasable de nuestro tiempo. Por eso hay que estar atento a la continuación del análisis fenomenológico de Lévinas:

> Esto de que no-hay-nada-que-hacer designa una situación límite en la que la inutilidad de cualquier actividad es la señal de que ha llegado el instante en el que hay que salir (J. Rolland, en Lévinas, 1982, 116).

En el momento de máximo peligro, crece la salvación, como diría Hölderlin. Cuando se cierran todas las puertas, se impone la necesidad de evadirse, con lo que la experiencia de la evasión es la otra cara de la experiencia del puro ser; si ésta expresa la rigurosa imposibilidad de salir, aquélla, la imperiosa necesidad de evadirse. Para entender ese paso del encerramiento a la evasión hay que volver sobre la náusea, hasta detectar en ella la experiencia de vergüenza. Sentimos vergüenza porque no podemos ocultar lo que quisiéramos. Hay circunstancias en las que quisiéramos huir, que nos tragara la tierra. Pero no hay manera. Lo que caracteriza a la vergüenza es que uno está remitido a sí mismo, sin poder ocultarse, sin poder escapar a la propia presencia. La desnudez es vergonzosa cuando lo que pone en evidencia es nuestra intimidad, es decir, la propia existencia. Sentimos vergüenza porque no podemos ocultarnos a nosotros mismos la desnudez de nuestra propia presencia. Se puede intuir entonces que lo que la evasión pretende es romper el lazo entre la existencia que tenemos y el existente que somos, lazo o confusión que es la causa de la náusea y de la vergüenza. El objetivo de la evasión es responder afirmativamente a la experiencia de vergüenza, rompiendo «el encadenamiento más radical, más irresistible, el hecho de que el yo sea el mismo» (Lévinas, 1982, 98). La tarea de Lévinas, a lo largo de su vida, será aclarar la salida. De momento sólo plantea la evasión como la respuesta crítica a la contundencia del encarcelamiento que caracterizaría al ser contemporáneo. Pero para evadirse de la cárcel hay que sentir la existencia como náusea, como vergüenza[9].

Lévinas introduce en el análisis fenomenológico del encarcelamiento los conceptos de vergüenza y de náusea como formando parte del mismo, sin que eso signifique que toda experiencia del estar varado conlleve el planteamiento de evasión. Al contrario, lo que caracteriza al hitlerismo es su ausencia. Los sujetos del hitlerismo no lo viven como un malestar. Éste es un punto fundamental pues así como el malestar explica la necesidad de la evasión, el bienestar cierra el círculo del encadenamiento. Al no conocer el sufrimiento del encierro que empuja a la evasión, el encierro se constituye en categoría espiritual central. Lo importante es comprender que moderno es la ontología del ser y también su negación, no sólo el encadenamiento al cuerpo sino también la evasión. El hitlerismo se encuentra a gusto en el encadenamiento, por eso no puede entender la preocupación levinasiana. En la postdata de 1990, Lévinas reconoce que el escrito de 1934 está movido por la convicción de que el origen de la barbarie nazi está en la latencia del mal elemental que se ha instalado en «la ontología del ser preocupado de ser». La referencia a Heidegger es evidente. No es que Heidegger explique por sí solo

---

9. No se entiende bien el interés de G. Agamben, en la introducción que ha escrito a la traducción italiana del texto de Lévinas «Quelques réflexions sur la philosophie de l'hitlerisme» y el epílogo de M. Abensour «Le Mal élémental» (1996, Quolibet, Macerata) en endosar a Heidegger y Lévinas la misma aporía, como si no hubiera una diferencia radical entre ellos. Sí es verdad, como bien señala, que la apertura de Heidegger lleva a una ratonera, no así la que propone Lévinas. Que la «herméutica de la facticidad» permita escribir que «el hombre del nazismo comparte con el ser-ahí la asunción incondicional de la facticidad, la experiencia de un ser sin esencia que tiene que ser sólo sus modos de existencia», no le autoriza a asimilar al hombre levinasiano en búsqueda de su humanidad, desde la pregunta del otro, con el ser-ahí que ha convertido la madriguera en una trampa.

el hitlerismo. Lo que quiere dar a entender es que ese mal elemental ha vuelto a encontrar en la filosofía heideggeriana un nuevo cómplice que reduce a la impotencia a los esfuerzos civilizatorios en sentido contrario. La réplica al mal elemental supone la evasión de una tradición obligada ya a hacerse esta pregunta: ¿alcanza el sujeto la condición humana antes de asumir, en la elección que lo eleva a este grado, la responsabilidad para con el otro hombre? Durante siglos se ha afirmado que el ser humano era obra de Dios o cosa de la naturaleza o producto de la voluntad humana. En esta pregunta Lévinas insinúa la alternativa de plantearse la condición humana como responsabilidad, es decir, como respuesta al otro hombre. Está anunciando una teoría filosófica en la que lo ético[10] (y no la ontología) es elevado a filosofía primera.

III. DEL HITLERISMO A LA RACIONALIDAD OCCIDENTAL

Miguel Abensour señala, en su análisis del escrito de Lévinas, que éste es un texto *situado*. Su contexto no sería otro que el *Discurso del rectorado*, de Heidegger, escrito un año antes, en el que éste pone al servicio del hitlerismo toda la artillería pesada de la fenomenología. Lévinas parece querer decir al filósofo alemán que con esa misma munición se puede explicar mejor, y con otro signo político, el hitlerismo, es decir, se puede hacer una interpretación crítica del hitlerismo. Esto nos lleva a subrayar algo ya dicho, a saber, que en la reflexión filosófica en torno al encerramiento y a la evasión del ser, de lo que se está hablando es del tiempo, de los tiempos que corren. Como dirá en una entrevista posterior:

> En el texto original, escrito en 1935, se pueden distinguir las angustias de la guerra que se acercaba y todo *el cansancio del ser*, estado de ánimo de ese período. Desconfianza respecto al ser que, bajo una u otra forma, se ha mantenido a lo largo de todo lo que yo he hecho después, pero que en aquel momento respondía al presentimiento de que el hitlerismo era por doquier inminente[11].

Lo que en esta cita dice Lévinas es que la desazón respecto al ser le durará toda la vida. Es verdad que esa desconfianza, puesta al descubierto gracias a la analítica fenomenológica, surge en un mo-

---

10. Digo lo ético y no la ética para señalar que no es la vieja disciplina de la filosofía moral la que cambia de grado, sino una comprensión del ser desde el otro. Y eso es lo que se entiende por lo ético.
11. Entrevista de 1987 citada por Abensour, en Lévinas, 1998, 33.

mento en el que el hitlerismo lo amenaza todo, incluida la propia fenomenología. Pero él la mantendrá hasta el final de sus días y a lo largo de toda su obra, es decir, incluso después de que el hitlerismo haya sido políticamente vencido. En ese último comentario, Lévinas da un salto cualitativo. Ya no basta definir el hitlerismo como la manifestación radical de un mal elemental, gracias a la complicidad de un cuerpo entendido como centro del espíritu (biopolítica); ahora se da un paso más y se ubica el problema del hitlerismo en la mismísima ontología. No se entiende el hitlerismo analizando la historia de la barbarie humana sino que hay que atender a la barbarie de lo que es el ser. Lo que sorprende es que esta osadía no es sólo cosa de Lévinas pues la encontramos también en muchos otros pensadores judíos contemporáneos (Rosenzweig y Benjamin, por ejemplo). Observamos un desplazamiento explicativo del mal de la ética a la ontología, dando a entender que es en el entramado categorial relativo al ser donde están las claves de la barbarie moderna.

1. *La intencionalidad del yo moderno*

Lévinas no limita su desconfianza al tratamiento que del ser da la fenomenología[12]. No es una enemiga especial contra la fenomenología sino una desconfianza que se extenderá a toda la metafísica occidental. No es que no se fíe del ser a lo largo de su vida; es que deconfiará de todo el pensar occidental, desarrollado al socaire del ser. Veamos esto. Lévinas resume la aplicación del pensamiento occidental a la metafísica bajo el término de *intencionalidad*. Es un término tomado de la fenomenología de Husserl pero que alcanza mucho más. Intencionalidad no significa algo que se interponga entre la conciencia y el objeto sino que es la relación al objeto. Lo que vale es el *al*, relación de la conciencia *al* objeto. Esto nos lleva a comprender a la conciencia como relación-al o como conciencia-de. Si ahora nos fijamos en el objeto al que la conciencia se remite, observaremos que puede ser visto como objeto de conocimiento, pero también objeto de amor, de acción o contemplación, etc. El objeto, en su relación a la conciencia, se dice de muchas maneras. La intencionalidad, empero, se ha especializado en el monocultivo de la intencionalidad teórica. La mirada, en efecto, que la filosofía occidental ha proyectado sobre la realidad ha sido muy selectiva pues sólo le ha interesado considerar la realidad *sub specie objecti*, es

---

12. Para el análisis levinasiano de la intencionalidad, véase Lévinas, 1992 y 1979.

decir, como conocimiento, como combustible del conocimiento de la conciencia. El objeto bruto o cosa tiene muchos enfoques posibles. Pues bien, a la filosofía occidental sólo le interesa uno, a saber, lo que tenga la cosa de cognoscible; le interesa la cosa como objeto de conocimiento. Esa fijación ha marcado no sólo a la fenomenología sino a toda la filosofía. Nos ha marcado. El genio de la cultura occidental, con sus luces y sus sombras, está implícito en esa fijación. Cuando hablamos del genio de la sabiduría occidental, lo que queremos decir, en primer lugar, es que nuestro saber es un *conocimiento teórico*, es conciencia teórica del objeto. Y, también, que ese saber se articula en teoría consistente en «convertir lo otro del pensamiento en la propio del pensamiento-saber». Ese trabajo activo de metabolización del objeto conocido en el contenido de la conciencia —que es lo propio de la teoría— difiere de otros modos de relacionarse con el objeto del conocimiento. Pensemos en el amor que prefiere, en lugar de transformar al amado en material para el propio enriquecimiento intelectual, «dejarse ser», tomándole tal y como es. El saber occidental lleva a cabo su labor específica mediante la técnica de la tematización. La estrategia de la conciencia consiste en poner delante de sí lo que debe ser pensado, traerlo a su presencia, presentarlo. Al ser presentado, el objeto queda como reducido a esa presencia. La estrategia de la representación pone de manifiesto dos cosas: en primer lugar, la carga subjetiva en la intención de la intencionalidad; queda claro, en efecto, que para ese tipo de conocimiento el acento está del lado de la conciencia del que conoce. Y, en segundo lugar, que el conocimiento es de presente, como dirá Foucault a propósito del escrito kantiano *¿Qué es la Ilustración?*[13], y por eso se desentiende de todos aquellos aspectos que no se le presentan y de todos aquellos objetos que no vienen a su presencia.

2. *La conciencia preintencional*

Llegados a este punto Lévinas se pregunta ingenuamente si no cabe imaginarse una conciencia no intencional, es decir, una conciencia que no vampirice al objeto, que le deje ser de otro modo que puro objeto del conocimiento. Imaginemos cómo sería. Sería una con-

---

13. «La philosophie comme problématisatio d'une actualité, et comme interrogation par la philosophie de cette actualité dont il fait partie et par rapport à laquelle il a à se situer, pourrait bien caractériser la philosophie comme discours de la modernité, et sur la modernité», dice M. Foucault en el curso de 1983, publicado en *Magazine Littéraire* 207 (1984), pp. 35-39.

ciencia pre-intencional, que no demandaría ningún objeto. Algo así como una conciencia pura, pura pasividad y receptividad. Acogida. Al carecer de un objeto en el que apoyarse y del que alimentarse, esta conciencia estaría suspendida, vacilante, expuesta a ser ocupada por todos aquellos objetos que no valen para ser representados, ni llevados a presencia de la conciencia. Sería el lugar de todo aquello o aquellos que carecen de la dignidad de la presentación porque no representan nada, que nada tienen tras de sí, tal el extranjero sobre la tierra, el apátrida o el sin techo. Todos están a la intemperie, excluidos de toda relación. No tienen capacidad de presentación, de hacerse presente, pues o bien son *sido*, es decir, un pasado que fue y se fue sin dejar rastro, como se van los vencidos de la historia, o bien no tienen nada que presentar, no tienen presentes que presentar.

A esa conciencia no-intencional dedica Lévinas el calificativo de «mala conciencia». No es una crítica sino un piropo. «Mala conciencia» es la conciencia no-intencional que no sabe hacer el trabajo propio de una conciencia intencional consistente en devorar el objeto y metabolizarlo en conciencia. La fuerza de la conciencia no-intencional, como lo previo a la conciencia-de, se basa en la afirmación de que lo originario del ser no es ningún tipo de complicidad o correlación entre la conciencia y el ser —correlación implícita en el concepto de intencionalidad— sino que lo originario es la diferencia entre mi yo y el yo del otro:

> Todos los hombres son semejantes pero no iguales. Jamás se me ha pasado por la mente cuestionar la semejanza de los hombres. Claro que el yo, en cuanto yo, es absolutamente único y si lo abordamos fuera del ámbito sociológico, no tiene nada en común con el otro. No se trata de una diferencia debida a la presencia o ausencia de un rasgo común. Se trata de una diferencia inicial: el yo se remite a sí mismo. Eso es el yo (Lévinas, 1992, 43).

Tiene gracia que el filósofo del otro y de la responsabilidad se pronuncie con esa rotundidad sobre la «yoidad» del ser originario.

El debate entre conciencia intencional y conciencia no-intencional remite, a fin de cuentas, al debate sobre constitución originaria del ser: ¿es la correlación, es decir, consiste en la complicidad entre la conciencia y la cognoscibilidad de la cosa o, por el contrario, es la diferencia no ya entre el ser y el ente, sino entre un yo y otro yo?, ¿dónde se sitúa lo ético que no es ni complicidad entre sujeto y objeto, ni diferencia entre el yo y el otro, sino remisión del otro al yo?

Lévinas mantiene una posición que, a primera vista, parece contradictoria. Eleva, por un lado, lo ético a «filosofía primera», mientras que, al mismo tiempo, proclama que lo originario es la soledad del yo. Digo que parece una contradicción porque lo ético hay que entenderlo —y más en él— intersubjetivamente, como relación. Pero entonces, ¿cómo puede ser lo ético fundante si afirmamos que lo originario es la distinción y soledad del yo? Entenderemos a Lévinas si profundizamos en cada parte de la aporía. Lo originario es la diferencia de un hombre respecto a otro hombre. En el yo, en cuanto yo, no hay rastro de relación, ni de comunidad.

Resuena en este planteamiento la filosofía de su maestro Franz Rosenzweig. Cuando éste parte en guerra contra el idealismo del pensamiento occidental —que va de «desde los jónicos hasta Jena»— descubre tres realidades originarias, anteriores a toda actividad intelectual: Dios, hombre y mundo. Ésas son las realidades originarias, las que pusieron en marcha la actividad filosófica y las que, de una manera u otra, encontramos en el fondo de cualquier filosofía que se precie. Pues bien, esas realidades originarias se presentan a la reflexión filosófica aisladas unas de otras, en total soledad. Del hombre dirá que la afirmación originaria del ser es la afirmación de sí. El ser del hombre es afirmarse como autonomía primera. Su singularidad es su mismo ser. Dicho de otra manera, la singularidad de cada hombre no es un caso particular de la categoría singular del ser: él es cada vez el ser mismo (Rosenzweig, 1990, 83-90 / 1997, 118-124; cf. Moses, 1987, 67 ss.). El yo no es una parte de la comunidad de hombres, no participa de una generalidad más alta, no es una copia del modelo universal (humanidad). Por esencia es solitario. A esa soledad originaria del hombre, de cada hombre, la llama «pagana», que no encierra un juicio de valor religioso, sino que le sirve para explicar cómo se presenta originariamente a la conciencia filosófica. La soledad del hombre originario está perfectamente recogida en las descripciones del hombre «mítico» que nos ofrece, por ejemplo, la literatura (pagana) griega. Lo que caracteriza al hombre de la tragedia clásica, por ejemplo, es su mudez: no le es dado expresarse en palabras, no conoce el dialogo ni, por tanto, a los demás hombres. La tragedia es una representación del silencio. Por eso no hay propiamente diálogos, sino debates. Tampoco escenas de amor o seducción, sólo monólogos en los que se expresa la pasión[14].

Eso es lo originario. Lo originario es el espacio que aísla al hombre del hombre. Ese espacio se puede llenar en la realidad —es de-

---

14. «... a la dramaturgia antigua le es ajena la escena de amor», dice F. Rosenzweig (1990, 85 / 1997, 120).

cir, más allá del análisis crítico a través del cual llegamos a la afirmación de esas realidades originarias aisladas— de muchas maneras. La intencionalidad es un camino, el camino que ha seguido la ontología occidental y que lleva consigo la asimilación, seducción o dominación del otro hombre. Bajo el nombre de intencionalidad podemos colocar la obsesión de la filosofía occidental en reducir lo conocido a objeto, en erigir la subjetividad como condición de posibilidad del conocimiento, en entender el conocimiento como iluminación de un espacio oscuro gracias a la luz que proyecta el sujeto sobre esa realidad opaca, etc. Otro camino sería el que propone Lévinas: la irrupción del otro en una conciencia que fuera pura acogida. A eso llama Lévinas «lo ético». Y es fundante porque no es aquí el aspecto moralizador el que interesa sino la constitución del yo, la génesis de su ipseidad. Si «lo ético» es fundante es porque nos constituimos en nosotros mismos a partir del otro. Antes de la presencia interpelante del otro somos, sí, pero pura existencia, sueño prolongado. El otro es el que nos saca de nuestro autismo y nos convierte en seres vivos. No somos seres vivos antes de que el otro interrumpa el sueño de la existencia vacía.

No sería, pues, contradictorio afirmar, por un lado, que lo originario del ser del hombre es su autismo y, por otro, que lo ético es lo fundante del ser humano (del existente) y, en ese sentido, cabría hablar de «lo ético como filosofía primera». Lo que hay que entender es que lo originario del ser —su autismo— no es ético, pero tampoco vida, vida del ser del hombre. La vida del hombre es relación y sólo un tipo de relación es ética, a saber, la irrupción del otro que interrumpe un modo de vivir que es dejarse ir (la existencia). No se nace hombre, se adviene.

3. *La prioridad de la responsabilidad sobre la libertad*

Si comparáramos los dos tipos de conciencia cabría decir de la conciencia intencional que tiene algo de asaltante de caminos pues sólo se nutre de lo que roba a los descuidados paseantes. De la conciencia *pre-intencional*, por el contrario, cabe decir lo que constaba en el letrero de las viejas posadas castellanas: «Aquí no se da más que lo que cada cual traiga». En estos aposentos cada cual puede instalarse como pueda pero el viajero deberá saber que están vacíos. La conciencia *pre-intencional*, al igual que la posada, está vacía, pero espera llenarse de vida, comida y bebida, gracias al viajero. La conciencia *pura* está a la espera del otro. Lo primero que divisa del otro es su rostro. «Mirar al otro no es entretenernos en su nariz y ojos, sino encararle, mirarle derecho a los ojos no para ver el iris sino la pupila, es decir, ese hueco vacío que expresa la desnudez del otro» (Rolland, en Lévinas, 1998, 48). Es una forma gráfica de expresar que lo que, en primer lugar, descubrimos del otro es su vulnerabilidad, la indefensión de un rostro expuesto a la mirada. La vulnerabilidad del rostro que me mira puede fácilmente traducirse en daño, esto es, en violencia, sufrimiento o muerte, de ahí la preocupación del yo que es mirado en dejar traslucir su debilidad. La manifestación del rostro del otro puede ser traducida, por parte de quien la divisa, en «mortalidad» (y hacia eso tiende la conciencia intencional) o en «responsabilidad» (y eso es lo que hace la conciencia no intencional). La responsabilidad no se funda en la libertad sino «en la pasividad más pasiva que toda pasividad», es decir, en el temor de que mi presencia pueda causar la muerte del otro. La responsabilidad «no se asume», como quien se hace cargo de las consecuencias de sus acciones, sino que «se es» responsable. La responsabilidad para con el otro no puede haber comenzado en mi compromiso, en mi decisión. La responsabilidad ilimitada en que me hallo, viene de fuera de mi libertad, de algo «anterior-a-todo-recuerdo, de algo ulterior-a-todo-cumplimiento, de algo no-presente; viene de lo no-original por excelencia, de lo an-árquico, de algo que está más acá o más allá de la esencia» (Lévinas, 1987, 54). La responsabilidad es anterior a la libertad.

¿Qué pasado es ése más antiguo que la conciencia intencional, que no es sido, pero cuyo recuerdo hace «odioso» (al yo) en la manifestación misma de su identidad enfática de la ipseidad, en el «decir yo» (Lévinas, 1998, 88). Lo que está antes que el yo es el otro, dando a esa prioridad un sentido histórico y no temporal. Mientras el yo quede ensimismado, abandonado al propio *conatus esendi*, el yo no tendrá historia pues todo, hasta el mundo, no será más que una prolongación de sí mismo. Para que el yo sea protagonista de su propia historia y pueda crear mundo y conformarle libremente tiene que romper la inercia de una existencia en la que sólo cabe reproducirse a sí mismo porque no hay más que yo. La historia exige la introducción de algo nuevo y, por tanto, distinto, que altere esa querencia reproductoria de lo ya dado. A ese *novum* es a lo que Lévinas llama tiempo; ese *novum*, capaz de interrumpir la soledad del yo es el otro. El tiempo es el otro y el otro inaugura el tiempo porque su presencia permite hablar de un antes y de un después. Ahora bien, esa novedad rompedora sólo la puede lograr el otro, cuando éste se nos aparece como lo que es, lo totalmente otro[15]. Aquí es obligado, de nuevo, remitirse a Rosenzweig. «La diferencia entre el pensamiento viejo y nuevo no está en el tono alto o bajo sino en necesitar al *otro* y, lo que es lo mismo, en tomar en serio al *tiempo*.» Y un poco antes: «Necesitar tiempo significa: no poder anticipar nada, tener que esperarlo todo, depender de otros en lo propio» (Rosenzweig, 1989, 63). Ese pasado —el tiempo— es el otro.

No perdamos de vista el punto de partida de toda esta reflexión crítica sobre el ser del conocimiento occidental y que no era otro sino la manifiesta desconfianza de Lévinas respecto al ser, desconfianza que ya aparece en estos escritos primeros y que se mantendrá a lo largo de su obra. Ahora vemos por qué. No desconfiaba del ser porque llevaba al hitlerismo sino porque siempre es cómplice de la barbarie. La ontología occidental permanece prisionera del autismo originario y eso lleva a la negación del otro. Se entenderá por qué la ontología canónica es potencialmente una ontología de la guerra.

IV. EL CONCEPTO BENJAMINIANO DE EXPERIENCIA

Conviene anotar ya desde ahora el aire de familia entre este concepto de intencionalidad pre-reflexiva y el benjaminiano de experiencia. Para el judío alemán la experiencia se le presenta como acontecimiento, es decir, como el acaecer de un medio expresivo (un hecho, una palabra) que es autónomo, es decir, que no se presenta para informar a la conciencia, como ocurre en la relación subjeto-objeto, y que, por eso mismo, constituye el mundo con independencia de cualquier operación del entendimiento. La experiencia está allende toda conciencia intencional y, sin embargo, tiene la capacidad de construir las bases de nuestro mundo.

Pocos conceptos tan centrales hay en Benjamin como el de experiencia. La intuición de fondo es que la razón práctica sólo puede

---

15. Subyace a este planteamiento toda una fenomenología de la existencia que Lévinas desarrolla, por ejemplo, en *Le temps et l'autre*. Ahí aparece la existencia, antes de su subjetivación o actuación por *l'existant*, como un estado de conciencia inamovible, eterno, como un estado de vigilia o insomnio en el que pasado y presente se funden en una imagen que se impone, se repite, sin que podamos escapar de ella. El tiempo es la posibilidad de poner fin a esa eternidad; por eso la muerte inaugura el tiempo. Lo que pasa es que la interrupción que significa la muerte no abre ningún futuro al sujeto, pues éste deja de ser. Por eso el acontecimiento que realmente se impone a la existencia, el acontecimiento que rompe mi soledad, dando la posibilidad de que el presente tenga futuro, es el otro. Cf. Lévinas, 1979.

desvelar su verdadera significación si la experiencia se despliega en todas sus virtualidades. «La filosofía se basa en que en la estructura del conocimiento se halla la de la experiencia, y a partir de aquélla hay que desplegar ésta» (GS II, 163[16]). Esto es verdad para toda la filosofía moderna desde Kant, a saber, que la calidad del conocimiento depende de la riqueza en experiencia previamente acumulada. Pero ¿cuál es el problema? Pues que Kant operó con un tipo de experiencia muy reducido. Tomó por modelo de experiencia a la empírica y esa opción de base ha tenido incalculables consecuencias para la filosofía, que todavía padecemos. En efecto, ¿qué conocimiento es el que corresponde a una experiencia empírica? El conocimiento físico-matemático. Pues bien, ese tipo de conocimiento —que solemos llamar científico— es el que se ha convertido en el primer analogado del conocimiento, de suerte que la filosofía se siente obligada a medirse con él. Es evidente que planteadas así las cosas, la metafísica y la religión, por ejemplo, ayunas de experiencia empírica, no tienen un lugar propio en ese sistema de conocimiento. Frente a esa experiencia de vía estrecha, Benjamin busca la experiencia sin recortes, la experiencia absoluta. Y la encuentra no en el laboratorio del científico sino en el lenguaje. La «experiencia absoluta es, para la intuición de la filosofía, lenguaje; lenguaje, sin embargo, entendido como concepto simbólico-sistemático» (GS VI, 38). La concepción «simbólico-sistemática» del lenguaje remite no a la capacidad interpretativa del sujeto sino a la unidad sistemática que el mismo lenguaje forma y de la que a la vez es símbolo (Fernández-Castañeda, 1999, 79). La experiencia que encierra el lenguaje, a diferencia de la empírica, permite hablar de metafísica y religión, ya que en el lenguaje las ideas componen una trama que dice más de lo que el ojo ve y el oído escucha. Lo que, en cualquier caso, resulta indiscutible es que, para Benjamin, la experiencia se juega —y se la juega— en el lenguaje y no en vivencias subjetivas.

Todos hemos podido constatar que el lenguaje de un discurso es tanto más rico cuanto más vida o experiencia tenga dentro. Un buen escritor es aquel que maneja palabras capaces de despertar en el lector hondas experiencias dormidas gracias al poder evocador de determinadas palabras. No parece que haya otro modo de conocer que desde la experiencia, lo que pasa es que el sujeto es un vaso

---

16. Las citas de Walter Benjamin se hacen por sus *Gesammelte Schriften* (GS), indicando volumen y página. Debo mucho en este punto a la tesis doctoral de Luis Fernández-Castañeda Belda, *Experiencia y Lenguaje en Walter Benjamin*, defendida en la Universidad Autónoma de Madrid, en septiembre de 1999.

demasiado frágil y estrecho para recoger todo lo que la humanidad ha experimentado. La conciencia del sujeto o de los sujetos es incapaz de contener la riqueza experiencial de la humanidad. Eso lo puede, sin embargo, el lenguaje que es la expresión de la experiencia. El contenido de la vida está en el lenguaje de la vida, lenguaje al que el hombre tiene entrada. Tratemos de señalar, aunque sea brevemente, los rasgos fundamentales de este complejo concepto de experiencia.

La experiencia es, en primer lugar, recepción pura. Hay que desvincular la experiencia de la subjetividad. Instintivamente asociamos experiencia con vivencias subjetivas. Nada tiene que ver ese tipo de vivencias del sujeto con la experiencia benjaminiana, por eso sugiere, con mucha guasa, que los modernos (él se refiere a los escritores) «deberían acostumbrarse a considerar la palabrilla "yo" como una ración de emergencia. Igual que los soldados no pueden abrir ésta antes de que pasen treinta días, de la misma forma los escritores deberían tener guardado el yo hasta los treinta años. Cuanto antes recurran a él, peor se las entenderán con su oficio» (GS III, 68). En la tan celebrada autonomía moral moderna, Benjamin no ve más que ideología burguesa[17]. Hay, pues, que empezar por entender la experiencia no como vivencia del sujeto sino como recepción pura, como acontecimiento que se produce al margen de la intención del sujeto e independientemente de cualquier estrategia cognitiva urdida por éste.

Para explicar la naturaleza de esa experiencia, entendida como recepción pura, Benjamin recurre, primero al color y luego al lenguaje del arte. El ojo humano no produce el color sino que lo recibe y gracias a esa iluminación puede ver (GS II, 447). Otro tanto ocurre con el lenguaje artístico. En el arte, la percepción pura es escucha. Con ello se desplaza la intuición del terreno visual al acústico, que es el ámbito por excelencia de la revelación. *Fides ex auditu*. Pero ¿qué es la voz que se deja oír? Es un silencio:

> [...] el objeto de la intuición es la necesidad que tiene un contenido, el cual se anuncia puramente en el sentimiento de hacerse por completo perceptible. Intuir es escuchar esta necesidad. El ideal del arte como objeto de la intuición es por tanto una necesaria perceptibilidad, la cual jamás aparece puramente en la obra de arte misma, que permanece siendo objeto de la percepción (GS, I, 112; cf. Fernández-Castañeda, 1999, 135).

---

17. «Me aterra el cuadro de la autonomía moral... un engendro» (GS II, 20).

Hay que distinguir entre expresión y necesidad de expresarse: aquélla no se explica sin ésta, pero ésta nunca quedará conforme con aquélla. El artista atiende, por supuesto, a una voz que le inspira y gracias a esa inspiración el buen artista creará una forma. Pero la voz que escucha es sólo un eco de la necesidad de expresarse. Sólo podrá hablarse de recepción pura en el artista si consigue transmitir en la obra realizada una distancia, una discontinuidad entre la expresión y la necesidad de expresión, de suerte que la obra artística remita a ese silencio, a eso inexpresado, pero que, eso sí, sólo es perceptible a través de la obra realizada y no antes o al margen. Lo inexpresable es producto de la expresión. Ésa es la grandeza del arte, no contarlo todo, sino conducirnos mediante lo expresado a lo inexpresable. La escucha es escucha de lo sin-expresión, «en lo sin-expresión irrumpe la sublime violencia de lo verdadero, que determina, según leyes del mundo moral, el lenguaje del mundo real» (GS, I, 181; cf. Fernández-Castañeda, 1999, 144). Solamente cuando la obra de arte consigue romper, interrumpir la armonía o totalidad que ella misma produce, convirtiéndose en trampolín a otra cosa, se expresa el silencio, la necesidad de expresión que jamás concuerda con lo expresado. Esa remisión a lo no expresado es lo que despoja a la belleza artística de la fatua pretensión de expresarlo todo. Con esa pretenciosidad lo que se consigue es velar la verdad pues el secreto de la verdad o de la belleza no está en el objeto sino en la necesidad que pugna por expresarse, en el velo del objeto[18]. Esta visión del color y del arte ponen de manifiesto algunos elementos del concepto de experiencia benjaminiana. Ésta es, en primer lugar, escucha, recepción pura de la «esencia espiritual» de las cosas; esa «esencia espiritual», en segundo lugar, no se hace presente por las buenas, diciendo aquí estoy yo, sino que se hace presente por su ausencia, haciendo sentir el vacío que crea la expresión positiva y plástica del artista. Su ausencia es de hecho una brecha, la que se da entre lo que el artista expresa y lo que no puede expresar. La esencial espiritual no se manifiesta a través de la brecha sino que es la brecha misma, esto es, consiste en la remisión del silencio a la palabra y de la palabra al silencio.

¿Qué añade el lenguaje humano a lo que ya hemos visto? Walter Benjamin sostiene que la naturaleza está provista de lenguaje ya que ha sido creada por la palabra. Pero las cosas no hablan, son mudas. El caso del hombre es diferente. Analizando el segundo relato bíbli-

---

18. «Ni el velo, ni el objeto desvelado es lo bello, sino que lo bello es el objeto en su velo» (GS I, 195).

co de la creación, advierte, por un lado, que «de todos los seres, el hombre es el único a quien Dios no ha nombrado» y, por otro, que Dios le da el poder de nombrar las cosas creadas. Dios crea al hombre pero no le nombra para no someterle al poder de la lengua. No le somete al lenguaje sino que le hace don de la lengua para que pueda poner nombre a las cosas. Hablar, tener lenguaje, es poder nombrar, poder llamar a las cosas por su nombre[19]. La lección que extrae Benjamin del relato bíblico es, por un lado, que el hombre tiene la capacidad de nombrar; y, por otro, que las cosas, a pesar de haber sido creadas por la palabra, son mudas porque son incapaces de comunicar adecuadamente su esencia espiritual. Esa mudez la viven como una desgracia ya que tienen una esencia lingüística, sólo que son incapaces de expresarla adecuadamente. Las cosas comunican algo pero no su ser espiritual:

> Todas las cosas poseen algo alingüístico que sin embargo sólo puede aparecer como tal porque su lenguaje es incapaz de expresar cierto existente espiritual. Eso es lo que queremos decir cuando decimos que las cosas son mudas [...] La esencia espiritual de las cosas no se comunica por completo en su lenguaje (GS VII, 786).

Hablar es cosa exclusiva de hombres y las cosas, al no poder hablar, viven en permanente duelo. Mediante el lenguaje el hombre no sólo pone nombre a las cosas sino que —y esto es capital— presta su voz a la naturaleza. Esas dos deberían ser las grandes tareas del lenguaje humano.

Digo «deberían ser» porque en realidad el hombre no está a la altura de las circunstancias. Ha perdido la capacidad de nombrar. Esa pérdida es la «caída» de Adam. Perdió esa capacidad al pretender ser como Dios y confundir el poder de nombrar con el de crear. En el trabajo de 1916 «Sobre el lenguaje en general y sobre el lenguaje de los hombres» dice, tras explicar el origen del lenguaje «humano» o lenguaje postadámico, que «el árbol del conocimiento no estaba en el jardín de Dios para las informaciones que hubiera podido dar sobre el bien y el mal, sino como emblema del juicio sobre el que preguntaba» (GS II, 155). El famoso árbol del bien y del mal no estaba ahí para enseñar a distinguir entre el bien y el mal, porque todo lo creado «era bueno»; la tentación no estaba en el árbol, sino en el hombre y consistía en que el hombre cambiara su papel de

---

19. «El lenguaje... sólo se expresa puramente cuando habla en el nombre» (GS II, 145).

nominador por el de juez. El hombre tenía asignada la capacidad de poner nombre a las cosas; nombrar a las cosas significa conocerlas perfectamente y, por eso, ponerles el nombre exacto. Para poder nombrar el hombre tenía que escuchar el ser de las cosas, ser que él no inventaba, sino que escuchaba. El juicio es mucho más pretencioso pues sueña con inventar nombre a las cosas sin atender a su ser lingüístico. Es ser como Dios que crea las cosas con la palabra. La tentación consistiría, pues, en confundir el poder de nombrar con el poder de crear, esto es, decidir, al margen de la realidad, lo que es bueno o es malo, lo que es verdadero o falso.

La tentación que simbolizaba el árbol del paraíso consistía en sustituir el conocimiento vinculado al lenguaje adámico, pura comunicación de la esencia espiritual de las cosas, por el juicio humano. Recurrir al árbol para saber lo que es bueno o malo significaba abandonar el lenguaje originario, adámico, y sustituirlo por el juicio. Y ¿qué es lo propio del lenguaje adámico? Adam no podía crear las cosas con su palabra; lo que podía era poner un nombre que reflejara perfectamente lo que la cosa era. El nombre de la cosa era la respuesta al lenguaje mudo de las cosas. No podía, pues, poner cualquier nombre sino el que correspondía al lenguaje mudo de la naturaleza. El juicio quiere ir más lejos. No le basta la capacidad denominativa del lenguaje; quiere imponer arbitrariamente el nombre a las cosas. Benjamin llama al juicio «imitación improductiva del verbo creador» (GS II, 153), pues pretende, igual que Dios, decidir lo que es bueno o malo, esto es, imponer arbitrariamente el nombre. El juicio es ese acto de decisión, no de escucha. Es un intento fallido pues al inventarse los nombres lo que hace es sustituir el nombre de las cosas por palabras que nada dicen de las cosas. Se rompe la magia del nombre en nombre de palabras mágicas que ya no dicen nada.

La «caída» tiene como primer efecto la pérdida de la capacidad de nombrar. El hombre ya no es capaz de dar con el nombre apropiado a cada cosa o circunstancia, por eso tiene que recurrir a muchas palabras con las que aproximarse torpemente a las cosas. El poder adámico de nombrar es sustituido por las «superdenominaciones» o «cháchara», esto es, el recurso a muchas palabras para tratar de alcanzar el ser de las cosas. Pensando en el estado en que quedan las cosas —sin voz propia y con la de su representante averiada— se agranda la «tristeza» y el «duelo» de la naturaleza. Si la mudez congénita de la naturaleza es la primera causa del duelo[20], la

---

20. «Ser nombrado —incluso cuando quien nombra es un bienaventurado y similar a Dios— sigue siendo siempre quizás un presagio de tristeza» (GS II, 155).

experiencia histórica de que ni siquiera el hombre puede expresar decentemente su ser *espiritual*, agrava aún más la tristeza original. Duelo, por tanto, por partida doble: a la tristeza originaria que supone a las cosas no poder expresarse por sí mismas, se une la experiencia histórica de que el hombre, su portavoz, ha perdido la capacidad de nombrar, teniendo que recurrir a «las cien lenguas de los hombres, en las que el nombre está ya desflorado» (GS II, 155), es decir, diseminado en la palabrería propia de la cháchara postadámica.

Todo esto lo que nos da a entender es lo difícil que lo tenemos nosotros, con nuestro lenguaje, si queremos cumplir decorosamente su doble tarea: dar voz a la mudez de las cosas y nombrar a las cosas. El hombre histórico que ha perdido la capacidad de nombrar está obligado a una larga marcha hacia el paraíso, es decir, a la búsqueda del lenguaje verdadero. ¿Por qué caminos? No hay atajo posible. Heidegger pensó que el camino real era la poesía. El poeta sería quien diera con la palabra justa, sorteando tanta palabrería[21]. Pero que ésa sea la tarea del poeta no significa que le lleve al paraíso. Las puertas del paraíso están cerradas. Benjamin propone una senda mucho más modesta y laboriosa que el susodicho camino real: la traducción. La traducción trata de hacer honor a la esencia del lenguaje pero teniendo en cuenta que hemos sido expulsados del paraíso. No olvidemos que el lenguaje humano tenía dos tareas: prestar su voz al lenguaje mudo de la naturaleza y poner nombre a las cosas. La primera función es eminentemente traductora. Incluso en el lenguaje adámico el hombre era el traductor de la naturaleza. Tras la «caída», es decir, en este mundo nuestro de pluralidad de lenguajes y con lenguas más empeñadas en velar y engañar que en comunicar, también la traducción es el camino a seguir si no queremos perder el recuerdo de la capacidad nombradora del lenguaje.

La tarea de la traducción es doble, como la del lenguaje. Por un lado, tiene que trasladar el lenguaje de las cosas al lenguaje humano y, por otro, someter las palabras al trabajo de la traducción en otra lengua para depurarla de la charlatanería y acercarla al nombre.

Pero ¿por qué ésa confianza en la traducción? ¿qué tiene que ver la traducción de una lengua a otra, por ejemplo, con la recuperación del poder nombrar las cosas? Tienen una relación. Si hemos perdido la capacidad de dar nombre a las cosas, nos queda al menos la capa-

---

21. De esa opinión es Machado, cuando escribe: «Desdeño los romances de los temas huecos / y el coro de los grillos que cantan a la luna. / A distinguir me paro las voces de los ecos. / Y escucho solamente, entre las voces, una» (A. Machado, «Retrato», en *Campos de Castilla*, Obras Completas II, Espasa-Calpe, Madrid, 1989, p. 492).

cidad de reconocerlo, reconocer que la palabra con que designamos una cosa no es su nombre. Esa conciencia del fracaso como mejor se expresa es en los silencios. Cuando, tras todos nuestros esfuerzos denominativos, conseguimos asomarnos a un abismo de sentido que escapa a nuestra palabra pero que es propio de la cosa, entonces expresamos esa conciencia de la limitación del lenguaje postadámico. El silencio es la forma más elevada de conciencia. Tomemos un poema. Los buenos poemas no son buenos por lo que dicen sino por lo que al decir, uno descubre que no dicen. Bueno, pues otro tanto ocurre con las traduciones. El buen traductor sabe que una cosa es lo que consigue traducir y otra lo que queda inexpresado. El buen traductor es el que consigue dar a entender lo que no dice, diciendo. Lo que se pierde en las traducciones es precisamente lo mejor. Lo esencial de la traducción es la brecha. La brecha, lo innombrable, es la esencia del lenguaje. Esto obliga, por un lado, a reconocer que toda traducción —sobre todo la mejor— es un fracaso y, por otro, que traducir, como hablar, es atender a esa brecha, a ese silencio que es la fuente de la palabra. Por este camino nunca llegaremos ciertamente al Paraíso, al nombre, al lenguaje único y verdadero, pero sí estaremos de camino hacia la verdad de nuestro lenguaje. Si ya no podemos pretender tener un lenguaje único y verdadero, sí podemos aspirar a la verdad de nuestro lenguaje. La traducción es el camino.

Pretendíamos señalar un aire de familia entre la «conciencia prerreflexiva» de Lévinas y el concepto de «experiencia» de Benjamin. Común a ambos es, en primer lugar, el convencimiento de que la «identidad subjetiva», «el principio de autonomía», el «yo», es la soledad que clama por un movimiento constituyente del sujeto moral y del sujeto histórico. Un segundo rasgo común es el talante (*Stimmung*) de atención, escucha o recuerdo de algo exterior y extraño a uno, pero cuya presencia en nosotros es lo que nos constituye en sujetos humanos. Conceptos como alteridad o interrupción se oponen a intencionalidad o *continuum*. Benjamin refuerza poderosamente la crítica de la intencionalidad en su *Origen del drama barroco alemán*. Ahí nos dice:

> [...] la verdad no entra nunca en una relación y mucho menos en una relación intencional. El objeto del conocimiento, en cuanto determinado a través de la intencionalidad conceptual, no es la verdad. La verdad consiste en un ser desprovisto de intención y constituido por ideas. El modo adecuado de acercarse a la verdad no es, por consiguiente, un intencionar conociendo, sino un adentrarse y desaparecer en ella. La verdad es la muerte de la intención [...]. La verdad no

es una intención que alcanzaría su determinación a través de la realidad empírica, sino la fuerza que plasma la esencia de dicha realidad empírica (Benjamin, 1990, 18; GS I, 203-431).

No hay alegato más radical contra la intencionalidad y, por tanto, contra la llamada racionalidad occidental, que éste[22]. La verdad poco tiene que ver con la certeza del sujeto (preocupación de la Modernidad), ni con el ajuste entre el concepto y la cosa (preocupación de los antiguos), es, más bien, «la fuerza que plasma la esencia de la realidad empírica», es un poder que nos adviene, que nos invade y en el que desaparecemos.

No perdamos de vista el hilo conductor que nos ha llevado desde la crítica del hitlerismo a la crítica de la filosofía. No es un debate sobre teorías del conocimiento lo que está en juego, sino el análisis del totalitarismo vehiculado a través del hitlerismo. Lo que caracteriza a éste es, decíamos, el encerramiento en el cuerpo, la fidelidad a la sangre y a la tierra, la biopolítica, en una palabra. El malestar que provoca en quien aún es capaz de sentir (náusea y vergüenza) incita a la evasión. La salida no es fácil pues está taponada por una inveterada ontología del ser, de la intencionalidad, que sólo permite la reproducción del hombre varado cabe a sí mismo. La salida está fuera del yo, en el otro, en una idea del conocimiento como acogida, en la recuperación del poder de nombrar del lenguaje, en una teoría del lenguaje como memoria, en la sustitución de la intencionalidad del sujeto por la experiencia. Lo que se alcanza a ver, en todas estas invitaciones al pensar de nuevo, es que el encarcelamiento del hombre al cuerpo o en el campo, es decir, el totalitarismo, es un fenómeno derivado de una operación filosófica previa: el idealismo. Esto es lo que debemos analizar ahora.

V. EL IDEALISMO, FUENTE DEL TOTALITARISMO

La preocupación que atraviesa la obra mayor de Franz Rosenzweig, *La estrella de la redención*, es la de la relación entre el ser y el pensar o, lo que es lo mismo, el problema de la verdad. La «Generación del

---

22. Fernández-Castañeda resume así el concepto benjaminiano de experiencia: «[...] el acontecer de un medio expresivo autónomo que está desligado de todo sujeto y objeto y, sin embargo, constituye el mundo con independencia de cualquier operación del entendimiento. Su irrupción interrumpe el decurso temporal abismando al sujeto de tal modo que éste sólo tiene acceso a esa experiencia bajo la forma del recuerdo» (1999, 99).

14», que es la suya, a la vista de la catástrofe que supuso la primera guerra mundial, se pregunta si existe una verdad vinculante a lo largo de la historia o si hay que colocar a la verdad eterna en el cajón de los mitos. Esta generación se encuentra con dos tradiciones enfrentadas. Por un lado, la Ilustración para la que la razón no es histórica ya que el pasado es siempre la pre-historia de la razón. El acento está puesto en el presente que es la superación del pasado. Hay que leer la verdad en la razón del presente, pues la razón es postradicional. Por otro, la tradición romántica que cuestiona esa primado del presente, señalando que cada época tiene su propia verdad y que no hay verdad al margen de sus tradiciones. Esas dos tradiciones enfrentadas representan un gran reto filosófico que tiene que habérselas con dos visiones antagónicas de la realidad. No ignoran, en cualquier caso, que el Idealismo alemán, con Hegel a la cabeza, supone una primera respuesta a ese desafío, al afirmar que el pasado no es la pre-historia del presente (contra la Ilustración) sino un proceso histórico (contra el Romanticismo). De éste conservan su sentido del pasado y de aquélla que no todo vale igual, ni que cualquier tiempo pasado fue mejor. Los distintos elementos de cada época aparecen como estadios o momentos necesarios de un proceso en cuyo desarrollo se despliega la verdad en su conjunto. En ese proceso cada época tiene su sitio y su sentido, aunque a primera vista parezca insensato y escape a la capacidad comprensiva del individuo. Lo que tiene que hacer éste, si no quiere perder el tren de la historia, es insertarse con sus convicciones subjetivas y con las instituciones que ha ido creando, en el movimiento del Espíritu universal, que pasa por él y por lo suyo, pero que camina hacia el Espíritu absoluto, lugar desde el que sólo cabe valorar en su justo punto las vivencias subjetivas. Eso no significa que el filósofo tenga que quedarse a verlas venir. Su papel es clarificar, poner en claro, esa razón astuta que opera en la historia. Lo suyo es activar su propia razón al servicio de la razón en la historia. Y, como ambas son la misma, lo que en realidad se produce es un «autoconocimiento de la razón». La verdad de la realidad está en la conocimiento que la razón tiene de sí misma, con lo que pensar la realidad es pensarse. Si la realidad está preñada de razón, la irracionalidad no existe en la realidad, tan sólo en la mente calenturienta de algún demente. Para una mente ordenada que piense la realidad como debe, la verdad es el contenido de su pensamiento. Por eso pensarse es pensar la verdad.

Hasta aquí nada original por parte de Rosenzweig. Su notable contribución comienza cuando califica de idealismo no al Idealismo alemán, sino a toda la filosofía europea, la que va «desde los jónicos a Jena», es decir, desde los presocráticos hasta Hegel. Los Hegel y Fichte no serían sino el cúlmen de una larga trayectoria iniciada en los albores mismos de la filosofía. Y, también, cuando coloca a la experiencia pertinaz de la angustia ante la muerte como el obstáculo infranqueable para cualquier variante del idealismo[23]. Veámoslo más detenidamente.

La tradición filosófica muestra una querencia insuperable a reducir lo múltiple al uno. Esa tendencia monista ya está presente en la madrugadora afirmación filosófica «todo es agua» con lo que la pluralidad de elementos que conforman la vida del hombre en el mundo queda reducido a uno, al agua. El sujeto de la frase representa la pluralidad y variedad que constituyen el «todo» de la existencia; pues bien, toda esa riqueza queda reducido a un único elemento, el predicado «agua». Esa tónica dominará los siglos venideros, aunque cambie el elemento reductor. Así, para los antiguos el elemento reductor será el cosmos y la ciencia correspondiente, la cosmología, hará del mundo el centro de la realidad, de suerte que todo lo demás —Dios y el hombre— recibirán sentido de aquél; en la Edad Media, será Dios y la correspondiente teología la que dictará lo que sea el hombre y el mundo; con la Modernidad, el hombre ocupa el centro del proscenio y su ciencia, la antropología, será el referente de lo que quepa decir sobre Dios o el mundo.

Lo que hay que entender bien es que esa tendencia monista, negadora de la pluralidad existente es inexplicable sin el Idealismo. Sólo se puede decir que «todo es agua» si antes Parménides ha decretado la identidad entre el ser y el pensar. Identificar ser con pensar significa reducir el ser a material pensable (*Denkerbarkeit*), con lo que la realidad sólo interesa en cuanto combustible del conocimiento. La realidad tiene muchas posibilidades pero a la filosofía sólo le interesa «la esencia», lo que es, lo ente, es decir, la cosa en cuanto objeto del conocimiento. De ahí que la filosofía sea una ente- u ontología. Ese recogimiento de la compleja realidad en su esencia es la tarea del *lógos*, de ahí que sea la unidad del *lógos* la que explique la reducción de la compleja realidad a un único elemento[24]. Y si todo es dado para ser pensado, todo es potencialmente racional, hasta lo

---

23. Son los temas que desarrolla en la primera parte de la Introducción (cf. Rosenzweig, 1990, 43-63 / 1997, 43-63).
24. «La unidad del *lógos* funda la unidad del mundo como totalidad. Y, a su vez, aquella totalidad acredita su valor de verdad fundamentando esa totalidad. Por ello, una rebelión exitosa contra la totalidad del mundo, significa al mismo tiempo negar la unidad del pensamiento» (Rosenzweig, 1990, 5 / 1997, 52).

más absurdo. Cuando el *lógos* apure su tarea de pensar toda la realidad, no habrá nada irracional.

Pero ¿puede ser todo pensado? O, dicho en otros términos, ¿convence la racionalización del absurdo, que lleva adelante el Espíritu universal? Porque absurdos, los hay. Rosenzweig se fija en uno de esos puntos negros que la filosofía da como reconciliados con la razón: la muerte, la angustia ante la muerte. Si la explicación que da el Idealismo de la muerte individual (racionalizando su sinsentido en el sentido del Todo) fuera verdad, el hombre debería aceptar la muerte con toda naturalidad, pues, por lo que a él atañe, la muerte no es nada; sólo es algo para el Todo y ya se sabe que el Todo no muere. Pero pese a todas esas elucubraciones, empeñadas en justificar lo injustificable, la angustia ante la muerte sigue siendo la cita inevitable, la experiencia ineludible, de cada hombre y mujer concreto[25]. Para el Idealismo la muerte individual no es nada, pues en sí misma carece de sentido y de significación. Insensata es la muerte individual y, por tanto, la de los individuos, pero no en el sentido que habitualmente damos a la expresión, cuando ante un acto terrorista decimos: «¡Qué muerte tan insensata!», indicando que no hay causa o razón que justifique la privación de la vida de un ser humano. No. Insensata o sin significado es la muerte individual porque, individualmente tomada, no es nada. La vida y la muerte sólo adquieren sentido en función de la comunidad, como parte de la misma o sacrificio por la misma. Se vive, se muere y, por tanto, se mata, por el Todo. Nada más extraño al Idealismo que morir de muerte propia, que concebir la muerte como un fruto granado de la existencia, que «vivir la muerte propia».

Aquí es donde se planta Rosenzweig. Una filosofía que coquetea así con la muerte, es potencialmente una justificación del crimen. Si, filosóficamente, la muerte individual carece de sentido, porque hay que buscarlo en la lógica del Todo (llámase comunidad, raza o humanidad), ¿qué impide el crimen político? No es una casualidad que

---

25. «Si la filosofía no quisiera taparse los oídos ante el grito de la humanidad angustiada, tendría que partir de que la nada de la muerte es algo, de que cada nueva nada de muerte es algo nuevo, siempre nuevamente pavoroso, que no cabe apartar ni con el silencio ni con la palabra. Y en vez de la nada una y universal que mete la cabeza en la arena ante el grito de la angustia de muerte, y que es lo único que quiere la filosofía que preceda al conocimiento uno y universal, tendría que tener el valor de escuchar aquel grito y no cerrar los ojos ante la atroz realidad [...]. No queremos una filosofía que vaya en el cortejo de la muerte y con el acorde de su danza (Uno y Todo, Todo y Uno) nos haga olvidar el dominio perdurable de la muerte» (Rosenzweig, 1990, 5 / 1997, 45).

los campos de exterminio fueran también campos de concentración: en el último se ejecutaba al hombre metafísicamente y en el primero, físicamente. No se persigue sólo la muerte física del prisionero, sino también la anulación de toda significación. Como la muerte del individuo no vale nada en sí misma, le acompaña como una sombra de la vida. Está siempre presente, no como posibilidad de la vida, sino como facticidad. Forma parte natural del campo, como las montañas, el frío o el hambre, de suerte que nadie se plantea la vida como algo distinto de la muerte. Rosenzweig reivindica la dignidad de la muerte para afirmar el valor absoluto de la vida. Esa reivindicación guía su crítica al Idealismo. No le preocupa el «olvido del ser», como a Heidegger, sino el totalitarismo. Bien es verdad que esta crítica tiene un marcado ropaje filosófico y no tan claramente político. Rosenzweig muere en 1929 y *La estrella de la redención*, aunque escrita en el frente balcánico de la primera guerra mundial, se publica en 1921. No hay, pues, en ella referencia explícita al fascismo como encarnación del totalitarismo. Pero ese dato en lugar de robar actualidad al texto, la refuerza. El fascismo puede ser una encarnación histórica del totalitarismo, pero mientras Occidente piense de forma idealista, la política fabricará sistemas en los que todo puede ser justificado en nombre de algún Todo, llámese raza, clase, humanidad o religión. No es el totalitarismo la clave última de la barbarie sino la subyacente negación de la experiencia, esto es, el Idealismo. Lo que tiene claro Rosenzweig es que la crítica política se quedará a medias si no llega hasta el trasfondo filosófico «pues el Idealismo, con su negación de cuanto separa lo singular del Todo, es la herramienta con la que la filosofía trabaja la rebelde materia hasta que ya no opone resistencia a dejarse envolver en la niebla del concepto Uno-Todo. Una vez todo encerrado en el capullo de esa niebla, la muerte quedaría, ciertamente, tragada, si bien no en la victoria eterna, sí, en cambio, en la noche una y universal de la nada» (Rosenzweig, 1990, 4 / 1997, 44). Una vez reducida la muerte individual a nada, el crimen, aunque sea de masas, será una nada, una nadería, si el Todo lo demanda.

Lo que Rosenzweig entiende por «Idealismo» coincide, en una parte sustancial, con lo que Hannah Arendt llama «ideología». Ideología es un término filosófica y científicamente ambicioso pues no sólo pretende expresar el sentido de la realidad, sino construirla, y no desde una idea sino desde algo mucho más frío y férreo como es «la lógica de la idea». La ideología, en efecto, no se contenta con reconocer, por ejemplo, que los hechos humanos tienen en su conjunto un sentido y por eso conforman una historia. Lo que pretenderá es descifrar la ley interna que domina la historia e imponer la construcción de la vida en función de esa lógica. La lógica de la idea se opone frontalmente a la experiencia, a los matices de la vida y es que «las ideologías suponen siempre que basta una idea para explicar todo en el desarrollo de la premisa y que ninguna experiencia puede enseñar nada, porque todo se halla comprendido en este proceso de deducción lógica» (Arendt, 1987, III, 695). La ideología se presenta como la llave que desentraña el secreto de las ideas.

Pero no se acaban las semejanzas entre Idealismo e ideología en esta reducción del ser al pensar. Hay algo más. La ideología, en efecto, no quiere explicar tanto la esencia de la realidad cuanto su historia, es decir, trata de determinar el ser de las cosas pero también su desarrollo político y sus implicaciones morales o estéticas. Para explicar todo el entramado histórico de la vida, la ideología no quiere saber nada de la experiencia, ni de la sociedad, sino que pretende explicar la historia desde una ley o lógica inflexible. Esta comprensión de la vida *more* científico revela que no es la vida, ni la idea de la vida, sino «la lógica de la idea» lo que prima. La ideología de la raza es el racismo; el racismo ideológico no tiene ninguna curiosidad científica o humana por las razas humanas, pues lo que le interesa «es la idea por la que se explica el movimiento de la historia como un proceso consecuente» (Arendt, 1987, III, 694). Lo que la ideología quiere llevar a la conciencia del hombre es el ser consecuente con la lógica de la idea, cueste lo que cueste. Si la ideología decreta que hay «clases moribundas» o «razas impuras» y no extrajera la consecuencia de que, para salvar a la vida y mantener la pureza, hay que matar, sería «simplemente un estúpido o un cobarde» (*ibid.*, 697). La famosa *frialdad burguesa* no sería sino un apéndice de la lógica de la idea del idealismo.

Si ahora volvemos atrás y nos volvemos a preguntar por la relación entre hitlerismo y filosofía, tendremos que responder que ambos movimientos se dan cita en el totalitarismo. El hitlerismo es la expresión moderna de un mal elemental que consiste en el encerramiento del hombre en el tiempo y en el cuerpo, esto es, en la incapacidad de trascender los límites del cuerpo —a la hora de pensar la política, por ejemplo— y en la impotencia ante la irreparabilidad de nuestras acciones. Eso que llamamos civilización ha sido el milenario esfuerzo de la humanidad por romper ese maleficio, gracias a figuras como el alma, el perdón o la libertad, propiciadas por el judaísmo, el cristianismo o el liberalismo, entre otras tradiciones culturales. Pero ese esfuerzo civilizatorio de Occidente no ha podido impedir el rebrote de ese mal elemental en la forma del hitlerismo con lo que bien podemos hablar de un fracaso de la civilización occidental. En el análisis de las causas de ese fracaso encontramos una trama oculta, urdida por la propia filosofía que al tiempo que denunciaba el mal lo propiciaba. La filosofía lleva, en efecto, desde sus orígenes un marchamo idealista en cuyo seno anida el totalitarismo. En la reducción del ser al pensar, en el primado del concepto sobre lo singular, en el imperio de la lógica de la idea, a la hora de construir la realidad, incuba el totalitarismo pues éste consiste en exterminar lo que el Idealismo desconoce: lo singular, lo contingente, lo marginal o derrotado. Y así llegamos a la conclusión de que entre el encerramiento del hombre en el cuerpo (y luego en el campo) y el enunciado filosófico «todo es agua» hay una extraña connivencia. Bastará que la lógica filosófica sustituya el «todo es agua» por el «todo es raza» —sustitución que no supone ningún problema a la lógica filosófica— para que el viejo Idealismo filosófico se convierta en ideología del hitlerismo.

2

EL CAMPO, LUGAR DE LA POLÍTICA MODERNA

En el capítulo anterior partíamos del hitlerismo, un fenómeno histórico que desborda el marco del nazismo ya que es la expresión de un mal elemental incubado en el seno de la filosofía occidental, más exactamente, en el interior de un idealismo tendencialmente orientado hacia el totalitarismo. Lo que ahora procede es rastrear la traducción política del susodicho totalitarismo.

I. LA BIOPOLÍTICA QUE VIENE DE LEJOS

En 1979, es decir, treinta y cinco años después del artículo de Lévinas, «Algunas reflexiones sobre la filosofía del hitlerismo», Michel Foucault retomaba el tema en un curso dictado en el Collège de France, titulado «Naissance de la biopolitique»[1]. Su tesis se puede resumir así: lo que caracteriza a la política moderna es centrarse en la especie y en el individuo en cuanto simple cuerpo viviente. Santo y seña de la política de la Modernidad sería la biopolítica. Foucault extiende claramente el concepto de biopolítica, que en el Lévinas de 1934 quedaba expresamente reducido al hitlerismo y a la fenomenología heideggeriana, a la Modernidad[2]. El hilo conductor, el medio que comunica la Modernidad con la biopolítica, es, por paradó-

---

1. Una parte del curso se puede ver en Foucault, 2001, 818-825. Ver también Agamben, 1998, 11-15.
2. Aunque ya hemos indicado que en la *addenda* de 1990 apunta directamente al liberalismo.

jico que pueda resultar, el liberalismo. Éste es el meollo de la Modernidad y es el medio de desarrollo de la biopolítica. El liberalismo no lo entiende Foucault como una ideología o una teoría de la libertad, sino «como una práctica, es decir, como una forma de actuar orientada hacia la consecución de objetivos, práctica que a su vez se regula a sí misma nutriéndose de una reflexión continuada» (Foucault, 2001, 819). El liberalismo es una práctica de gobierno, descubierta en el siglo XVIII, que sólo puede funcionar nutriéndose y produciendo libertades. El liberalismo no dice «sé libre», no es una apuesta racional por la libertad, ni un proyecto emancipatorio de liberación de los esclavos u oprimidos, sino producción de libertades, necesarias para el desarrollo de la sociedad. La relación del liberalismo con la libertad es de doble sentido, a saber, de producción y de destrucción. El liberalismo produce libertad y, simultáneamente, la somete a controles. Fabrica la libertad, sí, pero la dosifica. Si nos preguntamos por los criterios de dosificación o cálculo de la libertad encontramos, en primer lugar, su peligrosidad. La libertad es necesaria, pero también es un peligro para las empresas, para las familias, para los individuos; peligros en la vida diaria: en la higiene, en la sexualidad, en el debilitamiento de las razas. La libertad provoca, pues, miedo, miedo al futuro e inseguridad en el presente. Esto es una gran novedad pues hasta ahora los peligros estaban asociados a los jinetes del Apocalipsis (el hambre, la peste, la guerra, la invasión); ahora, por el contrario, son peligros cotidianos que están acechando en los comportamientos más sencillos. El ejercicio de la libertad del otro puede traducirse en amenaza para la mía. Cualquiera puede utilizar su libertad de movimiento para impedir o dificultar las mías. El liberalismo lleva consigo una gran sensibilidad por los peligros de la vida. No hay más que ver el interés periodístico por los crímenes, el auge de la literatura policiaca o el desarrollo de las cajas de ahorro.

Esto ¿a dónde nos lleva? A plantearse la libertad desde la seguridad. El sujeto moderno reivindica libertad para disponer de la propiedad privada y, al mismo tiempo, seguridad jurídico-estatal de esa libre disposición[3]. El liberalismo genera un entramado de contra-

---

3. «Esto explica», escribe Marcuse, «por qué durante el dominio del liberalismo se han producido con frecuencia intervenciones del poder estatal en la vida económica, tan pronto como lo exigía la amenaza a la libertad y seguridad de la propiedad privada, sobre todo, frente al proletariado. En ningún caso es ajena al liberalismo la idea de la dictadura y de la conducción autoritaria del Estado...» (Marcuse, 1968, 19).

partidas a la libertad o, mejor, busca un equilibrio entre libertad y seguridad. Así, frente a la generosidad de libertades en la economía, surgen las grandes técnicas disciplinarias, la creación de instituciones destinadas a vigilar la conducta diaria: escuelas, prisiones, manicomios. El gobierno del Estado, sospechoso por principio para el liberalismo, no tiene inconveniente en desarrollar técnicas intervencionistas, hasta en el sistema económico, por mor de la seguridad. El Estado se convierte en el Panóptico que deja que todo vaya a su aire, libremente, pero reservándose la capacidad de intervención cuando el juego de las libertades pone en peligro la seguridad material, la del cuerpo y la de su *habitat*. El equilibrio entre libertad y seguridad es inestable, de ahí la constante generación de crisis políticas desde el interior del liberalismo. La crisis puede venir del costo económico que conlleva el ejercicio de la libertad o de la inflación de mecanismos garantes del ejercicio de la libertad: lo primero atenta a los beneficios y lo segundo, a la doctrina, dos puntos neurálgicos del liberalismo. Es verdad que a ningún poder político se le ocurre ligar el sacrosanto derecho de los ciudadanos a viajar donde quieran con la obligación de pagarles el billete. Ahora bien, si lo que está en juego es la seguridad, ese mismo Estado no escatimará gastos para garantizar la seguridad en el ejercicio de la libertad. La garantía de la libertad política cuesta caro. No se pueden tener parados por la calle sin correr el riesgo de convertirlos en un polvorín social, de ahí la necesidad de financiación del desempleo.

Las políticas del Estado de bienestar hay que verlas no sólo como prácticas de justicia distributiva sino también como mecanismos de seguridad de un sistema que tiene que proteger a los que más pueden perder. No hay otra forma de garantizar las libertades políticas que mediante el intervencionismo económico del Estado lo que, a su vez, supone una amenaza a las mismas libertades. Un caso ejemplar de la inflación de mecanismos limitadores de la libertad lo constituyen las medidas políticas y económicas tomadas, en tiempo de la guerra fría, para blindarse contra la tentación del comunismo. Nada mejor, frente a la propaganda comunista, que demostrar al mundo que el liberalismo creaba más riqueza y en él se vivía mejor, aunque el liberalismo tuviera que pasar por el mal trago de potenciar la intromisión de los poderes políticos en las libres reglas del mercado, con el fin de reconducir una parte de los beneficios empresariales al bienestar social. Todos estos elementos nutrían la crisis —una crisis de gobernabilidad desde el interior del liberalismo— pues si éste alimenta, por un lado, el prejuicio de que se *gobierna demasiado* está obligado, por otro, a tolerar o promover prácticas intervencionistas de gobierno tanto para garantizar la libertad como la seguridad, es decir, tenía que *gobernar más*.

¿Qué se deduce de todo esto? Pues que las relaciones del liberalismo con la libertad son muy ambiguas; que el liberalismo no es tanto un ideal de libertad cuanto el cultivo de libertades que tienen como horizonte la seguridad material de los individuos. Importa más el cuerpo que el espíritu[4]. No olvidemos, en efecto, que la Modernidad se plantea como objetivo prioritario la superación del binomio cristiano cuerpo y alma, que conllevaba la demonización del cuerpo. La lucha la planteó desde una exaltación del cuerpo, de ahí que Heine pudiera decir que las ingles desnudas de la Venus de Tiziano contribuyeran a la disolución del viejo orden y a la emancipación del nuevo más que el mensaje ascético de Lutero (Heller, 1995, 9). Pero la estrategia no dio los resultados apetecidos, como ya se ha dicho. Al alma y cuerpo sucedió el binomio cuerpo y espíritu. Lo espiritual del hombre acabó identificándose con lo racional, sumiendo al cuerpo en el hades de lo irracional y bárbaro que debía ser controlado y disciplinado por el espíritu. El cuerpo fue visto como una cárcel y el espíritu, como su guardián. La diferencia entre el cuerpo de la Modernidad y el del Medievo es que aquél es considerado como el centro de la vida. Si en la Edad Media el centro era el alma y la primera obligación de un gobernante era asegurar el cuidado del alma, ahora lo que se le pedía era garantizar el cuidado del cuerpo. De una manera silenciosa y callada se había operado un cambio epocal en el tratamiento de la política: el cuerpo viviente se convierte en el centro de la política. Foucault capta que lo que Aristóteles había dejado fuera de la política (el ámbito del *zoè* y de la *oikos*) había entrado dentro, ocupando el centro de la escena. Se había iniciado una nueva etapa en el proceso de politización del cuerpo, de la biopolitización.

Que la libertad y la seguridad sean las dos columnas del liberalismo, parece una tesis aceptable, a la vista de su historia. Lo que también parece verdad es que su relación va a seguir los avatares de la relación entre el cuerpo y el espíritu, caracterizada por una llama-

---

4. Ignacio Ramonet decía, analizando la guerra de la OTAN contra Kosovo, que lo que había determinado la decisión de los países ricos a intervenir allí contra Yugoslavia no eran los pozos del petróleo sino la posibilidad de exportar peligro. «¿Dónde reside hoy, para una entidad opulenta como la UE, la importancia estratégica de un territorio? Esencialmente en la capacidad de éste de exportar daño: caos político, emigración clandestina, delincuencia, mafias ligadas a la droga...» (*El País*, 4 de junio de 1999).

tiva paradoja: si, por un lado, decimos que la razón se impone al cuerpo al identificar lo humano con lo racional (reino de la libertad), tenemos, por otro, que cada vez que el cuerpo (reino de la seguridad) peligraba, se ponía entre paréntesis la prioridad de la libertad.

Es Giorgio Agamben quien retoma la reflexión de Foucault tratando de aclarar esa relación entre libertad y seguridad, que en Foucault estaba más anunciada que explicada. Ya hemos dicho que lo propio del pensador francés es aplicar a toda la Modernidad la tesis de la biopolítica, que Lévinas reducía inicialmente al hitlerismo. Sin embargo, cuando quiere resumir la posición de los antiguos sobre la política, dice algo que abre todavía más el campo de la biopolítica. Recuerda, en efecto, que para Aristóteles el hombre era «un animal viviente y *además* capaz de una existencia política» (Agamben, 1998, 16). Por un lado, la existencia política y, por otro, la privada. No todo es político. A Agamben no se le escapa ese *además* que hace aparecer a la política como algo propio y distinto al ser del hombre; ese matiz le permite profundizar en la relación entre el cuerpo o la nuda vida (que a eso se refiere la expresión «animal viviente») y la política. A primera vista parece que el «animal viviente» queda excluido de la política, pues ésta se refiere a la «vida buena y ordenada», es decir, a una vida ordenada por la virtud, lejos por tanto de la pura nuda vida. Pero, bien vistas las cosas, cabe pensar que esa exclusión no zanja el problema pues conlleva una cierta inclusión. La existencia virtuosa ¿cómo entenderla sino como transformación de la nuda vida y lo que ella representa de instinto, egoísmo y aislamiento en vida buena?

Esta inclusión de la nuda vida en el espacio político nos la podemos representar *in obliquo*, en el sentido de que no es el objeto de la política sino algo implícito en ella y, también, algo que está latente y sólo excepcionalmente es objeto directo. Sólo en casos de excepción la política reduce al hombre a nuda vida pero la política nunca la pierde de vista. Es como su materia aunque no se agote en ella. Estas consideraciones llevan a Agamben a plantearse la tesis de que la biopolítica, aunque adquiera una fuerza desconocida en la Modernidad, viene de lejos. Lo nuevo de la Modernidad sería que lo implícito o excepcional en la antigüedad se ha hecho norma en la Modernidad:

> La tesis foucaultiana debe ser corregida o, cuando menos, completada, en el sentido de que lo que caracteriza a la política moderna no es la inclusión de la *zoè* en *polis,* en sí misma antiquísima, ni el simple

hecho de que la vida como tal se convierta en objeto eminente de los cálculos y de las previsiones del poder estatal: lo decisivo es, más bien, el hecho de que, en paralelo al proceso en virtud del cual la excepción se convierte en regla, el espacio de la nuda vida que estaba situada originariamente al margen del orden jurídico, va coincidiendo, de manera progresiva, con el espacio político, de forma que exclusión e inclusión, externo e interno, *bíos* y *zoè*, derecho y hecho, entran en una zona de irreductible indiferenciación (Agamben, 1998, 18-19).

Esto sí sería una novedad y no precisamente tranquilizadora.

¿Cómo se produce esa con-fusión de planos?, ¿cómo se explica que lo excluido ocupe el centro de la escena y lo incluido se funda con lo excluido? Los dos movimientos que Foucault había detectado en el liberalismo, a saber, la progresiva consideración del hombre como objeto de control disciplinario, por un lado, y la progresiva constitución del pueblo como sujeto del poder, gracias al empuje del concepto de libertad, por otro, siguen su marcha imparable. Pero lo que Agamben observa es que estos procesos, antagónicos en muchos aspectos, convergen en el hecho de que «en los dos está en juego la nuda vida del ciudadano, el nuevo cuerpo biopolítico de la humanidad» (Agamben, 1998, 19). Tanto en el hombre considerado como sujeto de la política moderna, como en el hombre visto como objeto de la acción política, crece el interés por el cuerpo hasta ser ésta la imagen que de hecho se sobrepone al ciudadano moderno. El lazo de unión entre libertad y seguridad sería la creciente importancia del cuerpo, esto es, la biopolítica latente. Cuando el sujeto moderno reivindica la libertad piensa lógicamente en la autonomía del sujeto pero, sobre todo, en las condiciones de posibilidad de la libertad, a saber, la propiedad privada y la seguridad material. Lo que impide reconocer la importancia moderna del cuerpo es su manera de presentarlo, pues en lugar de recurrir a un discurso materialista, el pensamiento moderno lo envuelve en otro de corte intelectualista que puede despistar. Es lo que ocurre con la categoría «vida».

La democracia moderna constituye un esfuerzo sin precedentes para sacar al hombre de la esclavitud de los dioses y de la naturaleza. Tesis como la kantiana de que «todos los hombres somos fines y no medios» o la ilustrada obsesión de convertir a los ciudadanos en legisladores ponen a las claras esta indiscutible vertiente. Pero si uno se fija bien descubre que todo ese esfuerzo de dignificación se resuelve en convertir la *zoè* en *bíos*, en transformar la nuda vida en una forma humana de vida. Eso ¿qué significa? Que la nuda vida sigue en el centro de la política, que se coloca la libertad y la felicidad del hombre en la mismísima zona biológica, que la materia bruta de la política es la vida. La democracia liberal no conoce ningún valor superior a la vida. La aportación cultural consistiría en recurrir a un principio espiritual (la común dignidad) para garantizar universalmente algo tan material como la vida de cada cual[5]. Esa universalización del cuerpo es lo que hace que el cuerpo de cada uno sea algo más que la nuda vida. Siempre el cuerpo es el centro; lo que ocurre cuando exigimos el respeto a la vida de todos es que la vida deja de ser nuda vida, esto es, asunto de supervivencia, y pasa a ser reconocimiento de un proyecto personal de vida: ese derecho no viene de afuera, sino del reconocimiento a la vida que nos damos unos a otros. Cuando alguien rompe ese reconocimiento queda a merced de la vida frustrada pues con su violencia se autoexcluye de la comunidad de vida y sólo puede volver a ella desde el reconocimiento del crimen (arrepentimiento y perdón).

Cuando se carga a la vida material de un valor o dignidad superior —por ejemplo, en los derechos humanos— se está hablando de la vida material, sólo que se afirma el derecho a vivirla por todos y no sólo por unos pocos. Lo espiritual, la dignidad no es sino la generalización de un derecho biológico: que cada ser humano viva su vida. El respeto a la vida es la universalización del dato biológico elemental y, con toda razón, ponemos la razón y la ética del lado de la universalización de esa afirmación de la vida, y al mal como su negación. Esta centralidad de la vida queda bien patente cuando analizamos la política de la paz. En todo conflicto político, marcado por la violencia terrorista contra el Estado, encontraremos el siguiente planteamiento por parte de los partidos democráticos y de las instituciones del Estado: dejen de matar, acepten nuestras civilizadas reglas de juego y nosotros nos encargamos de borrar todo el pasado de los violentos y sus consecuencias penales para que conformen de nuevo esa sociedad democrática. Cualquier Estado que padezca en las carnes de sus ciudadanos el azote del terror está por principio dispuesto a olvidar toda la sangre, toda la injusticia pasada, si la organización terrorista opta por la paz, es decir, deja de matar. La fuerza del terror es saber que la vida es el mayor bien del

---

5. Quede aquí simplemente apuntado este paradójico fenómeno según el cual la producción espiritual de la cultura consiste en defender lo más material. Lo espiritual no sería un plano superior, sino la universalización de lo material: ¿qué es la justicia sino un grandioso nombre para designar algo tan trivial y material como que cada cual pueda comer su pan?

Estado. ¿Cuál es el problema moral de este planeamiento político? El restringir la universalidad de la vida, al valorar sólo la vida de los vivos. Cuando reducimos la paz a que se deje de matar, estamos proclamando el valor absoluto de la vida, pero no de toda vida, sino de la nuestra. Lo que estamos diciendo a los terroristas es que no nos maten a nosotros; lo que está diciendo el Estado es que su máximo objetivo es garantizar la vida de los vivos. Eso es tan importante que por ello vale la pena olvidar las vidas muertas. De ahí que siempre se sobreentienda que si dejan de matar, todos, incluso los que tienen delitos de sangre, saldrán de la cárcel. La política ha creado la figura de la amnistía para expresar, en los momentos de mayor peligro, la defensa absoluta de la vida; el gran equívoco, sin embargo, es que no se está reconociendo el valor absoluto de la vida, sino el valor absoluto de los vivos, de la vida de los vivos. Si habláramos realmente del valor absoluto de la vida, no podríamos cerrar tan rápidamente la página de los asesinados. Lo que distinguiría una civilización del cuerpo de otra en la que el cuerpo fuera un sujeto moral, con derechos y deberes, es la valoración de toda vida, incluyendo la vida (ausente) de los muertos (cf. Mate, 2000, 113-123).

Llegados a este punto podemos preguntarnos si la biopolítica es el resultado de una estrategia querida por la Modernidad o el fracaso de la misma. El proyecto ilustrado ¿apuntaba desde el principio en esa dirección o es, más bien, un desvío? En el estudio que hace Max Weber[6] de reconstrucción de la racionalidad occidental, esa centralidad del cuerpo aparece como un fracaso o, dicho en sus propios términos, como un «reencantamiento». Si la Ilustración apareció en la historia como un proyecto de desencantamiento del mundo, esto es, de expulsión del mito en nombre de la razón a la hora de comprender y organizar el mundo, el resultado es un sonoro fracaso: los dioses se levantan de sus tumbas y vuelven. El intento de armonizar el cuerpo y el espíritu, las exigencias del mundo y las de la razón, se saldan con un divorcio. No hay manera de dar un sentido racional a la presencia del hombre en el mundo por más que haya sólidas razones para llevar a feliz puerto la economía, la política y la ciencia. Sobre el poder, el saber y el dinero lo sabemos todo; de lo que no sabemos nada es de qué hacer con todo ello. En ese punto, cada cual tiene que recurrir a sus dioses, es decir, a sus intereses y sus gustos. La biopolítica, esto es, la reducción del hombre a nuda vida, sin ninguna proyección universal, sería el fracaso de la Modernidad

---

6. Para este punto me permito reitir a Mate, 1997, 31-56.

porque si sólo hay nuda vida, la vida se reduce a supervivencia, sin ningún reconocimiento.

II. ¿ES TODO CAMPO DE CONCENTRACIÓN?

Calificar de biopolítica a la Modernidad y, más aún, a la filosofía occidental, es radicalmente exigente, por eso suena tan provocadora. Resulta que si el liberalismo es biopolítica, ¿cuál es la diferencia entre liberalismo y fascismo? Por supuesto que el liberalismo no es el fascismo ni en su contenido expreso ni en sus derivados institucionales. Se puede decir con justicia que incluso son lo opuesto. Afirmar que la democracia en la que vivimos algunos países es equiparable al fascismo resulta una broma para los miembros de un Estado de bienestar y un sarcasmo para las víctimas de Auschwitz. Las diferencias son evidentes desde un punto de vista historiográfico. No sólo hay diferencias formales entre el fascismo y la democracia sino también materiales. Pensemos, por ejemplo, en el garantismo procesal, propio de un Estado de derecho, y el puro decisionismo en el fascismo; pensemos en la consideración de los derechos humanos en uno y otro régimen. A menos de banalizar instituciones como el sufragio universal, la pluralidad de partidos políticos, la separación de poderes, el Parlamento, etc., las diferencias entre uno y otro son tan evidentes y abismales que cualquier pregunta sobre el particular ofende. Nada, pues, tiene que ver una cosa con la otra.

Pero fuera de las formas y de los objetivos existen zonas grises que conviene clarificar[7]. Para despejarlo empecemos por el principio, esto es, por el ser de la política. Y en este punto conviene remitirse a las tesis de Carl Schmitt porque él entronca, a través de Hegel, con una constante del pensamiento occidental. Llama la atención el hecho de que, pese a los merecidos y contundentes juicios condenatorios que se han vertido sobre este provocador pensador, las tesis de Schmitt sigan fascinando hasta a la misma extrema izquierda:

> La distinción propiamente política es la distinción entre el *amigo* y el *enemigo*. Ella da a los actos y a los motivos humanos sentido político; a ella se refieren en último término todas las acciones y motivos

---

7. Zygmunt Bauman ha desarrollado esta misma sospechosa connivencia entre modernidad y biopolítca, desde un punto de vista sociológico, en su libro *Modernidad y Holocausto* (1998).

políticos y ella, en fin, hace posible una definición conceptual, una diferencia específica, un criterio (Schmitt, 1975, 97)[8].

Schmitt habla de «diferencia específica» para dar a entender que lo político es la diferencia específica de un género llamado cultura. La cultura abarca a la totalidad del pensar y del actuar humano pero sin perder de vista que ese pensar y ese actuar opera sobre algo previo que es cultivado por el hombre. Lo cultivado es la naturaleza y se la puede cultivar para someterse a ella o para someterla, pero el fundamento de la cultura, lo que subyace a ella y sirve como de materia prima, es el *status naturalis*. Pues bien, el *status naturalis*, para Schmitt como para Hobbes, es el de la «guerra de todos contra todos». Eso es lo originario para la política o, como prefiere decir Schmitt, «lo originario políticamente». Es verdad que hay una diferencia entre ambos pues mientras que para el británico la beligerancia natural tiene una connotación individualista, para el alemán la guerra es de pueblo contra pueblo. De más graves consecuencias es, sin embargo, otra divergencia entre ellos. Mientras que para Hobbes hay que abandonar lo político originario, reconvirtiendo la política en defensa de la vida, para Schmitt eso sería tanto como negarse a ser hombre. La política tiene que seguir siendo fiel al espíritu originario, de ahí que la entienda como disponibilidad a la muerte. En Hobbes, pues, la política es la negación de lo político, mientras que, para Schmitt, es su reforzamiento. Pero si bien nos fijamos, uno y otro ponen el acento en el cuerpo, pues ¿qué se quiere decir cuando se habla, en un caso, de la «garantía de la vida» y de «disposición al sacrificio de la propia vida», en el otro, como definición de la política? Si el sujeto de la política moderna es el cuerpo, hay que señalar inmediatamente que los cuerpos están en una relación de enfrentamiento. En esta definición dos veces usa Schmitt la misma palabra que se suele traducir por «diferencia» o por «discriminación». El original utiliza la expresión *Unterscheidung* que es una palabra más fuerte que las dos empleadas en la traducción. Lo que se quiere decir con ella es que la diferencia en cuestión discrimina y divide. La diferencia es una oposición que desemboca en el enfrentamiento y, a la postre, en la guerra.

Esto queda más claro si analizamos qué entiende Schmitt por enemigo; «es una comunidad de hombres que, de acuerdo con las

---

8. Ver también Habermas, 1986; L. Strauss «Observations sur le concept du politique de Carl Schmitt», en Strauss, Le testament de Spinoza, 1991, 313-337; Derrida, 1998, 104-128.

posibilidades reales, puede eventualmente convertirse en una comunidad beligerante frente a otra comunidad». El enemigo es un concepto público, no privado, que lleva en sí la posibilidad de la guerra. Desde el momento en que la guerra es eventualmente posible, el enemigo acompaña como una sombra a la propia comunidad que, de este modo, se constituye como una comunidad humana de combate. Para evitar la tentación de entender al enemigo en un sentido psicologista, Schmitt recomienda traducir su *Feind* por *hostis* y no por *inimicus*. Y es que mientras *hostis* se dice de aquél o aquello con el que tenemos un enfrentamiento público, *inimicus* queda restringido al campo privado de los odios. El *inimicus* nos odia; el *hostis* se nos enfrenta. Una vez delimitado el campo propio —el público— del enemigo, quedan por precisar los sujetos de los enfrentamientos. Schmitt recurre a Platón para quien sólo una guerra entre griegos y bárbaros es verdadera guerra, mientras que las luchas entre griegos son del orden de las querellas intestinas. La idea dominante aquí es que un pueblo no puede hacerse la guerra a sí mismo y que una guerra civil es sólo un desgarro interior pero no apunta hacia la formación o conservación de un Estado distinto. Así que resulta que el *hostis* o *polemos*, para el griego, es el bárbaro; mientras que el *inimicus* o *ekhtros* puede ser de casa. Con el primero hay guerra total (que pone en juego el ser o no ser del pueblo), con el segundo, «sólo» guerra civil.

¿Qué se desprende de este planeamiento? Pues que el enemigo es el otro pueblo y, por consiguiente, el amigo es el propio pueblo. El enemigo es el extranjero, el de otra raza. La comunidad de uno se constituye por la raza, por el parentesco. La política sería, por consiguiente, una forma de cultura o cultivo de la naturaleza, en el sentido más literal de la palabra: fidelidad a la sangre y negación de la otra sangre. Lo que da solidez a la comunidad, más allá del discurso, es la sangre, los lazos del nacimiento. Cuando la política pierda de vista esta relación agónica con los otros pueblos, sustituyendo la disposición a ir a la guerra por desarrollos económicos o por principios morales, se habrá perdido la sustancia de la política, dirá Schmitt. Valores como la verdad, la libertad o la igualdad que abstraigan de esta fidelidad a la propia sangre serán caricaturas de sí mismos. Ser libre es poder seguir la tradición, es decir, ser fiel —y fiel continuador— a nuestros padres, a nuestros muertos. La política se basa, así, en el parentesco real o en los lazos de nacimiento. A Derrida lo que le llama la atención, analizando la teoría de Schmitt, es que hoy todos, independientemente de que uno sea schimittiano o no, damos por bueno ese fundamento. Y lo hacemos curiosamente en el momento en que más espirituales nos ponemos, por ejemplo, cuando hablamos de fraternidad o de igualdad. ¿En qué basamos esos valores universales, revolucionarios? En el nacimiento, en la consaguineidad. Hermanos e iguales somos por nacimiento, por haber nacido en el mismo territorio o por haber nacido hombres. La racionalidad vendrá aquí a reconocer la comunidad de la sangre, «el *nomos* remite a la *physis* y la política a la consaguineidad autóctona» (Derrida, 1998, 121)[9]. Si los cimientos de la política se basan en la naturaleza, cabe preguntarse, como hace Derrida, qué papel juegan elementos no-naturales tales como la virtud y la sabiduría. Tienen su importancia en la vida social pero no en la fundamentación de la política. Por eso Derrida puede cuestionar un tipo de democracia, la nuestra, en la que sus piedras angulares —los conceptos de Estado o ciudadano— sean de origen natural y no producto de la virtud o del saber.

Pudiera parecer que la democracia liberal moderna está lejos de Hobbes y, más lejos aún, de Schmitt. Lo que es innegable es que estamos dentro de una tradición política europea que viene de lejos, marcada toda ella por la comprensión de lo político como la «distinción amigo-enemigo». A ella pertenece también la teoría del Estado de Hegel. Hegel eleva la figura política del Estado a «totalidad ética», un enorme halago filosófico pues, por primera vez, la humanidad encuentra una figura en la que se concilia «la libertad subjetiva con la universalidad objetiva», es decir, se concilian los intereses del individuo con los de la colectividad. Claro que esa grandiosa figura tiene un «pero», pues la totalidad ética del Estado es una totalidad en minúscula. No se puede cerrar los ojos, en efecto, a la evidencia de que junto a un Estado hay otro y otros muchos. La relación entre ellos no es de eticidad alguna sino de pura enemiga, de rivalidad, de conflicto o, como ahora se dice, de competitividad. Hegel se expresa en los siguientes términos en su *Filosofía del Derecho*:

> En la relación de los Estados entra el juego sumamente animado de la particularidad interna de las pasiones, intereses, finalidades, de los talentos y virtudes, de la violencia, de la injusticia y del vicio[10].

---

9. En un sentido opuesto, de exaltación espiritualista de la fraternidad, véase G. Marramao, «Paradojas del universalismo»: en *Revista Internacional de Filosofía Política* 1 (1993), pp. 7-21.

10. *Hegel Werke*, Suhrkamp, Frankfurt a.M., 1986, n. 340. Ver también E. Angerhrn, «¿Razón en la historia? Sobre el problema de la filosofía de la historia en Hegel», en AA.VV., *Estudios sobre la* Filosofía del Derecho *de Hegel*, Centro de Estudios Constitucionales, Madrid, 1985, pp. 350-374.

Por eso, si se quiere hablar de «totalidad ética» con mayor rigor habría que pensar en una figura superior al Estado, que no será una federación de Estados, sino «la historia universal como tribunal del mundo». Allí donde los Estados pueden resolver racionalmente su conflictos y reconciliarse en la sede de la historia universal. Lo importante de esta reflexión no es la utopía de un gobierno mundial sino la imposibilidad de que dos Estados se reconcilien pues, por definición, se tienen declarada la guerra, como si sólo pudieran constituirse en pueblo negando al otro pueblo.

El otro concepto clave de la política es el de poder o soberanía. Lo que le define es el ejercicio de la soberanía, y soberano es, Schmitt *dixit*, «quien decide sobre el Estado de excepción» (Schmitt, 1975, 35). ¿Por qué es tan importante la excepcionalidad a la hora de definir algo tan normal como el poder político? Parecería, como alguien ha dicho, que se recurre al divorcio para explicar lo que es el matrimonio. La razón es porque en el caso excepcional se ponen de manifiesto o se hacen visibles aquellos mecanismos que componen el poder político, mecanismos que luego se hacen invisibles, precisamente cuando el poder se normaliza y lo excepcional originario se convierte en norma. Que Schmitt no esté solo en esta concepción del poder lo demuestra la teoría hegeliana del soberano, expuesta en su *Filosofía del Derecho* (párrafo 275):

> El poder del príncipe contiene en sí los tres momentos de la totalidad, a saber, la *universalidad* de la constitución y de las leyes, la deliberación como relación de lo *particular* con lo universal y el momento de la última *decisión,* en cuanto el de la *autodeterminación,* a la cual todo lo demás se retrotrae y de donde toma el comienzo de su realidad. Este autodeterminar absoluto constituye el principio diferenciante del poder del príncipe como tal.

El lugar más visible de un estado de excepción es precisamente el campo de concentración. Lo primero que se hace es suspender la norma vigente de suerte que el prisionero carece de los derechos que en una situación normal le serían reconocidos. Esa suspensión de las normas no significa, sin embargo, que el prisionero caiga en un estado de anomia, abandonado a las leyes o instintos de la naturaleza. Nada de eso. El prisionero sigue dependiendo de la decisión del soberano sólo que sin norma que aplicarse. Como dice Agamben:

> La excepción es una especie de la exclusión. Es un caso individual que es excluido de la norma general. Pero lo que caracteriza propiamente a la excepción es que lo excluido no queda por ello absoluta-

mente privado de conexión con la norma; por el contrario, se mantiene en relación con ella en la forma de suspensión. La norma se aplica a la excepción desaplicándose, retirándose de ella. El Estado de excepción no es, pues, el caos que precede al orden, sino la situación que resulta de la suspensión de éste. En este sentido la excepción es, verdaderamente, según su etimología, *sacada fuera* (*ex-capere*) y no simplemente excluida [...]. No es la excepción la que se sustrae a la regla, sino que es la regla la que, suspendiéndose, da lugar a la excepción y, sólo de este modo, se constituye como regla, manteniéndose en relación con aquélla (Agamben, 1998, 30-31).

Lo singular de la excepcionalidad es que se borran las fronteras entre el hecho y el derecho. El derecho queda, sí, suspendido, pero el estado en el que de hecho queda abandonado el hombre no es un hecho bruto que escape al derecho. Se toma al hecho de carecer de todo derecho como un estado normativo, como derecho. En realidad, ni hay derecho ni hecho bruto sino la más absoluta indefensión del individuo. Valdría para el caso la explicación que daba Scholem a Benjamin sobre alguien que, como Kafka, captó perfectamente el estado de abandono del hombre en medio de la sociedad moderna. Scholem decía que para el escritor checo vivíamos en tiempos de «vigencia sin significado». Algo está en vigor aunque no se sabe qué, pues carece de contenido preciso. El poder del soberano se muestra en toda su pureza cuando no media el derecho, cuando está suspendido, pues entonces se pone de manifiesto, en primer lugar, que para ejercer el poder no necesita el derecho. Decidir es crear derecho, esto es, decidir qué parcela de la realidad del hombre o del mundo cae bajo la regulación del derecho. En el principio del derecho está la decisión del soberano; y, en segundo lugar, que el poder no sólo alcanza lo que es mediado por el derecho sino a todo el hombre. Ninguna parcela del hombre está al abrigo de ser regulado. No hay ningún santuario del hombre que escape al derecho. Hasta la distinción entre íntimo, privado y público es cosa del derecho pues puede ser objeto de una decisión. La decisión brilla con todo su esplendor en el estado de excepción pero esa misma decisión está obrando a lo largo y ancho de todo el ejercicio del poder.

¿Habrá que concluir que, efectivamente, el campo, como lugar propio del estado de excepción, simboliza la política moderna? Lo primero que hay que decir es que, no para todos. Para el soberano y para los que con él están el campo es lo otro. Para algunos puede que sí lo sea. Lo que entonces debemos hacer es intentar ver la historia con sus propios ojos y ver cómo entiende su excepcionalidad.

III. PARA LOS OPRIMIDOS, EL ESTADO DE EXCEPCIÓN ES LA NORMA

En el trabajo que Horkheimer dedica al estudio del poder en la Modernidad, descubre unas reglas de juego que perviven a lo largo de todo este proceso. Refiriéndose a las guerras de la burguesía del siglo XVI al XVIII, dice: «La situación miserable de la población pobre constituyó su base y la burguesía de las ciudades desempeño el papel de conductora»[11]. Estaba claro, para ella, que sus intereses no coincidían con los de la mayoría de la sociedad, pero utilizaban sus energías rebeldes contra la injusticia presente para derrocar al enemigo común. Contra los desafueros aristocráticos medievales sumaron sus fuerzas el bajo pueblo y la burguesía ascendente. Una vez conseguido el objetivo de derrotar al antiguo régimen, la burguesía o los líderes carismáticos del pueblo, llámense Savonarola o Francisco de Asís, desarrollaban un discurso específico para las masas: tenían que abandonar las preocupaciones del poder y centrarse en la renovación interior.

> Lo que los caudillos predican a las masas en el transcurso del proceso revolucionario es, antes que la rebelión, la renovación espiritual; antes que la lucha contra la riqueza, la lucha contra la maldad general; antes que la liberación de los poderes exteriores, la liberación interior. Para Lutero la rebeldía era odiosa, aunque estuviera dirigida contra el papa, ese demonio con figura humana (Horkheimer, 1998, 179.

Tras la victoria se produce una división de papeles entre los antiguos aliados: una parte, la más desarrollada, debe dedicarse a hacer política y otra parte, la menos cultivada, debe centrar todas sus energías en la revolución... espiritual. Entre todos han conquistados nuevas libertades, pero esas conquistas suponen, al mismo tiempo, un peligro y exigen mayor dosis de responsabilidad. Los viejos caudillos que antaño movilizaron al pueblo contra el señor feudal se dedican ahora a modelar la conciencia moral en el pueblo orientada hacia los adentros, hacia el dominio sobre sí mismo. Para unos la política y para los otros la mística.

Si en el primer momento de la batalla bajo pueblo y burguesía podían unirse gracias a la grandeza moral del líder y a su retórica formal, las cosas cambian a la hora de poner en práctica las políticas

---

11. «Egoísmo y movimiento liberador. Contribución a una antropología de la época burguesa», en Horkheimer, 1998, 163.

concretas. Como los intereses de unos no coinciden con los de los otros, los Savonarolas de turno proponen una especialización del espíritu revolucionario: que la burguesía se afane con las reformas políticas y el pueblo se aplique a la renovación espiritual. Ahí aparecen las dos caras de la inminente Modernidad: por un lado, endiosamiento idealista del hombre y sus grandes proclamas de dignidad y autonomía que llevarán a la Revolución francesa; por otro, el desprecio por el hombre concreto en la medida en que ese hombre, de hecho, no responde al ideal humanista. El resultado de esa escisión es un tipo de hombre —del hombre moldeado por la Modernidad— al que le cuadra lo que los frankfurtianos llamaban «la frialdad burguesa»: un hombre ensimismado, insensible a las necesidades del otro, competidor y siempre dispuesto a camuflar sus instintos bajo las formas más sublimes de racionalización[12]. Ahí se fragua la división entre una parte del pueblo, sujeto del poder, y otra, objeto del mismo. Esa escisión ha quedado lapidariamente fijada en la definición de la democracia dada por el presidente norteamericano Abraham Lincoln: «Un gobierno del pueblo, por el pueblo y para el pueblo». Al afirmar que el pueblo es el sujeto del poder, lo que se pretende es dar carpetazo a una larga historia en la que el pueblo había sido objeto del poder. Esa situación que, antes de la Revolución burguesa, era claramente expuesta y defendida en la teoría y en la práctica política, subsistió camuflada bajo una retórica populista en la Modernidad[13]. Si nos fijamos bien en la susodicha fórmula, tras afirmar que el gobierno democrático tiene por sujeto al pueblo (un «gobierno *del* pueblo, *por* el pueblo...»), se le recuerda la vigencia de las viejas cadenas («... y *para* el pueblo»). Pueblo remite a ambas significaciones: el ideal de una sociedad reconciliada y, también, aquello que es exclusivo de una parte de la sociedad, la discri-

---

12. Escribe Horkheimer: «Nada hay en la esencia del individuo burgués que se oponga a la explotación y aniquilamiento del prójimo. Por el contrario, el hecho de que en semejante mundo cada uno sea para el otro un competidor, y aun el hecho de que, en comparación con el crecimiento de la riqueza social, haya un exceso de hombres cada vez más pronunciado, confieren al indivduo típico de la época ese carácter frío e indiferente, que, frente a los hechos más terribles, con tal de que ellos no afecten a sus intereses, se contenta con la más mezquina de las racionalizaciones» (Horkheimer, 1998, 206).

13. Agamben analiza la perfecta diversificación lingüística y organizativa de los dos pueblos tanto en la antigua Roma como en el Medievo. Roma, por ejemplo, distinguía entre *populus* y *plebs*. Eran dos mundos aparte pues cada uno de ellos tenía sus propias instituciones y hasta sus propios magistrados. La cosa se mantiene en la Edad Media, con la distinción entre pueblo alto y pueblo bajo (Agamben, 1998, 224-229).

minada, y que sólo merece el desprecio. Eso lo vemos muy claro en el lenguaje revolucionario para el que pueblo es tan pronto su razón de ser como todo lo que hay que eliminar o dejar atrás.

La Modernidad representa, efectivamente, un gigantesco esfuerzo por acabar con esa escisión. No se puede decir, sin embargo, que lo coronara con éxito. No bastaba un *pronunciamiento*, ni una proclama aunque fuera tan solemne como la *Déclaration des droits de l'homme et du citoyen* de 1789; había que plantearse, por ejemplo, el ideal de la igualdad en el seno de una sociedad desigual. ¿Cómo aunar, entonces, en un mismo discurso la visión noble de la idea de soberanía con la miseria real de ese mismo pueblo? Se busca una solución conformando un concepto de pueblo que sea a la vez sujeto y objeto del poder. Eso sería el ideal democrático de Rousseau:

> Me hubiera gustado nacer en un país en el que el soberano y el pueblo no tuvieran más que un mismo interés [...]; como eso no podría lograrse a menos que pueblo y soberano fueran la misma persona, está claro que lo que yo quería era nacer bajo un gobierno democrático, sabiamente moderado[14].

El problema es saber si la idea política resultante no reproduce necesariamente la escisión entre objeto y sujeto, entre pueblo y Pueblo, entre nuda vida y existencia política. Afirmar que el pueblo sea sujeto y objeto del poder nos parece ya una obviedad tal que no nos permite reparar en la osadía de tal fórmula, ni en los riesgos que corre. Rousseau trata de unir dos grandes principios medievales como eran la exigencia del bien común que debía regular por dentro una sociedad y el del origen del poder, que venía de Dios. Rousseau quita al bien común sus adherencias teológicas y seculariza la legitimidad del poder. El resultado es bien conocido: el pueblo es el origen legítimo poder y «su voluntad general es siempre recta» porque corresponde al bien de todos. En efecto, si la idea de soberanía popular y de bien común coinciden, entonces resulta que nada hay superior al pueblo y que todo lo que el pueblo decide es justo. Ése es el ideal de la democracia directa. Un ideal que fascina y espanta a la reflexión política, de ahí una generosa inversión de esfuerzos, desde la derecha a la izquierda, por neutralizar esa simbiosis entre soberanía popular y bien común. Los tradicionalistas quieren ratro-

---

14. J.-J. Rousseau, *Discours sur l'origine de l'inégalité*, en J.-J. Rousseau, *Oeuvres complètes* III, Pléyade, Paris, 1964, p. 112, Dédicace; trad. española de S. Cano, *Discurso sobre el origen de la desigualdad entre los hombres*, Alba, Madrid, 1996.

traer el origen del poder a Dios, para relativizar la actividad política. Los liberales persiguen el mismo fin, ya sea remitiendo la legitimidad del poder a la Razón, una Razón que no es peligrosa desde el momento en que nadie la tiene en propiedad sino sólo en participaciones, ya sea recurriendo a la soberanía del individuo como límite a la soberanía del poder político. Los republicanos desplazan la soberanía al Parlamento y los herederos del marxismo al Partido. En todas estas derivas se ha pasado de la democracia directa a la delegación del poder. Estos desplazamientos o delegaciones del poder soberano no rebajan las cualidades que Rousseau le adjudicaba: la decisión sigue siendo tan impositiva y moral como la del pueblo soberano, sólo que ya no la toma el pueblo directamente sino sus representantes.

La filosofía política canónica ha dado carpetazo a la democracia rousseauniana y se mueve entre la siguiente alternativa: o representación indirecta o negación política (tanto para el que recuerde la democracia directa como para el colectivo o pueblo que se niegue a la representación). Se ha sacralizado de tal manera la figura de la representación que se niega la política tanto a quien quiera saltársela por la vía de la inmediatez como al pueblo que no quiera ser representado como pueblo, es decir, que no quiera tener Estado. El Estado moderno, como ya hemos visto en la *Filosofía del Derecho* de Hegel, es «la realización de la libertad», «es la realidad de la idea ética», entendida como una «eticidad absoluta» (§§ 257 y 260). Si un pueblo adulto quiere proteger y desarrollar una organización ética de la convivencia, tiene que formar un Estado. El Estado hegeliano tiene los atributos morales que Rousseau atribuía a la *volonté générale*. Pero ¿qué pasara con un pueblo que, por principio, rechaza la figura del Estado para realizarse? Pues que será declarado un pueblo-paria. El judaísmo es un pueblo-paria, como dirá Weber (Mate, 1997, 168-176). Un pueblo que no lucha por tener un Estado propio es un pueblo que se coloca fuera de la historia, y un pueblo sin historia es una existencia que los pueblos con historia considerarán superflua. Sartre, en sus *Réflexions sur la question juive* (1954), se hace eco de esa mentalidad, ya descrita por Hegel, que veía en el judaísmo un «pueblo sin historia», incapaz de presentar ante los demás «una obra colectiva específicamente judía» o «una civilización propiamente israelita». No hay más historia judía que la producida en la retina de los otros pueblos, que la visión de los demás sobre el judaísmo. Se produce en este tipo de análisis una perversa inversión. Al amparo del sofisma según el cual el Estado es lo bueno y la renuncia al Estado es el sometimiento voluntario a la dominación, los pueblos con Estado deciden traducir la renuncia al Estado en privación de derechos cívicos a los judíos; se toma la autocomprensión del judaísmo como un estar consciente «fuera de la historia para poder juzgarla», como dice Lévinas, por una exclusión política y, a la postre, por eliminación física. Una cosa es que un pueblo no quiera tener Estado y otra que los judíos estén privados de los derechos del Estado, de ley. Hanna Arendt que experimenta en su persona, desde 1933 hasta 1951, la condición de paria y apátrida, escribe en *Los orígenes del totalitarismo*:

> La calamidad de los fuera de la ley no estriba en que se hallen privados de la vida, de la libertad y de la prosecución de la felicidad o de la igualdad ante la ley [...] sino que ya no pertenecen a comunidad alguna. Su condición no es la de no ser iguales ante la ley, sino la de que no existe ley alguna para ellos. No es que sean oprimidos, sino que nadie desea siquiera oprimirles. Sólo en la última fase de un proceso más bien largo queda amenazado su derecho a la vida; sólo si permanecen perfectamente «superfluos», si no hay nadie que los «reclame», pueden hallarse sus vidas en peligro. Incluso los nazis comenzaron su exterminio de los judíos privándoles de todo *status* legal (el *status* de ciudadanía de segunda clase) y aislándoles del mundo de los vivos mediante el hacinamiento en guetos y en campos de concentración; y antes de enviarles a las cámaras de gas habían tanteado cuidadosamente el terreno y descubierto a su satisfacción que ningún país reclamaría a esa gente. El hecho es que antes de que se amenazara el derecho a la vida se había creado una condición de completa ilegalidad (1987, II, 429).

La exaltación del Estado como lugar de la realización ética corría el peligro de privar del derecho, de todo derecho, incluido el de la existencia, al miembro del pueblo-paria. Para los pueblos con Estado el destino de los sin-Estado era irrelevante. La presencia del pueblo-paria resulta a la conciencia política moderna embarazosa, por más que lo necesite, de ahí el malestar que su sola existencia provoca. Todo el mundo, de derechas o de izquierdas, quería conseguir un pueblo uno e indiviso, un pueblo sin fractura. Sólo había dos caminos: o acabar con la exclusión, esto es, con la idea de política que primaba la figura del Estado, o con los excluidos. Con la exclusión era difícil pues eso suponía acabar con la misma política (con la política que vivía de la distinción entre el amigo y el enemigo). Quedaba la otra solución: acabar con los excluidos. El judaísmo es el símbolo viviente de ese pueblo de excluidos pues son un pueblo-paria. La «solución final» del nazismo busca liberar a la política de Occidente de esa sombra intolerable (la automarginación), para poder presentarse ante el resto de los pueblos occidentales como el Pueblo que ha superado la fractura del pueblo. Más allá de los odios y las venganzas, la «solución final» se inscribe en esa tendencia profundamente anclada en la conciencia política occidental[15].

La política no tiene un único portavoz. Detrás de cada proclama de universalidad —conceptos como los de totalidad ética, aplicado al Estado; de universalidad, referida a la ciudadanía y a los derechos humanos, etc.— se esconde una particularidad excluyente. Benjamin levanta acta de esta situación y saca sin complejos las lógicas consecuencias, por muy severas que sea. La constatación: «La tradición de los oprimidos nos enseña que el estado de excepción en el que vivimos es la regla» (Benjamin, GS I/2, 697). Y, la consecuencia inmediata: «Tenemos que llegar a un concepto de historia acorde con ese estado de excepción». Lo que ahí nos dice es que de la misma historia hay dos lecturas. Por un lado, están esas filosofías de la historia llamadas progresistas porque ponen al progreso como objetivo de la humanidad; lo que les caracteriza es un optimismo militante portado por el convencimiento de que vamos a mejor, aunque haya que pagar a veces un precio no deseado, precio, por supuesto, provisional y rentable, pues redundará en mejoras sea del futuro sea del resto de la comunidad. Es la historia de los vencedores sembrada de figuras heroicas y geniales, próceres de la patria. Por otro, está la historia de los oprimidos. De esta historia teníamos hasta ahora el relato que hacían los vencedores, que era el único con garantías científicas, decían. Lo que decían es que esta parte oscura de la historia era excepcional, esto es, provisional y mal menor. ¿Qué hay que entender por excepcionalidad? La opresión a la que provisionalmente se veía sometida una parte de la humanidad. Lo que constituye a una parte de la población en «oprimidos» es el hecho de ser tratados como no-sujetos, como seres carentes de los derechos propios del ser humano y, por tanto, como nuda vida. A ellos se les aplica ese modo de lo político llamado biopolítica porque se vela en ella todo lo que esa actividad humana colectiva pueda tener de voluntad o racionalidad, para quedar a merced de la biología.

Lo que Walter Benjamin exige, una vez establecida la tesis de que para los oprimidos el estado de excepción no es ninguna excepcionalidad sino la regla, es que hay que construir una interpretación de la historia que se corresponda con esa realidad. No plantea el

---

15. «Cuando Hitler ordenó a sus tropas luchar por la supremacía de la raza alemana, creía que la guerra que desencadenaba era en nombre de todas las razas, un servicio que prestaba a la humanidad organizada racialmente» (Bauman, 1998, 90).

derecho de los oprimidos a tener su propio discurso, sino algo mucho más exigente: una visión de la historia, con validez universal, desde los oprimidos. La validez universal de un planteamiento político (que en eso resuelve la filosofía de la historia) tiene que partir de la realidad conflictiva (dos visiones de la realidad); más aún, de la relación de esas dos visiones (puesto que hablan de la misma historia), a sabiendas de que el éxito de la pretendida universalidad pasa por el margen, por lo marginado por esa universalidad, por el concepto de excepcionalidad. La tarea de la filosofía política sólo puede consistir en escribir esa historia común pero partiendo del punto de vista del oprimido.

Como bien sabemos, el lugar del estado de excepción es eminentemente schmittiano. Para Carl Schmitt el acto político por excelencia —el gesto del soberano— es un acto de decisión. Y en ningún lugar se expresa mejor ese gesto que en el momento de decidir el estado de excepción pues en ese acto se suprime el derecho, de suerte que todo queda a merced de la decisión del soberano. Entendámonos bien: toda la política nace y se legitima en la decisión del soberano. Y eso vale para la creación del derecho como para su supresión. Lo que pasa es que donde mejor se visualiza el decisionismo de la política es precisamente en el acto de suspender el derecho pues una vez que han quedado fuera de juego las reglas de juego, legalmente establecidas, lo que manda es la decisión.

Pese al entusiasmo que la teoría schmittiana despertaba en alguien como él, políticamente situado en las antípodas del ideólogo filonazi[16], Benjamin no la sigue aquí literalmente, sino que brinda su particular versión: considera la excepcionalidad no como prerrogativa del soberano (que es lo que hace Schmitt), sino como condición de los oprimidos para subrayar no tanto el decisionismo del soberano cuanto el hecho de que, para los condenados de la tierra, el estado de excepción es permanente. Benjamin invierte los términos de Schmitt. Tenemos, por tanto, dos concepciones de la política: la del vencedor y sus herederos, que ven lo negativo como una contingencia; la del oprimido en todas sus variantes para quien esa política que impone el vencedor es una permanente suspensión y, por tanto, exclusión del derecho. Puesto que el lugar propio del estado de excepción es el campo de concentración, la tentación de convertir el campo en símbolo de la política moderna es grande. El campo, y no

---

16. Benjamin envía en diciembre de 1930 un ejemplar de su libro *El orígen del drama barroco alemán* a Carl Schmitt, con una carta en la que le manifiesta su gran aprecio (*Hochschätzung*) y reconoce su influencia (GS I/3, 887).

la cárcel, es la expresión más pura del estado de excepción, porque en la cárcel hay un derecho y se aplica, mientras que en el campo se rompe todo nexo entre el lugar y el orden jurídico (Agamben, 1998, 33)[17]. Ahí cualquier cosa es posible, el hecho se confunde con el derecho, el deber es sencillamente lo que se impone por la fuerza, y esa indeterminación entre ser y deber ser revela la quintaesencia del poder.

No habría mucho que objetar si el problema consistiera en reconocer el campo como símbolo de la política nazi, como da a entender Lévinas. La tesis pierde fuerza cuando lo simbolizado es, ni más ni menos, que la política moderna[18]. Según este planteamiento, todo es campo, no hay un exterior al mismo, sino que todos, víctimas y verdugos, detentadores del poder y oprimidos, todos estamos dentro, claro que con discursos distintos. Esta arriesgada tesis sólo tendría sentido si la excepcionalidad en la que están instalados los oprimidos, contaminara sustancialmente a los dominadores. La experiencia de los oprimidos tendría entonces dos derivas: en primer lugar, poner en evidencia la falsa universalidad del discurso del vencedor (de sus filosofías de la historia), y, en segundo, afirmar una nueva universalidad, rompiendo así la resignación histórica que le llevaba a hacer suya la razón del vencedor.

IV. DOS DISCURSOS Y UNA MISMA HISTORIA

Dos discursos, por tanto, pero una misma historia. El gran envite de Benjamin es el de construir una historia universal a partir del lado olvidado y perdido de la historia. Sólo nos daremos cuenta de su osadía si recordamos la perplejidad en que ha sumido a la inteligencia crítica el hecho de que los oprimidos prefieran la sumisión voluntaria a la libertad[19]. La tarea se adivina ingente, de ahí que Benjamin calificara toda esta estrategia como una «organización del pesimismo». Razones para el pesimismo hay muchas desde el momento en que el vencido prefiere sumarse a las razones del vence-

---

17. Eso explicaría que muchos apátridas cometieran delitos para tener sobre sí la sanción y la protección de la ley pues lo peor, decía Arent, era no tener ley alguna.

18. Que es la tesis de Foucault, de Agamben y, no lo olvidemos, también de Adorno, para quien el mundo moderno «es un único campo de concentración que liberado de su contradicción se toma a sí mismo por el Paraíso Terrenal» («Aldous Huxley y la utopía», en Adorno, 1962, 101).

19. Ésta es la pregunta que recorre el texto de La Boétie *Les discours de la servitude volontaire,* cuya fascinación no ha perdido el menor brillo.

dor; pero también para la lucha, ya que hay brechas elocuentes que revelan la fragilidad o las contradicciones del discurso del vencedor. Kafka, por ejemplo, nos pone en la pista prematuramente cuando, en su relato *La madriguera*, habla de la construcción de un lugar seguro, al abrigo de toda eventualidad, pero que acaba siendo una trampa de la que no hay modo de escapar. Así con la Modernidad y sus derivados políticos, pensados para poner coto a la inseguridad animal y garantizar el ejercicio de la libertad, pero que pueden haberse convertido en trampas tan bien blindadas que ni ésta es ya posible. El primado real de la seguridad sobre la libertad, propio del liberalismo, tiene que disimularse bajo la retórica de la libertad; esa retórica, sin embargo, pierde credibilidad cuando, en momentos de crisis, aparece sin tapujos la violencia de la seguridad. Entonces el hombre moderno se siente atrapado en la red que debería protegerle.

Pero hay algo más que no pudieron conocer ni Benjamin ni Kafka y sí nosotros. Me refiero al frecuente suicidio de los supervivientes de los campos, caso de Améry, Borowski, Celan, quizá Levi y tantos otros. A estos testigos de la negación del hombre en grado sumo no les podía engañar la retórica de la libertad. Su gesto es la denuncia más radical de un mundo que no ha aprendido nada. Imre Kertesz (1999, 81-82) aventura, en efecto, una explicación que al venir de alguien como él, también superviviente, merece ser escuchada. Dice que se suicidaron porque, al haber vivido algo tan epocalmente catastrófico, pensaban que el mundo sacaría sus consecuencias para que aquello no se repitiera. Pero dado que el mundo sigue adelante indiferente, como si nada hubiera ocurrido, entendían que ellos estaban literalmente de más. Lo grave de esta acusación no reside en la debilidad moral (no sacar las consecuencias debidas para que el mal no se repita), sino en la persistencia de una lógica, la de nuestro mundo, que ya en el pasado dio en catástrofe o, al menos, fue incapaz de impedirla. Por supuesto que no es lo mismo pecar por omisión que por comisión, pero nada nos permite, de momento, descartar que el hombre incurra en una u otra modalidad. He aquí algunos de los elementos que dan fe de la persistencia de la opresión en el seno del discurso moderno.

1. *Cultura y barbarie*

Conocida es la *tesis* séptima bejaminiana de que «no hay un sólo documento de cultura que no lo sea también de barbarie» (Benjamin, GS I/2, 696). Los grandes hitos históricos en la ciencia, las letras o las artes, no son sólo logros de grandes genios sino resultados de mucha miseria, esclavitud o sometimiento de masas anónimas. En la tesis siguiente da un paso más y habla no de barbarie y cultura en abstracto, sino de fascismo y progreso. Lo que dice es que nada le va mejor al primero que ser presentado como lo opuesto al progreso. Con ese tópico se camufla la verdad, a saber, que el mejor caldo del fascismo es el progreso. Si relacionamos fascismo con campo de concentración y a progreso con democracia liberal, entenderemos que la tesis del campo como símbolo de la política moderna deja de ser una mera ocurrencia. ¿Qué es lo que tienen en común el fascismo y el progreso? Benjamin no echa mano de análisis sociopolíticos[20], sino que va directo a la esencia de uno y otro: el desprecio por el hombre, tratarle como precio de un bienestar colectivo. Uno y otro adolecen de lo que Hanna Arendt llamaba *ideología*, como ya hemos visto, es decir, están poseídos de una lógica propia que se impone al hombre y de la que éste recibe sentido y significación.

Si la historia de la cultura muestra ya la complicidad entre fascismo y progreso, es quizá la historia política la que mejor explica la latencia de la biopolítica en el seno de la democracia moderna. Jean Améry dice que los supervivientes de los campos de concentración o de exterminio no salieron ni mejores, ni más maduros, ni más humanitarios, sino vacíos y desorientados (Améry, 2001, 79)[21]. En el campo el hombre es tratado y reducido a nuda vida. Lo que interesa al campo del prisionero no es su mundo interior —sus creencias, ideas o cultura— sino su cuerpo. Lo público o político del campo es lo más privado. Ahí se rompen las barreras entre lo público y privado, entre el *oikos* y la *polis*, entre la *zoè* y el *bíos*, distinción que es condición de posibilidad de la política[22]. Cuando el hombre es reducido a puro cuerpo cualquier cosa que se le haga no será delito porque el ser humano ha dejado de ser sujeto de derecho para convertirse en objeto de la decisión del soberano. El nazismo oficializaba esa reducción desnaturalizando al prisionero judío de suerte que el recién llegado al entrar en el campo quedaba a merced del poder,

---

20. Como hace Marcuse en «La lucha contra el liberalismo en la concepción totalitaria del Estado», en Marcuse, 1968, 15-44.
21. Subjetivamente no hicieron una experiencia rica, aunque su experiencia sí pueda enriquecer a la humanidad posterior.
22. Otra vez Kafka anticipa el futuro. Recordemos el inicio de *El proceso*, cuando el dormitorio de al lado se transforma en sala del tribunal. Esa privatización de lo público o politización de lo privado supone de hecho la despolitización de la política.

sin referencia a ley alguna pues la ley había quedado integralmente suspendida[23].

Pues bien, esta práctica de la excepcionalidad no iba en contra del progreso moral y político, representado por los derechos humanos o las constituciones democráticas, sino a su lado, como una sombra inevitable. La Modernidad coincide con la biopolítica en el valor que da al cuerpo, hasta el punto de basar la *iso-nomía* en la *iso-gonía*, es decir, el discurso sobre la igualdad de los seres humanos en el nacimiento como hombres. De alguna manera se puede decir que, en la Modernidad, la vida natural ocupa el lugar de Dios, pues si Dios en un momento era el principio legitimador del poder político, ahora es el hecho natural y común del nacimiento lo que está en la base de los derechos humanos. Expresión eminente de esa voluntad es la Revolución francesa cuando, en su teoría del Estado-nación, proclama la identidad entre nacimiento y ciudadanía. Al remitir la fuente de derechos o la dignidad de ser hombres al nacimiento y no a la cuna, la humanidad daba un paso de gigante. El nacimiento es un hecho natural, el que nos alumbra de la misma manera a la vida a todos los hombres; la cuna, por el contrario, evoca un lugar privilegiado del nacimiento. Pues bien, al ubicar el origen de la dignidad humana en el nacimiento y no en la cuna, se universaliza esa dignidad, secuestrada hasta ahora por una interpretación discriminatoria del nacimiento.

Pero no es difícil detectar el alto precio que se pagaba por tamaño progreso. Al fundamentar la igualdad en el nacimiento, la *zoè* se convierte en el fundamento de la *polis*. La igualdad, la fraternidad, en una palabra, la política moderna —y, por tanto, la nación, el Estado, el ciudadano— queda remitida a la sangre y a la tierra. Lo que diferencia al racismo del Estado-nación no es el mayor o menor peso que tenga la sangre: en ambos es fundamental. Lo que les diferencia es la capacidad de compromiso con otras sangres. Es muy elocuente el hecho de que sea precisamente la fraternidad el banderín de enganche de los comunitaristas en su trifulca con los universalistas. La fraternidad, como ya hemos indicado, constituye sólidos vínculos de solidaridad dentro de una comunidad porque son los que proporciona la sangre y la tierra. Pero sería grave ingenuidad pensar que la igualdad de los universalistas nace de la libertad o de la razón. La igualdad ante la ley se debe al nacimiento. Si observa-

---

23. La «solución final» se acogía, para la desnaturalización, a las Leyes de Nürenberg, de 1935, pero no hay que olvidar que esta práctica, oportunamente legalizada, estaba muy extendida en todos los países europeos desde la primera guerra mundial.

mos bien, hemos pasado del nacimiento al territorio, de la sangre a la tierra, con toda normalidad. Sin embargo, las severas consecuencias de esa alianza entre tierra y sangre no se harán visibles hasta más tarde, aunque estén latentes desde el principio. No es lo mismo basar unos derechos en el hecho de nacer hombre, que en el hecho de nacer en un determinado territorio, ya que ese desplazamiento acabará significando que los derechos derivados del nacer hombre se restringen a los que nacen en ese territorio. Resultará entonces que la «nación», esto es, el territorio de los allí nacidos, sería el sujeto de la soberanía, el principio que decide sobre quién tiene y quién no tiene esos derechos propios de quien nazca hombre.

En la *Declaración de los derechos del hombre y del ciudadano*, de 1789, se opera ya ese desplazamiento, lo que revela que el discurso de los derechos humanos es ambiguo desde el principio. No es lo mismo decir que se tienen todos los derechos humanos por ser hombre que sólo si es ciudadano, esto es, nacido en un territorio. Y eso lo tenemos en esa declaración fundante puesto que en el artículo primero se declara que «los hombres nacen y permanecen libres e iguales en derechos», mientras que en el artículo siguiente se precisa que «el objetivo de toda asociación política es la conservación de los derechos naturales e imprescriptibles del hombre», es decir, los derechos naturales no van por libre, no dependen del ADN, sino del reconocimiento del Estado-nación, esto es, de su condición de ciudadano. Los papeles los da el Estado, y con ellos va el disfrute de los derechos humanos[24]. No hay nación sin nacimiento pero el nacer en un territorio es lo que da al nacimiento el derecho a los derechos humanos. Este desplazamiento del nacimiento abstracto —que abstrae de un lugar determinado— al nacer en un territorio específico tiene una importancia capital pues lo que en un principio era una liberación acaba siendo una cárcel, como en el cuento kafkiano de *La madriguera*. Si en el principio de los derechos humanos está el convencimiento de que todo hombre, por el mero hecho de nacer hombre, es igual en dignidad al resto de los humanos, cuando colocamos a la nación como «conservadora» o garante de esos derechos, entonces el hombre queda reducido, ante el poder del Estado, a nuda vida, a puro nacimien-

---

24. Esto lo tiene muy claro Ernst Tugendhat cuando dice en «La controversisa sobre los derechos humanos»: «Se ha hablado de los derechos humanos como de derechos naturales, se ha dicho incluso que nacemos con ellos, pero esto es una metáfora, porque un derecho sólo existe si es otorgado. En cierto sentido, en un país no existen los derechos humanos si no fueron otorgados por la ley, si no forman parte de la Constitución...» (Tugendhadt, 2002, 32).

to. Ante el poder del Estado el hombre descubre que quien sólo tiene la condición humana no tiene nada pues el poder no ve ahí dignidad innata alguna, sino un objeto que él puede investir de derechos. Si no vemos así las cosas es por la buena opinión que nos merece la figura del ciudadano. Pensamos que los derechos humanos llevan bajo el brazo la varita mágica que convierte al nacido humano en sujeto de derechos, pero eso no es así y eso lo saben muy bien los sin-papeles. Para tener derechos hay que tener papeles y ésos los da el Estado. El sujeto real de los derechos humanos es el ciudadano, no el ser humano. Pero no olvidemos que el ciudadano es un nacido humano al que la nación lo eleva a la categoría de sujeto de derechos. Ese punto soberanista de la nación no se ve en períodos normales en los que nacimiento y ciudadanía se confunden porque hay ajuste entre los nacimientos y la nación. Pero ¿qué pasa cuando en ese territorio hay muchos no allí nacidos o cuando a algunos de los allí nacidos se les considera minoría étnica indeseable? Pues que nacimiento y ciudadanía se separan y todo queda reducido a nacimiento: la mayoría dominante invocará la sangre para deshacerse de los de otra sangre y de esta suerte todos, los expulsados y ellos mismos, quedan señalados como vida natural. Vistas así las cosas no habría que arrimar el discurso sobre los derechos humanos al fogón de la moral sino al de la fundamentación de la legitimidad política en tiempos secularizados: el nacimiento que sustituye a la divinidad; la grandeza de los derechos humanos radica en algo tan banal como el hecho de nacer hombre, y, su miseria, en condicionarlos al territorio.

Desde este transfondo puede entenderse la preocupación tantas veces manifestada por los emigrantes. Se oye decir que ése es el gran problema del futuro. Y es verdad, pero no por lo que se suele pensar (que cuestionan el bienestar de los que ya están ahí), sino por todo lo contrario: porque hacen evidente lo que sin ellos está velado, a saber, que todos somos nudas vidas. La figura del emigrante o del apátrida o del indocumentado es ya el centro del debate político porque es el centro de la política moderna.

2. *Fascismo y progreso*

Hemos hablado del totalitarismo como un movimiento impulsado por la lógica de la idea que arrollaba a su paso toda subjetividad. En eso, decíamos que fascismo y progreso van de consuno. Las cosas, empero, no quedan ahí, pues esa lógica acaba afectando a nuestro modo de hacer política. Hanna Arendt define al totalitarismo como la trágica combinación de dos principios, hasta entonces no experimentada: que todo es posible y que todo es necesario. Si todo es posible, todo puede ser experimentado; más aún, todo lo que cae dentro del poder del hombre debe ser activado, actuado[25]. Que esa actuación lleve consigo grandes males es insignificante ante el derecho de sacar a la luz todo lo que el hombre puede. La bondad del ser es la realización del *conatus essendi*. Experimentar en hombres enfermos o producir monstruos por mor del conocimiento muestra la grandeza de un espíritu que busca sobrepasar sus propios límites. Si este principio se alía con el convencimiento de que todo lo que es posible es necesario, que viene exigido por la naturaleza misma del hombre porque su destino es sobrepasar los límites, el totalitarismo no sólo arrolla la subjetividad individual, sino que aniquila la existencia misma de la política.

El totalitarismo destruye la vida política porque atenta, en primer lugar, a la pluralidad, es decir, al hecho de que la especie será única pero los individuos son diversos. En la medida en que la vida política afecta a la vida de los hombres, toda propuesta política tiene que atenerse a esa diversidad congénita. En segunda lugar, supone la destrucción del mundo, entendiendo por ello ese espacio público que los hombres crean mediante sus interacciones. Finalmente, el totalitarismo niega la libertad entendiendo por ello no sólo la posibilidad de expresar libremente opiniones y actuar en libertad, sino la posibilidad de comenzar de nuevo, de instituir un nuevo comienzo. La lógica de la idea hace inviable la política pues es propio de ésta la facultad de juzgar, mientras que aquélla exige adhesión y se alimenta de la ilusión de que todo puede ser definitivamente explicado. La ideología supedita la política al conocimiento de las leyes del movimiento de la historia y eso hasta un solo hombre lo podría lograr. La política, sin embargo, tiene que ver con la acción del hombre, con la interacción y eso exige juicio, ponerse en lugar del otro, ponderación, es decir, todo lo contrario del conocimiento definitivo al que se puede prestar la idea. Y si la política debe cristalizar en leyes y derecho, el totalitarismo supone un obstáculo infranqueable pues el movimiento maniata toda espontaneidad del hombre para que quede libre la vía por donde circule sin cortapisas el proceso natural e histórico. La lógica de la idea lima y pule las diferencias individuales consiguiendo así la uniformización de todos. Como esa indiferenciación agrega las partes en un todo, impidiendo que entre ellas interactúen para conformar una comunidad, bien se

---

25. Véase el estudio de A. Serrano de Haro «Totalitarismo y filosofía»: *Isegoría* 23 (2000), pp. 91-117.

puede decir que el totalitarismo, pese a su imagen de masificación y camadería, deja a los hombres profundamente aislados e incomunicados. La ideología destruye lo público y también lo privado. La actividad política que propicie el totalitarismo se ejercerá sobre los hombres, pero no entre ellos ni con ellos, de ahí la extraña paradoja de una política que siendo, por un lado, totalitaria, obliga a los hombres a la más estricta soledad, porque elimina cualquier espacio entre ellos. La soledad y masificación del hombre contemporáneo remitiría entonces a una estructura de poder cuya lógica socava la singularidad y autonomía del sujeto humano.

3. *La complicidad del imperativo categórico kantiano*

Que la biopolítica sea detectable no sólo en las zonas más oscuras del progreso o de la democracia, sino en las zonas más elevadas de la moralidad, es algo que Jean-Luc Nancy ha puesto de manifiesto en su estudio del imperativo categórico[26]. El imperativo categórico kantiano es, en efecto, un generoso empeño por fundamentar racionalmente la ley. El método consiste en convertir la máxima en ley, actuar por deber, es decir, no según la ley (lo que supondría la existencia de una ley moral previa, como en los tiempos premodernos), ni por interés (que siempre serán particulares), sino procurando que el criterio de nuestra razón convenga a cualquiera, esto es, pudiera convertirse en ley. Lo que nos pide la ley moral es actuar *por deber* y no *conforme al deber*. ¿En qué consiste ese deber? No en que obedezcamos a los contenidos de una ley determinada (si estamos tratando de saber cómo se conforma la ley moral, partimos del hecho de que no existe todavía), sino que respetemos la obligación de convertir nuestra máxima en ley. Nos obliga a comportarnos como legisladores, pero, eso sí, sin que esa obligación de hacer la ley ofrezca garantía alguna de que, aun haciendo las cosas bien, lo que decidamos sea realmente moral. Actuar *por deber* es actuar exclusivamente en interés del deber, que no tiene ningún otro interés. Ese deber no obliga más que a sí mismo. Actuar *conforme al deber*, por el contrario, tiene otra connotación, la de seguir o ejecutar una orden concreta, un deber que se resuelve en la exigencia de realizar una orden con contenido.

¿Por qué llamar a esa exigencia legislativa que brota de la autonomía de la razón «imperativo»? ¿Por qué designar el máximo ejer-

---

26. Sigo para este análisis a Nancy, 1983, 7-32.

cicio de libertad con el duro término de «imperativo categórico»? Porque la ley moral debe su existencia y tiene su razón de ser en la superación del peligro que supone no llegar a ser. El ser que se es no coincide con el ser que se debe ser. Lo lógico es seguir la inercia de las cosas; lo difícil es hacer lo que hay que hacer. Para seguir la lógica de las cosas, el impulso natural, el *conatus essendi* no hace falta convocar a la razón práctica. Ésta sólo interviene cuando queremos actuar libremente y no sólo para racionalizar la acción. Para actuar racionalmente basta atenerse a los datos de la realidad; la acción libre supone ir a contracorriente de los intereses, de la naturaleza y de los dioses. Cuando se califica a la ley moral de imperativo categórico se está señalando ese pulso que echa la libertad a la realidad. Actuar por deber, actuar libremente, actuar legislativamente son formas de expresar el imperativo de la ley moral.

Bueno, pues ese enorme esfuerzo que exige la ley moral no garantiza nunca el éxito de la operación. Conviene distinguir entre actuar legislativamente y convertirnos en legisladores de nuestra propia norma. La ley moral es lo primero pero no puede ser lo segundo. La ley moral se resuelve en una pretensión de universalidad, universalidad que no coincide, sin embargo, con la que el sujeto individual pueda imaginarse o alcanzar por su cuenta o con los demás. Hay una cierta alteridad entre la razón práctica y la razón del individuo. La razón práctica es la exigencia de hacer un mundo ético y la razón individual pone manos a la obra, pero la universalidad no está en el individuo sino en la humanidad que le trasciende, que le informa, que le adviene. El sujeto individual nunca sustituirá a la humanidad y nunca sabrá si lo que él decide, tratando de ajustarse a la ley moral, es universal o no. Hay por tanto una diferencia entre comportarnos legislativamente y tomarnos por legisladores de nuestras propias leyes. El imperativo categórico no nos convierte en legisladores morales de nuestras propias leyes. El hombre puede legislar, claro, pero la ley moral no se puede identificar con una ley decidida por todos, aunque fuera en una comunidad de diálogo. El imperativo categórico sólo nos exige, sólo exige a la razón que actúe universalmente. Y ahí se para: en la exigencia de esa obligación, en el mandato de que hagamos de una acción ley. Es la ley de la ley. Pero es incapaz de garantizarnos que la decisión que tomemos sea una ley moral. La ley moral es el mandato de hacer del mundo la casa de todos sin que podamos disponer de pautas previas, sólo la ley de hacerlo. Y tampoco hay manera de saber si lo decidido responde a la ley moral. El respeto a la ley es, en el fondo, el respeto a una ley sin contenido.

El imperativo no es un reforzamiento de la voluntad del hombre para que evite el mal y haga el bien. El imperativo no manda o prescribe nada concreto. Y no lo puede hacer porque el imperativo categórico es lo primero, es anterior a toda ley concreta. No nos pide, pues, actuar de acuerdo con esta o aquella ley sino que actuemos legislativamente, esto es, legislando, haciendo que nuestras máximas se conviertan en leyes. Ésta es una gran originalidad del imperativo categórico que lo diferencia, por ejemplo, del derecho (que ordena seguir la norma establecida) o de una orden (que conlleva amenazas y sanciones). Nos manda actuar racionalmente, hacer la ley.

¿Cómo puede sentirse el hombre ante un mundo así organizado?, ¿qué pasa por un hombre al que se le exige tanto y se le da tan poco? Kant ofrece una respuesta académica en su *Crítica de la razón práctica*:

> El móvil que el hombre puede tener de antemano, antes de que le sea indicada una meta, obviamente no puede ser sino la propia ley, en virtud del respeto que ésta infunde (sin determinar todavía qué fines quepa tener y alcanzar por su cumplimiento). Pues la ley, la consideración formal del arbitrio, es lo único que resta cuando ha dejado fuera de juego la materia de arbitrio (cit. por Agamben, 1998, 72).

Lo que nos mueve a acatar y someternos al imperativo categórico es «el respeto que ésta infunde». El *respectus* es una mirada sometida que no levanta los ojos. El respeto indica total disponibilidad ante una ley que no da nada a cambio, que no garantiza ninguna seguridad de que lo que hagamos esté bien hecho, porque no tiene contenido. Jean-Luc Nancy ha tematizado la forma de vida que corresponde a esa forma de ley bajo la categoría de abandono:

> El ser abandonado ha comenzado ya a formar, sin darnos cuenta, sin que pudiéramos darnos cuenta, una condición insuperable para nuestro pensamiento y quién sabe si su condición única. La ontología que nos solicita a partir de ahora es una ontología en la que el abandono constituye el único predicamento del ser o quizá —en el sentido escolástico del termino— el único trascendental... (Nancy, 1983, 141.

El hombre concreto del imperativo categórico se siente profundamente abandonado. Abandono viene de «bando». Abandonar es someter a alguien al «bando». El «bando» (*bandum, band, bannen*) es la orden, la prescripción, el decreto, la libre disposición. Abandonar significa, pues, poner a alguien a disposición de un poder soberano, entregarle al «ban» o bando que proclama su sentencia. El abandonado dice relación al «bando», es decir, se le abandona a una ley, queda a merced de la ley, del rigor de la ley. Pero con un matiz: el abandonado queda tan a merced de la ley que pierde la complicidad del derecho. La ley del abandono aplica la ley, pero retirándose, de suerte que el abandonado queda realmente a merced de un orden absoluto y solemne que no prescribe más que el abandono[27].

Nancy quiere convertir al abandono en una categoría ontológica, fundamental para comprender nuestro tiempo. Digamos de entrada que desde siempre ha formado parte de nuestra mitología. Edipo y Moisés nacen en el abandono, son abandonados *desde el nacimiento* (Kovadloff, 1996). Y su historia demuestra no sólo que les abandonaron al nacer sino que, para ellos, la existencia es un abandono. Sus muertes trágicas prolongan hasta el final el abandono del nacimiento. Pero no se trata tan sólo de una categoría histórica o psicológica, sino de una categoría hermenéutica con muchas afinidades. Nancy, por ejemplo, la relaciona con el heideggeriano olvido del ser, en el sentido de que lo olvidado es precisamente el abandono en que se encuentra el ser, un abandono del que no hay conciencia, ni historia[28]. El abandono del hombre moderno en su mundo ha sido recogido agudamente por Kafka en su relato *Ante la ley*. Narra la historia de un campesino que, fiado de que la «ley debe de ser siempre accesible y debe estar abierta a todos», decide un buen día entrar en la ley, como quien visita un parque. Pero no lo conseguirá pese a que la puerta está abierta y el guardián se hace a un lado. Y allí, esperando, pasará toda su vida, y allí morirá sin poder romper el embrujo de esa ley que le prohíbe entrar sin que el campesino sepa quién la dicta y por qué. Pero es en *El proceso* donde el escritor checo más plásticamente expresa esta condición del hombre moderno. En un momento de la novela, Joseph K se pregunta con indignación: «¿Y, ahora, señores, el sentido de esta organización? Detener a los inocentes y procesarles sin razón». Se les juzga arbitrariamente porque enfrente no hay un sujeto de derechos.

---

27. Antonio Gimeno puntualiza agudamente el alcance filológico y conceptual del término «abandono» en una nota a Agamben, *Homo Sacer*, 243-251.

28. Nancy radicaliza poderosamente la categoría de «abandono» al traducirla por *ecceitas*, un estar-ahí del hombre, desprovisto de todo lo que no sea la mera exposición. La *ecceitas* remite al *ecce homo* que simboliza el abandono del Nazareno no sólo por los suyos sino por el mismo Dios. Para la ley moral —para la moralidad moderna— el hombre sería *ecceidad* (Nancy, 1983, 152-153).

EL CAMPO, LUGAR DE LA POLÍTICA MODERNA

Para expresar esa reducción del hombre a puro cuerpo, Kafka desarrolla dos ideas: en primer lugar, el recurso a la zoologización, un fenómeno tan presente en su escritura. El cuerpo humano huye del hombre kafkiano hasta convertirse en un gusano. Kafka llama *Ungeziefer* (gusano) al bicho en que se ha metamorfoseado Gregorio Samsa. «Gusanos» era el nombre que los nazis darían a los judíos[29]. Eso es lo que en definitiva somos ante el poder. La segunda consiste en comprender el presente y el futuro desde el pasado recurriendo a la prehistoria o, más exactamente, consiste en describir —y anticipar— con las viejas categorías míticas de culpa y abandono una situación que el hombre libre, el hombre moderno labrará con los refinados instrumentos de su libertad. Cuando Kafka trata al hombre como si fuera culpable por haber nacido solo está describiendo míticamente una situación que el hombre moderno está viviendo en tiempos no ya míticos sino modernos. Y esto no porque el hombre se haya hecho culpable sino porque desde el poder se crea un mundo arbitrariamente en el que el hombre es tratado como si lo fuera. Kafka no se deja seducir por palabras como progreso, haciéndose la ilusión de que así damos por superada la etapa de inmadurez de la humanidad, como creían los ilustrados. «Creer en el progreso —dice— no significa creer que se haya producido ya un progreso... La época en que vive no significa para él ningún progreso sobre los comienzos prehistóricos»[30]. No hemos progresado mucho desde la Prehistoria pues si culpable era el hombre mítico por el hecho de ser hombre, como culpable es tratado el hombre histórico, aunque no haya hecho nada. Lo que llama la atención del estudioso de la mística judía, G. Scholem, es su obsesión por la ley, una ley imposible e impracticable, que él interpretaba en clave de teología negativa. «El mundo de Kafka», decía resumiendo su pensamiento, «es el mundo de la revelación pero en la perspectiva en la que ésta se encuentra reconducida a su propia nada» (cit. Moses, 1992, 223). La noción «nada de la revelación» constituía el núcleo central de su interpretación. Como Benjamin le demandara una aclaración de la susodicha expresión, Scholem le dio ésta:

---

29. G. Steiner llama la atención sobre la capacidad anticipatoria de Kafka (cf. Steiner, 1999, 144 ss.).
30. Citado por Walter Benjamin «Franz Kafka. En el décimo aniversario de su muerte» (GS II/2, 428; trad. española de R. Vernengo, en W. Benjamin, *Sobre el programa de la filosofía futura y otros ensayos*, Monte Ávila, Caracas, 1970, p. 229).

Me preguntas qué entiendo por «nada de la revelación». Entiendo por ello un estado en el que la revelación se manifiesta como vacía de todo significado, es decir, en el que aquélla continúa afirmándose, en el que ella conserva su validez, pero sin significado. Allá donde la riqueza de las significaciones se evapora sin que desaparezca por ello la misma manifestación, por más que su contenido haya sido reducido, por así decir, al grado cero (y la revelación es algo que se manifiesta), es ahí donde aparece la nada de esa manifestación. Es evidente que, desde el punto de vista de la religión, esto es un caso límite y es más que dudoso que semejante caso pueda darse efectivamente (*ibid.*).

La expresión «nada de la revelación» designa un momento paradójico en la historia de la tradición. Por un lado, se da por hecho que la ley ha perdido su contenido mientras que, por otro, su sombra sigue proyectándose sobre el conjunto de la cultura. La ley no se justifica ya por su contenido pues no se le reconocen mandatos vigentes, pero, a pesar de todo, no osamos cuestionar la autoridad de una figura superior a la que someterse. La Modernidad no es el reino en el que el hombre es, al mismo tiempo, legislador y súbdito, y no lo es porque «legislador» es un título que le es dado como exigencia, sin que nadie pueda saber si cumple lo exigido. El hombre de Kafka está abandonado en una ley que está en vigor pero cuyo contenido escapa al ojo humano.

¿Todos estos indicios avalan la tesis de que todo es campo, que el campo simboliza la política moderna, que la cultura es barbarie? Precisemos que en ningún momento se dice que la cultura sea barbarie, ni que la democracia sea fascismo. Lo que queremos decir es algo distinto: que no hay un momento de cultura que se logre sin generar barbarie, que no hay democracia liberal que no conlleve reducción de hombres a nuda vida, como ocurría en el campo. Hablar del campo como símbolo de la política moderna sólo se puede hacer si designamos por campo esos efectos marginales que, sin embargo, sí cuestionan el ser o no ser de la política moderna. El campo es un margen pero que contamina al centro. «La tradición de los oprimidos nos enseña que el estado de excepción es la regla.» Para esa parte de la sociedad la barbarie que ellos soportan sustenta también esa experiencia que otros llaman cultura; en un mundo económicamente globalizado, los oprimidos viven la política como los deportados la vivían en el campo, aunque otra parte del mundo, alejada, y no sólo geográficamente, de su situación, experimenten la globalización como democracia. Cuando decimos que el campo es el símbolo de la política se está denunciando, por un lado, la relación intercausal de esas dos experiencias de la misma política; y, por otro, se está anunciando o anticipando que sólo se podrá hablar de democracia o de política en la medida en que se la piense como un todo pero a partir de la barbarie, de la nuda vida, del abandono que ella produce, es decir, desde el campo.

V. EL *DEMOS* O LA NEGACIÓN DE TODA EXCLUSIÓN

Para prolongar esta reflexión, intentando señalar el perfil de una política pensada desde ese margen, sería conveniente volver a leer los orígenes con una mirada capaz de asombrarse[31]. Dice Aristóteles:

> Sólo el hombre, entre los animales, posee la palabra. La voz es una indicación del dolor y del placer, por eso la tienen también los otros animales [...]. En cambio, la palabra existe para manifestar lo conveniente y lo dañino, así como lo justo y lo injusto. Y esto es lo propio del hombres frente a los demás animales: poseer de modo exclusivo el sentido de lo bueno y de lo malo, de lo justo y de lo injusto, y las demás apreciaciones. La participación comunitaria en éstas funda la casa familiar y la ciudad (*Política*, 1253a).

Los animales distinguen entre lo que les conviene y lo que les daña; sólo el hombres, entre lo justo y lo injusto. Todo el misterio y la complejidad de la política consiste en pasar de la distinción animal placer-daño al de justicia o injusticia: ¿hay solución de continuidad entre daño-injusticia y placer-justicia?, ¿es justo que lo que nos conviene e injusto lo que nos daña? La política está fundada en la justicia, pero ésta sólo aparece cuando superamos el juego animal de lo que me gusta o disgusta y se plantea la presencia de las partes en lo común[32]. Lo que vertebra a las partes en comunidad es la participación en los valores o títulos que conforman esa comunidad. Supongamos que el valor o título vertebrador es la riqueza, como ocurre con la oligarquía; o que son las virtudes, como ocurre con la aristocracia; la justicia consistirá entonces en una estructuración de la sociedad en función de lo que cada cual aporte al bien común: el

---

31. Es lo que hacen en su lectura de Aristóteles J. Rancière, 1995, y J. Rancière, 1990.
32. Notemos que ahí asoma un concepto de justicia que no es el distributivo, sino el propio de la «justicia general» cuyo objeto formal es la construcción del bien común. Sobre esto volveré en el último capítulo.

que tenga más dinero o más virtud tendrá más poder porque aporta más de ello a la comunidad que el resto.

Para el democracia, el valor o título conformador es la libertad. Lo lógico sería decir que el *demos* aporta más libertad y por eso tiene el poder. Pero ¿cómo medir la libertad? Si decimos que democracia es el poder del pueblo, ¿podemos decir que el *demos* es el que más aporta de libertad a la comunidad? La libertad del *demos* tiene algo de paradójico e, incluso, de provocador. No es algo que tenga en propiedad, no es una posesión, puesto que originariamente consiste en la imposibilidad legal de hacer esclavos a los que no pagan. La decisión de Solón prohibiendo cobrar las deudas materiales esclavizando a los deudores, revela el carácter negativo de la libertad del *demos*[33]. El *demos* entra en la libertad de puntillas. Y eso tanto más cuanto que, antes de su entrada, ya estaba ocupado ese espacio por otros, por los ciudadanos ricos y libres. El *demos* es, pues, «la masa indiferenciada de quienes no tienen ningún título positivo —riqueza o virtud— y a la que, sin embargo, se le reconoce la misma libertad que a los que ya la poseen» (Rancière, 1995, 27). No parece que el *demos* aporte más y mejor libertad que la ya existente.

Ahora bien, si nos quedáramos ahí no captaríamos el meollo de la democracia pues el *demos* no sólo es la parte excluida de la sociedad a la que se le reconocen los derechos de los ya incluidos, sino que esta parte de excluidos se presenta ante los demás como representando el todo de la comunidad. Hay un punto provocador o conflictivo —que Rancière llama «litigio»— en la presencia pública del *demos* puesto que no se integra sencillamente en las reglas de juego de los ya libres, sino que él, la parte excluida, pretende cambiarlas porque entiende que la inclusión de lo excluido debe significar la imposibilidad futura de la exclusión. Ese gesto conflictivo, el litigio, es decir, la apropiación por parte del *demos* de la representación de la comunidad, es el nacimiento de la política. No se trata de entrar en el club de los afortunados al precio de crear nuevas exclusiones, sino de abolir la exclusión, lo que implica atacar el *status* de los ya incluidos. La justicia de la política no consiste en transformar lo conveniente en justo, ni reducir lo injusto al daño, sino en

---

33. «Antes de él [de Solón], la mayoría de los habitantes del Ática aún estaba reducidos a la posesión precaria del terreno, y hasta podían recaer en la servidumbre personal. Después de él, desaparece esta numerosa clase de hombres; ya no vemos ni al labrador sujeto al censo, ni a la tierra esclava, y el derecho de propiedad es accesible a todos. Hay ahí un gran cambio, cuyo autor sólo puede ser Solon» (Fustel de Coulanges, *La ciudad antigua*, Porrúa, México, 2000, p. 200). Y Aristóteles, «acabó con la esclavitud del pueblo» (*Política*, 1273, II, 11).

transformar su experiencia de exclusión en negación de toda exclusión[34]. Ahora sí podemos decir que el *demos* aporta un tipo de libertad de más quilates que la existente porque, por un lado, conlleva la negación de toda exclusión y, por otra, es una libertad cargada de materialidad; no olvidemos, en efecto, que los nuevos libres eran esclavos por pobres, con lo que su libertad va unida al derecho a participar del bien común.

Esto suponía tal provocación para los filósofos bienpensantes que se apresuraron a neutralizar sus efectos forjando la filosofía política. Su estrategia puede vislumbrarse en el relato que hace Herodoto de los escitas, ese pueblo que tenía por costumbre arrancar los ojos a los vencidos, sometiéndoles a esclavitud. Así ocurrió con un pueblo al que sometieron y esclavizaron. Pero las guerras medas obligó a los escitas a desplazarse hasta Asia para combatir al enemigo y permanecer allí durante una generación, dejando solo a aquel pueblo esclavizado. Los esclavos tuvieron hijos que nacieron con ojos y libres puesto que no había amos. Cuando éstos volvieron los hijos de los esclavos les recibieron con las armas, como cualquier pueblo libre. Los escitas que llevaban las de perder se dieron un tiempo de reflexión y llegaron a la siguiente conclusión:

> ¿Qué es lo que hacemos nosotros, hombres escitas? Luchamos contra nuestros esclavos. Vamos muriendo, y cada vez disminuimos en número. Y si los matamos, en el futuro dominaremos un número ridículo de hombres. Por ello me parece indicado que de momento dejemos a un lado lanzas y arcos. Cada uno de nosotros debe tomar un látigo y aproximarnos a ellos así. Mientras nos vieron con nuestras armas se creyeron iguales a nosotros y que descendían de iguales. Pero cuando observen que en vez de armas empuñamos látigos verán con claridad que son esclavos nuestros. Y cuando lo hayan advertido ya no nos ofrecerán resistencia». Los escitas oyeron esto y lo llevaron a cabo. Los otros, aturdidos por lo que ocurría, abandonaron la lucha y huyeron[35].

Si se presentaban ante ellos con armas, estaban perdidos, pues armas tenían los esclavos. Sólo si se presentaban como diferentes,

---

34. Rancière lo formula así: «La política existe cuando el orden natural de la dominación es interrumpido por la institución de una parte de los sin-parte. Esta institución es el todo de la política como forma específica de relación. Ella define lo común de la comunidad como comunidad política, es decir, dividida, fundada sobre una daño que escapa a la aritmética de los intercambios y reparaciones. Fuera de esa institución no hay política. Sólo hay orden de dominación o desorden de la revuelta» (Rancière, 1995, 31).

35. Herodoto, *Historia*, Libro IV, 3 y 4.

como poseedores de algo que los esclavos no tuvieran, podrían los esclavos tomar conciencia de su inferioridad y ser sometidos. Y así lo hicieron, cambiaron sus armas por fustas y los esclavos huyeron. Moraleja: hay dos tipos de igualdad, una que es animal, igualdad en la fuerza, en la capacidad de matar (que es de la que parte Hobbes) y que es muy frágil, puesto que basta la astucia intelectual para reintroducir la desigualdad. La otra igualdad se refiere a la libertad; cuando alguien que ha hecho la experiencia de la esclavitud se plantea la igualdad en la libertad no quiere reproducir el esquema de unos libres a costa de otros esclavos, sino que quiere acabar con la libertad que genera desigualdad. Eso supone enfrentarse a las reglas de juego existentes y eso es la política.

Cuando Aristóteles habla de que la sociedad consta de dos partes o partidos, el de los pobres y el de los ricos (*Política*, 1318a), y coloca la política en el centro de su relación, no está indicando que la política tiene que asumir un programa de justicia distributiva, sino que la política nace de ese conflicto y consiste en construir un concepto de comunidad que acabe con los sin-parte. Eso es lo que hace el *demos*, de ahí que democracia y política se confundan.

La grandeza y la debilidad de la política reside en que hace frente a un orden establecido y fundamentado en algún *arché* de prestigio (la naturaleza, los dioses o el contrato), invocando la sola libertad, es decir, reconociendo la falta de fundamento estable. Su único cómplice es el lenguaje. Hay una igualdad de fondo en el lenguaje ya que sin ella no habría manera de mandar y obedecer. El mandato supone una comunicación entre quien manda y quien debe obedecer, es decir, supone comprender la orden y entender que hay que obedecerla. A nadie se le oculta que ése es un camino peligroso para toda estrategia de dominación, pues si se empieza reconociendo una fraternidad lingüística se puede acabar planteando la igualdad política. Por eso la filosofía ha introducido desde antiguo sabios distingos que dificulten esas deducciones. Aristóteles, por ejemplo, dice que libres y esclavos pueden tener el mismo lenguaje, es decir, se puede hablar de igualdad en el lenguaje. Pero con una diferencia: al esclavo, para lo que tiene que hacer, le basta con comprender el lenguaje; pero ese lenguaje no es suyo, es el del amo. Hay, pues, una relación muy distinta respecto al lenguaje común: de posesión, en el caso del libre; de comprensión, en el caso del esclavo (*Política* I, 1254b 22).

Esta interpretación del lenguaje responde adecuadamente a la filosofía política platónica. Un lenguaje cuya posesión no coincida con la comprensión es una fuente permanente de desigualdades ya que el poseedor tiene la llave de acceso al mismo. Él decide quién le aprende, quien tiene derecho a utilizarle y cómo hay que interpretarle, con lo que se consigue enmascarar la posibilidad que da el lenguaje de crear, entres los hablantes, las reglas de juego de la convivencia. En el lenguaje también hay clases. Bueno, pues este abuso del lenguaje se compadece bien con el convencimiento platónico de que la política es un asunto de profesionales y que «el mayor de los crímenes» consistiría en que un cualquiera pretendiera gestionar la cosa pública (Platón, *República* IV, 433c).

Slavoj Zizek ha sistematizado en cuatro figuras esta desfiguración o despolitización de la política llevada cabo por el pensamiento político canónico, empeñado en borrar el envite democratizador de la política (Zizek, 2001, 204-206; Rancière, 1995, 93-133 y 133-167). Todas tienen en común el afán por domesticar la dimensión conflictiva de la política, por normalizar lo que se considera peligrosamente desestabilizador. Estaría en primer lugar la figura de la *ultropolítica* en la que la política es concebida schmittianamente como una forma de guerra (Schmitt, 1975, 95). La política es vaciada de toda conflictividad interna, expulsándola al exterior. Esta concepción está en la base no sólo de las políticas nacionalistas de corte racista y xenófobo, sino también, como hemos apuntado, de los nacionalismos del Estado-nación, cuyo mérito consiste en añadir a la sangre el territorio. Como bien se puede apreciar en estas políticas, el no-lugar del *demos* originario es desplazado al exterior y tratado como el enemigo. En segundo lugar, la *arquepolítica*. La política es un derivado de la tradición, cristalizado ahora en la comunidad, entendiendo por ello un espacio clausurado en su esencia, al abrigo por tanto de cualquier acontecimiento creador, de cualquier nuevo comienzo. Para estos planteamiento comunitaristas, el no-lugar del *demos* reviste la forma de una anomalía, de una diferencia patológica que hay que curar. En paralelo al comunitarismo circula la figura de la *parapolítica* que traslada a la política la competencia deportiva. Para que haya juego tiene que haber reglas aceptadas por todos; una vez aceptado este supuesto, cualquiera puede competir. Aquí sí se acepta la presencia del sin-lugar, pero su suerte dependerá de su capacidad de competir, esto es, de argumentar; el sentido de su presencia en el juego no es el de cuestionar desde su no-lugar las reglas del todo. Puede pretender cambiar las reglas de juego, puede pretender que sus puntos de vista sean universales, pero siempre y cuando convenga, siempre y cuando encuentre la complicidad de los demás. El debate inherente a esta figura tiene por finalidad desactivar el conflicto. Habría, en cuarto lugar, que recordar una figura, hoy un tanto en desuso pero hasta ayer mismo de la mayor presencia: la *metapolítica*, propia del marxismo. Aquí sí se recupera sin reservas el carácter conflictivo de la relación entre «el partido de los ricos y el de los pobres». El lugar de la lucha de clases en el marxismo da fe de ello. El problema es que aquí el conflicto político, anunciado por el *demos* antiguo, es un epifenómeno, una sombra cuya realidad está en otro lugar, que no es lo político. La política cede su lugar a la economía de suerte que la solución del conflicto obliga a un desplazamiento de la política a la economía, del «gobierno del pueblo» a la «administración de las cosas». El proletario sustituye al *demos*. El proletariado es la clase expropiada que lucha por lo suyo (aunque se diga que su interés es el interés general); el *demos* es el pobre que procesa su experiencia negativa no como solución de su problema personal sino como conformación de un orden político en el que aquella negatividad no sea ya posible. Esto es lo que desaparece.

A estas figuras, Zizek añade una quinta, la *pospolítica* (Zizek, 2001, 215 ss.), la más actual de todas ellas, también conocida como *tercera vía*. Esta modalidad política entiende que los conflictos entre visiones ideológicas, encarnadas en diferentes partidos políticos que luchan por el poder, son un asunto *demodé* que debe ser sustituido por la negociación de intereses en vistas a un acuerdo satisfactorio para las partes. Como los ideólogos han sido sustituidos por expertos, como la tarea de la política es resolver problemas de la gente, y como la política es el arte de lo posible, nada hay que impida el consenso. Se acabó la división del mundo en derechas o izquierdas, «no importa que el gato sea rojo o blanco: lo importante es que cace ratones». Las buenas ideas son las que dan resultado. Como se ve, todo este planteamiento tiene como supuesto no tocar el marco general que determina el funcionamiento de las cosas. Y si hay cosas que cuestionan el funcionamiento general (el sistema capitalista), se las descarta porque crean más problemas que los que intentan arreglar. Si, por ejemplo, los gastos sociales debilitan la competitividad de la economía, se los cercena; cuando el inmigrante pone en peligro el equilibrio entre Estado y nacimientos en ese territorio (en el que se basa, como queda dicho, la sustancia de la política moderna y de la ciudadanía), se le *despolitiza*, es decir, se le excluye de todo asomo de ciudadanía. La atención vigilante que presta la Unión Europea al tema de la emigración responde a una obsesión ancestral de esa filosofía política siempre atenta a neutralizar la querencia política del *demos* en cualquiera de sus encarnaciones históricas.

VI. LA POLÍTICA COMO *INTERRUPCIÓN* DEL CAMPO

E pur si muove. «Mientras haya un mendigo, habrá mito», decía Benjamin (GS VI, 208). Esto no habría que entenderlo en el sentido idealista de que la existencia de la pobreza genera automáticamente una utopía redentora, el sueño de que un día no habrá pobres, sino más bien en un sentido crítico histórico, como apunta Adorno. El mito es la expresión ancestral de una culpabilidad social. Por muchas explicaciones científicas que se dé de la pobreza, por mucha racionalización económica que se aporte, no hay manera de impedir que, ante la pobreza del mundo, alguien se sienta culpable y le declare la guerra[36].

El discurso del vencedor es impotente ante esa conciencia crítica que se alimenta con la experiencia negativa de una parte de la humanidad. Para esa conciencia, la realidad política sigue siendo campo. Lo que se impone entonces es responder a esa realidad armados con el concepto originario de política, es decir, reivindicando la existencia misma de la política. Walter Benjamin, que no habla desde el *demos* originario, sino desde un tiempo en que los esfuerzos platónicos y postplatónicos por *normalizar* la capacidad cuestionadora del *demos* han cristalizado en esa figura eminente de la despolitización llamada «estado de excepción», lo que plantea «como cometido nuestro [es] provocar el verdadero estado de excepción» (tesis octava). ¿En qué consiste? No en dar la vuelta a la tortilla de suerte que sea ahora la minoría la que ajuste las cuentas a la mayoría. Si es un «estado de excepción» tendrá que ser una decisión que interrumpa la normalidad vigente. Lo que le hace «verdadero» es que esa normalidad que queda interrumpida no es la que representa el derecho sino la opresión que se ha incrustado en el Estado de derecho como una segunda naturaleza.

El concepto de interrupción juega aquí un papel crucial. Benjamin se expresa en estos términos anunciando una estrategia capaz de hacer frente a una política dominada por la lógica del movimiento:

---

36. «Su doctrina [la de Benjamin] del destino, entendido como lazo de culpabilidad entre los vivos, se transforma en una teoría de la culpabilidad de la sociedad: "mientras haya un mendigo, habrá mito"», dice Adorno en el perfil de Benjamin que hace en el décimo aniversario de su muerte (Adorno, 1962, 249-250). El mito, como respuesta a la pobreza, mostraría la incapacidad del siglo XIX en dar respuesta a la cuestión social. Más en concreto, Benjamin estaría disparando contra el progreso, versión moderna del mito del eterno retorno. Cf. Abensour, 2000, 186.

Marx dice que las revoluciones son las locomotoras de la historia universal. Pero quizá las cosas sean de otro modo. Quizá son las revoluciones un tirar del freno de emergencia en ese tren en el que viaja el género humano (GS I, 1232).

Para que esa interrupción sea verdadera tiene que impedir la reproducción de la exclusión u opresión características de la política dominante. Esta interrupción no apunta en el sentido de una negatividad nihilista, sino que tiene por desafío la construcción de una universalidad sin exclusiones. La interrupción de lo viejo tiene que dejar paso a una novedad, al acontecimiento (cf. Badiou, 1989; 2002, 153-171), que no es un gran gesto revolucionario sino la justicia debida a las pequeñas injusticias. No se trata de parar el reloj de la historia, ni de decidir una vez por todas[37], sino del uso de la decisión para hacer frente a la lógica de los tiempos que corren. Y no hay que entender la universalidad pretendida como un constructo grandioso en el que caben todos, sino como el reconocimiento del valor absoluto de cada singular[38].

El gesto de interrupción y el de realización del *demos* no coinciden, sino que se suceden, por eso podemos hablar de derecho, que es la institucionalización de un momento de interrupción. Ese momento institucional conlleva dos elementos posibles: uno de violencia y otro de libertad. Que el derecho nazca y se mantenga por la violencia es una tesis históricamente defendible[39]; pero incluso en esos casos el derecho puede representar un momento de institucionalización de esos valores que persigue el *demos* en su aparición política. La institucionalización de un grado determinado de libertad o de igualdad es garantía de su aplicación universal[40]. Lo que, sin embargo, no se debe perder de vista es el costo de esa institucionalización. Tomemos, por ejemplo, el término «crimen contra la humanidad» para calificar jurídicamente el exterminio nazi de los judíos europeos en la segunda guerra mundial, es decir, para calificar a Auschwitz. Como bien sabemos esa denominación fue inventada para señalar un tipo de crimen hasta entonces desconocido. Se quiso

---

37. «La tarea no consiste en decidir una vez por todas, sino en cada caso. Hay que decidir» (carta de Scholem a Benjamin, del 29 de mayo de 1926).

38. «El materialista histórico se acerca a un asunto de historia solamente cuando dicho asunto se le presenta como mónada» (tesis XVII). Lo que quiere decir Benjamin es que el todo se la juega en cada parte y cada parte tiene el secreto del todo.

39. Es la tesis benjaminiana en *Zur Kritik der Gewalt* (GS II/1, 179-204).

40. Este aspeto es defendido con ardor y razón por Elías Díaz (cf. «Estado de Derecho», en Díaz y Ruiz Miguel [eds.], 1996, 63-83).

decir con ella que hay crímenes que atentan no sólo contra un individuo, sino contra la especie humana, contra su pluralidad y diversidad. De ahí no podemos concluir que Auschwitz y «crimen contra la humanidad» coincidan. Hay en Auschwitz aspectos terribles no recogidos en esa figura jurídica. ¿Por ejemplo? Por ejemplo, el abandono o la traición de la cultura occidental, amasada durante siglos para pensar y defender al hombre. El habitante del campo tardó poco en experimentar que la llamada cultura occidental no estaba con él, sino del otro lado. Comenta Jean Améry:

> Todo el acervo espiritual y estético había pasado a ser propiedad indiscutida e indiscutible del enemigo. Un camarada, preguntado por su profesión, tuvo la locura de decir la verdad y confesar que era germanista, lo que provocó en el SS una ataque de cólera mortal [...]. En Auschwitz, el individuo aislado tenía que ceder al último de los SS la totalidad de la cultura alemana, incluido Durero y Reger, Gryphius y Trakl (Améry, 2001, 62).

El judío católico Tadeusz Borowski levanta acta de esa traición al darse cuenta que Platón mentía cuando presentaba este mundo como reflejo de otro ideal[41]. Esa experiencia mortal no está recogida en la susodicha figura jurídica, ni tampoco la desolación que supuso para muchos el abandono de Dios[42] o la crisis de la estética que llevó a preguntarse a Adorno si era ya posible la poesía (Adorno, 1962, 29). No está, pues, todo dicho cuando se juzga lo allí ocurrido con la rejilla «crimen contra la humanidad». Hay ahí aún mucha injusticia pendiente y, por tanto, mucha justicia por descubrir.

No hay por tanto que interpretar la interrupción como nihilismo, sino como política. Slavoj Zizek propone una *lectura sintomal* de esta interrupción-política. Dice, en efecto, que toda idea pugna por una concreción singular, al igual que todo universal abstracto busca su universal concreto. Esta concreción singular realiza, por un

---

41. «¿Te acuerdas cómo me gustaba Platón? Ahora sé que mentía» (Kertesz, 1999, 76).
42. Wiesel cuenta ese escalofriante momento en el que, al volver del trabajo, fueron convocados a la plaza del campo para presenciar el ahorcamiento de tres prisioneros; uno de ellos era Pipel, un niño de ojos tristes. Al pasarles el verdugo el nudo corredizo por el cuello gritaron «¡Viva la libertad!», mientras que el pequeño no decía nada. «"Pero ¿dónde está Dios?", se preguntó alguien detrás de mí. A una señal del jefe del campo, las sillas se derrumbaron... De nuevo volví a oír a mis espaldas la misma voz preguntando: "Pero ¿dónde está Dios?". Entonces sentí que una voz dentro de mí respondía: "¿Que donde está Dios? Está ahí, colgado de ese patíbulo"...» (Wiesel, 1969, 73-74).

lado, el universal o la idea, pero, por otro, la socava en el sentido de que la concreción de lo abstracto obliga a repensar ese mismo abstracto. Un ejemplo de este proceso es el que ofrece el joven Marx. Si en un primer momento (escritos de 1842) descubre la autonomía de la política bajo la figura de un Estado laico, pronto (escritos de 1843) se da cuenta de que el Estado, encarnación fiel de una concepción laica de la política, fagocita o limita una concepción más abierta de la autonomía, de ahí su búsqueda de un sujeto de la política más acorde con las nuevas exigencias de la autonomía política. Es el momento en que el *demos* sustituye al Estado[43].

La estrategia de superación que pide la declaración del *verdadero* estado de excepción tiene dos movimientos. Por un lado, el teórico, orientado a enriquecer la política, esto es, a la organización de la sociedad desde la irrupción conflictiva del *demos* en la vida pública. Esa irrupción obliga a repensar lo público, como le pasó a Marx cuando descubrió la autonomía de la política bajo la figura del Estado laico. Lo que pasa es que ese nuevo horizonte teórico no se alimenta de lectura de libros, aunque ayuden, sino de lo que Benjamin entendía por alegoría: la lectura de las ruinas, vistas no como naturaleza muerta, sino como imágenes dormidas que pueden despertar e irrumpir en el presente. Benjamin asocia el concepto de «verdad» a la memoria de los fracasos históricos, simbolizados en las ruinas. Al hablar de memoria no hay que pensar en conmemoración festiva sino en presencia, esto es, en reconocimiento de la actualidad de sus demandas y, por tanto, en un hacerse cargo de esas injusticias. La verdad, dice en la tesis tercera, consiste en que nada de lo que ha ocurrido, sea grande o pequeño, se pierda[44]. El pasado se incluye en el orden del día de la política y la verdadera política será aquella que haga justicia o se responsabilice de la injusticia ocurrida. *Verum et iustum convertuntur*[45].

---

43. Una visión medida de esta evolución marxiana puede verse en Abensour, 1997.

44. «El cronista que narra los acontecimientos, sin distinguir entre grandes y pequeños, da cuenta de la verdad: que nada de lo que una vez haya acontecido ha de darse por perdido para la historia...» (Benjamin, 1989, 178). Sigo la traducción española, menos en la frase «da cuenta de la verdad» que aquélla deja en un «da cuenta de una verdad». Para Benjamin la cuestión de la verdad pura y simple tiene que ver con la recuperación del pasado. No se trata de subrayar la verdad de un acontecimiento sino el acontecimiento de la verdad.

45. Lévinas ha sistematizado esta responsabilidad absoluta haciendo al otro principio constitutivo de uno mismo, de mi subjetividad humana. De esta suerte lo ético es elevado a filosofía primera. Una política basada en la justicia deberá ser la adminis-

El otro movimiento es práctico. Se trata de construir una identidad subjetiva que viva ejemplarmente el conflicto. Quiero decir lo siguiente. La irrupción pública del *demos* acarrea un conflicto con el orden establecido pues supone cambiar las reglas del juego para que integren sin excluir. Ese principio general de funcionamiento afecta no sólo a las leyes o instituciones, sino también a la actividad del sujeto. Uno puede vivir su lucha por una inclusión en el todo, la lucha por mayor democratización o participación de los ciudadanos, de una forma gremial o ejemplar. La forma gremial es buscar la solución de su caso concreto; la forma ejemplar es la que no pierde de vista al sistema, la necesidad de cuestionar al sistema como un asunto individual o gremial. De lo que se trata, por tanto, es de conformar una subjetividad como singular universal. El modelo puede ser el cristianismo paulino, tal y como lo entiende Badiou (1999)[46]. Pablo, en efecto, no reivindica un nicho particular dentro del Panteón del Imperio romano. Él, un sujeto particular, se siente portador de una verdad universal y lo que se plantea es cuestionar la globalización, si se me permite el término, del Imperio romano. Lo que se plantea es la conformación de identidades subjetivas no ensimismadas, como predica el neoliberalismo, ni obsesionadas por la correspondencia con lo público tal y como se encuentra predefinido, tal y como propugna el moderno republicanismo. Se trataría más bien de construir una subjetividad política como singular universal, es decir, con la pretensión de conformar lo público desde una exigencia radical: la que proporciona el recuerdo de la exclusión y la voluntad de construir una integración sin exclusiones.

Digamos, para concluir, que el verdadero estado de excepción parte de un estado de excepción existente al que se quiere poner fin. Eso explicaría la osadía de convertir al campo de concentración en símbolo de la política. Lo que pasa es que eso de que «todo es campo» se puede entender de dos maneras: en sentido holístico o sectorial. En el primer caso, el «todo es campo» significaría que no existe subjetividad alguna pues el hombre ha quedado reducido a nuda vida, a pura potencia; y que todo es ideología, sin que haya manera de señalar una tradición de libertad que haga frente a la fatídica «lógica de la idea». El inconveniente mayor de este planteamiento es que si todo está contaminado por la barbarie no habría ningún lugar

---

tración prudente de la desmesura o extravagancia que supone ese principio constituyente. Cf. Abensour, 1998, 120-132.

46. Huelga decir que la referencia paulina de Badiou tiene que ver con la significación formal del modelo y no con la vigencia del contenido.

desde el que tomar conciencia de la barbarie. La crítica a la barbarie supone un lugar exterior a la misma desde el que poder juzgarla. En una situación así no habría más salida política que la transformación un tanto mesiánica de la negatividad en salvación. Agamben roza esta interpretación cuando, hablando del «musulmán», caso extremo de reducción a la pasividad o pura potencia (en sentido aristotélico), descubre en él «la extrema potencia para sufrir». De representar la máxima pasividad o indiferencia se pasa a la figura del máximo padecimiento. Si relacionamos esto con su teoría del «resto» veremos que hay una relación nueva entre sufrimiento y redención. El «servidor doliente», que simboliza al resto de Israel, es al mismo tiempo su salvador. Habría que cargar de sentido salvífico a la nuda vida del campo para que hubiera una salida real del mismo. Un planteamiento semejante, por el que parece deslizarse Agamben, significaría la negación total de la política.

La interpretación sectorial del campo parte de la afirmación benjaminiana de que «para los oprimidos» todo es campo. No que todo sea campo, no que todo sea barbarie, no que todo sea fascismo, sino que el campo, la barbarie o el fascismo acompañan a la civilización occidental y la amenazan desde dentro. Occidente se ha defendido de esta situación explosiva permitiendo dos lecturas de la historia que eran aceptables mientras se sobreentendiera que no tenían relación, que no se coimplicaban. Por un lado, el discurso oficial, mayoritario, canónico y políticamente correcto, en clave de progreso; por otro, el minoritario, marginal y deficitario desde el punto de vista racional, en clave subversiva. Eso es lo que cuestiona la mirada del oprimido: él sí sabe que hay una relación entre ellos y por eso inventa la política. Desde su punto de vista, la creación de la política es conflictiva porque el *demos* nace a lo público con unas pretensiones que llevan consigo alterar las reglas del juego existentes. Su gran apuesta, su peligrosa provocación, es que su planteamiento es universal, que él representa los intereses de la comunidad, que la racionalidad, la verdad o la bondad están en el margen. Ésta es una respuesta política, siempre y cuando aceptemos que el sentido de la política desborda constantemente los límites de lo políticamente correcto.

3

LA MEMORIA DE AUSCHWITZ

El campo al que se refiere Agamben, como lugar simbólico de la política moderna, es algo más que una figura literaria. El campo, en efecto, tuvo lugar y ese hecho afecta sustancialmente a la reflexión que nos ocupa. No es lo mismo hablar del campo como posibilidad situada en el horizonte que como facticidad que tenemos a nuestras espaldas; no es lo mismo considerar el estado de excepción como una pieza del engranaje de la política conocida que tener tras de nosotros a Auschwitz. Se especulaba con la posibilidad de un estado de excepción y lo que ha tenido lugar es Auschwitz que es un campo de concentración y mucho más. Lo acontecido no es la confirmación de una hipótesis, sino un hecho singular que no debe reducirse a realización de una hipótesis, sino a un acontecimiento que funda la reflexión. Cuando Levi dice que no podemos comprender Auschwitz, aunque sí debemos conocerlo, está dando a entender la diferencia entre confirmación de una hipótesis predecible y el acontecimiento de algo impensable.

Ese hiato entre previsión y acontecimiento, entre campo de concentración y Auschwitz, significa que no podemos considerar Auschwitz como el caso singular de una teoría sino como algo impensable por la teoría y, por tanto, algo que da que pensar por sí mismo. Lo impensable del acontecimiento para la teoría es lo que al mismo tiempo constituye a Auschwitz como acontecimiento que inaugura una reflexión. Propia de esta reflexión es la referencia a un acontecimiento que está tras de nosotros, que ya ha sido y que, precisamente por eso, por su carácter fontanal que ya ha tenido lugar, es objeto de memoria. La memoria surge del hiato entre incomprensibilidad y conocimiento y es la categoría adecuada al carácter inaugural, originario, del acontecimiento. Si Auschwitz es lo que da que pensar, lo es debido a la presencia constante en nuestro presente de un acto pasado que está presente a la razón gracias a la memoria.

I. EL NUEVO IMPERATIVO CATEGÓRICO SEGÚN ADORNO

Adorno ha expresado el momento inaugural de Auschwitz con la propuesta de un nuevo imperativo categórico que reza así:

> Hitler ha impuesto a los hombres un nuevo imperativo categórico para su actual estado de esclavitud: el de orientar su pensamiento y su acción de modo que Auschwitz no se repita, que no vuelva a ocurrir nada semejante (GS 6, 358 / DN 365; cf. GS 10/2, 675[1]).

Formular un nuevo imperativo categórico no es cosa baladí. Quien lo proponga tiene ante sí la ingente tarea de fundamentarlo. Lo sorprendente es la osadía de Adorno al decir que intentarlo ofende. Ante la monstruosidad de lo ocurrido dedicarse a fundamentarlo tendría algo de inhumano pues supondría negar lo evidente: nadie puede poner en duda que la primera de todas las exigencias morales es que aquello no se repita. La preocupación por el fundamento era comprensible en el caso del viejo imperativo categórico pues se partía de un contexto racional y había que dar razones para que la propuesta moral fuera aceptable por todos. El contexto del nuevo, sin embargo, no es el gabinete del filósofo ilustrado, sino la brutal experiencia de inhumanidad que supuso el campo. Que no se repita Auschwitz significa, de entrada, no perderlo de vista, es decir, recordarlo, por eso el nuevo imperativo es, como bien señala J. B. Metz, el deber de recordar o, si se prefiere, la concepción moral del recuerdo[2]. Adorno no dice que el nuevo imperativo consista en recor-

---

1. Las referencias a Adorno remiten a sus *Gesammelte Schriften* (en adelante GS), Suhrkamp, Frankfurt a.M., 1973. Citamos *Dialéctica negativa* (DN) por su traducción castellana de J. M. Ripalda, Taurus, Madrid, 1984. Ver también Adorno, «Erziehung nach Auschwitz» (GS 10/2, 675; trad. española «Educación después de Auschwitz», en Adorno, 1988, 79).

2. «El destino judío debe ser recordado moralmente porque corre el peligro de serlo sólo históricamente» (Cogon y Metz, 1979, 122). Hay quien, como P. Ricoeur (1998, 20), prefiere hablar de *travail de mémoire*, en lugar de un *devoir de mémoire* para dar a entender que no se puede imponer por adelantado ese relato final que es lo que la memoria de cada cual recuerda. Pero se puede plantear el deber de recordar sin que se prejuzgue el fruto del recuerdo. Cf. también Ricoeur, 2003.

dar para que no se repita, eso es lo que todo el mundo ha entendido. ¿Es así?

El imperativo categórico es una construcción kantiana que Adorno hace suya cambiando el contenido. En Kant ese concepto es un momento de la razón práctica, es decir, de la ética. En Adorno, sin embargo, forma parte de la metafísica, precisamente en el apartado que lleva por título *Metafísica después de Auschwitz*. El mal en el mundo convoca no sólo al individuo, sino a la especie; no sólo a la filosofía moral, sino a la metafísica, porque lo que está en juego no es sólo el ser bueno, sino el ser hombre. El lugar de la metafísica es la miseria de la existencia física y no el saber absoluto del Espíritu universal. Estamos ante una ética que es filosofía primera porque «dejar hablar al sufrimiento es la condición de toda verdad» (Adorno GS 6, 29 / DN 27). La negación del sufrimiento es el lugar de la verdad. Y, otra diferencia: Kant concibe a la humanidad como una comunidad de sujetos morales, de ahí que esté regida por el principio de la igualdad en la dignidad, igualdad que expresa la primera formulación del imperativo categórico, prohibiendo concebirse a uno mismo como excepción a la regla, y, en la segunda, prohibiéndose utilizar a los otros como medios para los propios fines. Hay en Kant la preocupación de poner coto a una subjetividad que acaba de tomar posesión de la gestión del mundo en nombre de su autonomía. El punto de partida de Adorno, por el contrario, es la experiencia de destrucción de la humanidad que simboliza Auschwitz. Lo primordial de una ética no es diseñar una autopista para el bien o crear una comunidad de gente buena, sino crear municiones contra el mal, es decir, impedir que la humanidad se destruya; el objeto no es responder a la pregunta por qué ser bueno sino evitar que el hombre se autoaniquile, y esto no por razones estratégicas, sino epistémicas, porque «no podemos saber qué son el bien absoluto, la norma absoluta o incluso qué son el ser humano, o lo humano, y la humanidad, pero sabemos perfectamente qué es lo inhumano» (Adorno, *Probleme der Moralphilosophie*, GS 10, 254)[3]. O, dicho, más claramente: el nuevo imperativo categórico, a diferencia del kantiano, nace bajo el signo de la negatividad.

---

3. Es Wiesel quien escribe: «Hemos descubierto el mal absoluto, pero no el bien absoluto». Y esa constatación le plantea un gran problema al recordar Auschwitz a las nuevas generaciones: «¿Qué hacer para decirles que le ha sido dado al hombre, a pesar de todo, la sed de absoluto por el bien y no sólo por el mal?» (en Semprún y Wiesel, 1995, 19).

Si nos preguntamos por qué, habría que hacer un balance del esfuerzo filosófico empeñado en definir en positivo lo que sea el bien o la universalidad. El resultado es desconsolador pues lo universal ha acabado siendo particular y lo positivo, impositivo o irracional. Apuntando a las formulaciones positivas del viejo imperativo categórico, Adorno dice de él que ha hecho de la ley moral «algo racional e irracional» (GS 6, 258 / DN 259-260). Racional, porque obedece a una lógica racional: si la ley moral es racional, en cuanto universal, el imperativo categórico hace gala de una evidente universalidad, aunque sea abstracta; pero también es irracional, por dos razones: porque esa universalidad es de hecho muy particular (es lo que el sujeto se imagine que es universal) y porque no hay modo, con esa lógica, de saber si lo que afirmamos como ley moral es realmente universal o el fruto de nuestros intereses.

Sólo se puede afirmar positivamente en qué consiste el bien o la ley moral al precio de la abstracción, esto es, al precio de no sentirse presionado por la realidad, de ahí esa impasividad o frialdad que Adorno no cesa de denunciar. Contra esa frialdad de la ética abstracta está escrito *Minima moralia*[4]. Lo que ahí se dice es que la ética como la justicia surgen como respuesta a injusticias concretas, a una experiencia del mal. El nuevo imperativo categórico nace de un Auschwitz, es decir, de un lugar y tiempo determinado y negativo.

Pero ¿puede ser Auschwitz universal? El que el viejo imperativo categórico naciera de un juicio racional se debía a la preocupación filosófica de dar un fundamento universal a la ética, de suerte que cualquier ser racional pudiera hacerla suya. Ahora bien, si colocamos el punto de partida de la moral en algo tan propio como la experiencia de injusticia ¿cómo implicar en ella a los demás? ¿Cómo hacerles ver qué tengo derecho a la justicia? ¿cómo explicar que Auschwitz puede destronar a la *Crítica de la razón práctica*? Adorno responde sin miramientos que querer fundamentar la exigencia de que Auschwitz no se repita «tendría algo de monstruoso ante la monstruosidad de lo sucedido» (Adorno, 1998, 79 / GS 10/2, 675)[5]. El que no se pueda fundamentar no significa, empero, que sea irracional. Late ahí una cultura materialista de la ética, compartida con

---

4. «En la bondad indiscriminada respecto a todos nace también la frialdad y el desentendimiento respecto a cada uno, comunicándose así a la totalidad» (GS 4, 85 / Adorno, 1999, 75).

5. Y en DN, 365 (GS 6, 358) escribe: «Este imperativo es tan reacio a toda fundamentación como lo fue el carácter fáctico del imperativo categórico kantiano. Tratarlo discursivamente sería un crimen».

Horkheimer, que aclara por qué resulta monstruoso no ver que la tarea inminente de la humanidad es impedir la autodestrucción, «la moral no sobrevive más que en el materialismo sin tapujos» (Adorno DN 365 / GS 6, 358). De acuerdo con esa cultura materialista, la ética nace de sentimientos morales, en particular del sentimiento de indignación ante la injusticia y de compasión con la víctima. Quizá esto ha sido siempre así, aunque los filósofos se hayan empañado en ignorarlo; por eso lo llamativo es el desprecio filosófico por el sufrimiento a la hora de pensar la verdad y la moral. El recuerdo del horror obliga a traducir grandes lugares filosóficos, tales como amor espiritual o amor intelectual, en términos de odio al mal, a lo falso, al sufrimiento, a la injusticia. Adorno coloca en medio de su filosofía al sufrimiento de suerte que no se podrán ya visitar los grandes lugares filosóficos sin fijarse en la importancia que en ellos se concede al significado del sufrimiento. Preguntarse por qué haya que dar prioridad a la defensa de los inocentes, después de lo ocurrido, es inexplicable.

La negatividad adorniana es, en segundo lugar, materialista porque es política, es decir, no se sustancia en el rechazo de la abstracción o del sufrimiento, sino en su destrucción: que no se repita. Y si eso es así es lógico pensar que la ética consiguiente no se va a contentar con hacer un repertorio de males del mundo: es decir, el ser bueno no es asunto de la deontología que explica la ética, sino que es hacerse cargo del cuerpo, del sufrimiento real de los individuos, de suerte que en ese empeño el hombre se juega su humanidad.

No podemos explicar el valor fundante del sufrimiento, ejemplificado y ejemplarizado en Auschwitz, pero sí podemos preguntarnos por ese sufrimiento: ¿qué significa Auschwitz? ¿es un momento más de ese sufrimiento, lo que nos llevaría a entenderlo como el símbolo moderno del sufrimiento o es un momento singular del mismo, un grado desconocido de la maldad humana que rompería la forma conocida de aproximarnos al mal? Adorno da a entender las dos cosas: que Auschwitz es singular, de ahí su lugar en el nuevo imperativo categórico, y, al mismo tiempo, que hay que tomarlo como un ejemplo de la significación filosófica del sufrimiento, significación despreciada por la metafísica canónica. El sufrimiento, el daño, el mal histórico, constituyen, pues, el punto de partida del nuevo imperativo moral.

Si Adorno descarta, por un lado, la posibilidad de una fundamentación de su imperativo categórico porque no hay que explicar por qué la barbarie es vitanda, lo que sí admite es profundizar en el mal que identifica con Auschwitz. Al llegar a este punto es obligado remitirse a las reflexiones de Hanna Arendt sobre el particular.

II. DEL MAL RADICAL A LA BANALIDAD DEL MAL

Hanna Arendt acuñó la expresión de «banalidad del mal», pero después de haber hablado y escrito abundantemente del «mal radical». Si seguimos el itinerario cruzado de esas dos categorías podremos aproximarnos al tipo de mal que significa, en opinión de Arendt, el sufrimiento de Auschwitz. Es en *Eichmann en Jerusalén* donde Arendt emplea la expresión de «banalidad del mal», abandonando la de «mal radical», lo que provocó una airada respuesta de Scholem[6] que ve cómo un eslogan publicitario ocupa el lugar de un concienzudo análisis. Arendt le responde que sí, que «he cambiado de opinión y ya no hablo de mal radical» (Bernstein, 2000, 237) y le repite los argumentos que avalan su cambio de opinión: que sólo el bien puede ser radical; el mal no posee profundidad ni dimensiones demoníacas; por eso escapa al pensamiento, siempre en busca de profundidades. Nada de eso significa rebajar su gravedad o su peligrosidad, «puede extenderse sobre el mundo entero y echarlo a perder precisamente porque es como un hongo que invade las superficies» (Bernstein, 2000, 237).

Llama la atención que sea en el momento en que Arendt reconoce la singularidad de Auschwitz cuando recurre a la expresión «banalidad del mal», mientras que cuando cifraba la novedad de la barbarie con el término de totalitarismo (en el que cabían el fascismo y el estalinismo), se atenía a la más rigurosa expresión de «mal radical». Eso nos obliga a preguntarnos en qué consiste el cambio de opinión. «Mal radical» es una expresión kantiana que hay que entenderla como contrapuesta a «mal demoníaco». El mal radical supone tomarse el mal por el bien[7], error o perversión muy a la altura

---

6. «De aquel mal radical sobre el cual su análisis de entonces aportaba una sabiduría tan elocuente y erudita, nada queda salvo este eslogan de ahora» (cit. por Bernstein, 2000, 237).

7. «Es por todo eso que a dicha propensión podemos llamarla una propensión natural al mal, y, dado que ésta habrá de ser siempre culpable, la denominaremos en la naturaleza humana un mal radical e innato (lo cual no impide que nos lo hayamos acarreado nosotros mismos» (I. Kant [1956], *Die Religion innerhalb der Grenzen der blossen Vernunft*, Felix Meiner, Frankfurt a.M., 1956, p. 33; trad. española *La religión dentro de los límites de la sola razón*, Zeus, Barcelona, 1972, p. 224). Arendt critica a Kant quien, habiendo acuñado el término, lo descarte como posible, salvo que se presente bajo la forma de una «mala voluntad pervertida» (Arendt, 1987, II, 680).

del hombre; el mal demoníaco, sin embargo, consiste en querer el mal por el mal, algo que va contra la propia naturaleza humana[8]. Lo que hace Arendt es contravenir esa generosa convicción antropológica kantiana colocando bajo la figura del mal radical también la idea de hacer el mal por el mal. Cuando los nazis declaran al hombre superfluo[9] y deciden destruir al hombre judío, porque es judío, están haciendo del mal el principio de su deber. Y eso ¿en qué consiste? Arendt da vueltas en torno al concepto de superfluidad, señalando distintos elementos. No se trata de utilizar al ser humano sino de inutilizarle como ser humano[10], negándole lo que hace emerger la humanidad del hombre: la espontaneidad, la capacidad de tener un proyecto propio de vida. En otro momento hablará de abandono, esto es, de sentirse excluido de la comunidad de hombres, sin pertenencia, sin nadie que te reclame, ni proteste, ni te extrañe (Bernstein, 2000, 244). En el apartado «Dominación total» entiende la superfluidad de la existencia humana como el final de un proceso que pasa por la muerte jurídica del ser humano (el ser humano deja de ser sujeto de derecho alguno), la muerte moral (declarando al hombre *homo sacer* al que cualquiera puede matar sin que su muerte tenga valor sacrificial alguno), hasta llegar a la destrucción física[11]. Lo que es importante para nuestro propósito es señalar que el mal radical no consistiría en el sufrimiento, siempre presente y siempre excesivo, ni en el número de víctimas, sino en el atentado a la humanidad del hombre. Aunque los judíos fueran asesinados como judíos, quien salió dañada fue la humanidad, la del hombre y la de la especie.

El mal radical hay que entenderlo por tanto como un atentado a la estructura ética de la especie, estructura de la que ha dependido el ser moral que hemos conocido. El totalitarismo hizo que lo que

---

8. I. Kant, *op. cit.*, p. 37; trad. castellana cit., p. 226.

9. «Podemos decir que el mal radical ha emergido en relación con un sistema en el que todos los hombres se han tornado igualmente superfluos» (Arendt, 1987, II, 681). Bernstein insiste en este punto que rastrea en distintos documentos de Arendt, particularmente en su correspondencia con Jaspers (Bernstein, 2000, 240).

10. «Hacer que los seres humanos sean superfluos como seres humanos, no usarlos como medio para conseguir algo, lo cual deja intacta su esencia como seres humanos y solamente incide en su dignidad humana, sino hacerlos superfluos como seres humanos» (Bernstein, 2000, 241).

11. Ése es el tema de este apartado del que dice: «tras el asesinato de la persona moral y el aniquilamiento de la persona jurídica, la destrucción de la individualidad casi siempre tiene éxito» (1987, II, 674). Lo que Arendt no considera en ese análisis es que la liquidación metafísica del judío había comenzado mucho antes de que surgiera el fenómeno moderno del totalitarismo.

parecía imposible e intocable fuera hecho posible; si hubo un tiempo en que la imaginación de todo lo que el hombre era capaz de hacer estaba limitada por el principio de que había reglas o zonas intocables porque eran necesarias para la existencia humana, ahora resulta que no hay límites a la acción del hombre porque lo bueno y necesario es la activación de esas posibilidades, sean buenas o malas.

Este planteamiento cambia radicalmente en *Eichmann en Jerusalén*. Ahí pasa de la radicalidad del mal a la banalidad del mal. No hay que buscar raíces profundas al mal. Si para llegar a Auschwitz hubiera que bajar previamente a profundidades insondables de la perversión no se explicaría la magnitud del horror nazi pues éste utilizó resortes muy a la mano y necesitó la complicidad de lo más cotidiano. La expresión «banalidad del mal» no pretende rebajar la maldad del crimen, sino explicar su magnitud sin caer en las exculpaciones. La intuición de Arendt es investigar la relación entre el hombre normal y el hombre criminal. A esa relación es a lo que ella llama «banalidad del mal».

¿Qué hay que entender por ello? Una situación moral del hombre «más allá del bien moral». El sujeto de la (in)moralidad de Auschwitz es alguien para quien el ser bueno o malo escapa a un juicio externo u objetivo que pretendiera limitar la activación del propio poder. Lo bueno es la activación del poder; esa activación está próxima de la eficacia si entendemos por eficacia no sólo conseguir el objetivo previsto sino el despliegue ilimitado de la propia potencia. Esos dos conceptos de eficacia van íntimamente unidos; puede que al alemán de a pie le bastara con cumplir con su deber y hacer que su pequeña responsabilidad en la organización del campo estuviera bien cubierta, pero para que el sistema funcionara debía confiar en la ideología del sistema; debía por tanto someter los problemas de conciencia derivados de su acción a la bondad de un sistema dotado de una moralidad propia y superior.

El despliegue de la susodicha potencia puede tener como teatro de realización la producción industrial o la organización política, pero su escenario natural es el tratamiento industrial de la vida como muerte pues es ahí donde se pone claramente de manifiesto que la acción está «más allá de la vida y de la muerte». Auschwitz es una producción industrial de la muerte. Lo que llama la atención en la organización de los campos de exterminio no es la técnica empleada (la tecnología de los hornos crematorios o de las cámaras de gas es irrisoria), ni la organización del campo (que no supera la de cualquier gran empresa), sino la frialdad con la que la fábrica es destinada a producir muerte en vez de tornillos[12]. Esa enorme maquinaria sólo podía funcionar si cada agente del campo se sentía identificado «con la filosofía de la empresa», filosofía consistente en valorar la bondad del sistema en función de la eficacia.

La clave del sistema concentracionario reside en la complicidad de la vida cotidiana con el crimen, entendiendo por vida cotidiana la confianza en la eficacia, en su doble sentido.

La gran revelación de Auschwitz sería que se puede pasar de la normalidad al crimen, de la organización industrial convencional a una fábrica de muerte con sólo activar un mecanismo muy presente en la estructura humana que consiste en someter el bien y el mal a la activación del poder. En situarse moralmente «más allá del mal y del bien».

Arendt se niega a tratar Auschwitz como un mal demoníaco porque eso remite a motivaciones malvadas (resentimiento, como el de Ricardo III; envidia, como la de Caín; odio, como el de Yago; codicia, raíz de todos los males, etc.) que para nada explican la gravedad de lo ocurrido; en todas esas motivaciones hay un resto de humanidad del que carecía la política nazi[13]. Pero eso no significa que Arendt se resigne a tratar ese horror singular como un crimen normal, por muy monstruoso que fuera. Mucho más letal que todos los instintos perversos reunidos era «ese alejamiento de la realidad y esa irreflexividad» de Eichmann y de todos los Eichmann. Años después escribiría:

> Llamó mi atención una superficialidad manifiesta en el artífice que hacía imposible rastrear la maldad incontestable de sus acciones hasta un nivel más profundo de motivaciones u orígenes. Las acciones eran monstruosas, pero su artífice —al menos el artífice material que se estaba juzgando— era bastante ordinario, vulgar y no resultaba monstruoso ni demoníaco (cit. por Bernstein, 2000, 252).

En eso consiste la banalidad del mal: en buscar la explicación de lo corrido en la complicidad entre el ser normal y el ser criminal.

---

12. La frialdad, tan característica del sistema concentracionario nazi, no debe entenderse en el sentido de que el agente SS actuara sin sentimientos. Al contrario. El historiador Carlo Pezxeti nos contaba, al pie de la Judenrampe de Auschwitz-Birkenau, que un buen día llegó hasta ese lugar un convoy procedente de Roma. En el camino había nacido un niño con lo que no cuadraba el número de llegados con el número del informe de salida. Para que cuadraran las cuentas, un SS estrelló al recien nacido contra la pared.

13. Otra razón para desechar el tratamiento demoníaco del nazismo es por el peligro de convertirlo en destino trágico, en mito o leyenda, de la que quede ausente la culpabilidad humana.

De lo dicho se desprende que no hay contradicción entre «el mal radical» de *Los orígenes del totalitarismo* y «la banalidad del mal» de *Eichmann en Jerusalén*, todo lo más, como señala Bernstein (2000, 253), un desplazamiento del contenido del mal que si primero fue la superfluidad, luego sería la irreflexibilidad. Ese desplazamiento no hay que verlo como una sustitución, sino como un proceso, como si tras el juicio de Eichamnn Arendt se preguntara cómo explicar que personas normales pudieran, en determinadas circunstancias, cometer acciones monstruosas, cómo gente sencilla y respetable podía pasar casi sin esfuerzo del «no matarás» bíblico a matar por deber en nombre de la raza[14]. El mal se expresa en esa falta de juicio, en ese modo de pensar capaz de generar conocimientos pero incapaz de distinguir entre lo bueno y lo malo.

Resulta interesante señalar que Zizek apoya esa teoría de Bernstein, aunque desde otros parámetros. Según él no habría que asustarse ante el momento de depravación que según Kant acompaña al mal radical[15] (y que Arendt descarta como explicación de la barbarie nazi, por insuficiente) porque, desde la perspectiva lacaniana, ese tipo de calificativos, como el de «perversos sádicos», no significa que alguien disfrute del dolor ajeno, sino que alguien se convierte a sí mismo en instrumento del placer del otro (de Hitler, claro). «El sádico», dice textualmente, «no sería un ser monstruoso, un ejemplar del mal diabólico, sino un burócrata del mal»[16]. Habría, pues, una extraña complicidad entre la perversión del sádico y la banalidad del burócrata del mal[17].

---

14. Eichmann vivió esta situación al revés durante su juicio, en el sentido que «sabía que lo que antes se consideraba como su deber se calificaba ahora como un crimen, y aceptó este nuevo código de juicio como si no fuera más que otra regla de lenguaje distinta» (cit. por Bernstein, 2001, 38).

15. «La maldad (*vitiositas, pravitas*) —o, si se prefiere, la corrupción (*corruptio*)— del corazón humano es la propensión del albedrío a máximas que supeditan el móvil fundado en la ley moral a otros móviles (no morales)» (I. Kant, *op. cit.*, p. 30; trad. española cit., p. 221).

16. «Para Lacan el perverso sádico no es una figura patológica del mal demoníaco, sino un total despersonalizado burócrata del mal, una pura ayuda complementaria en cuya personalidad no hay profundidad psicológica alguna, ningún complejo entramado de motivos traumáticos» (Zizek, Internet, 8).

17. Nota que Zizek se aleja tanto de la tesis que endosa al imperativo categórico kantiano la barbarie nazi, como de la de quienes interpretan esa barbarie como el paso del mal radical al mal demoníaco. Eichmann, pese a sus confesos fervores kantianos, no actuaba en nombre del deber, sino por el bien de su patria que era el mayor bien imaginable para un nazi. No hay ahí rastro del formalismo kantiano y sí el dictado de un antiformalismo que podría formularse así: «obra siempre por el bien de tu patria, incluso en el caso de que tengas que cometer actos que repugnan al concep-

Adorno no habla de acontecimiento, ni de revelación de Auschwitz, sino, más discretamente, de que ahí se pone de manifiesto, de una forma eminente, una lógica que viene de atrás, es decir, que ya estaba inventada. Su tarea consiste en rastrear esa historia para poner en evidencia la lógica letal, por eso se remonta al Idealismo alemán y descubre en él el primer gran atraco a la distinción, arduamente elaborada por la civilización occidental, entre mal y bien, gracias al principio de identidad.

El Idealismo alemán, en efecto, se encuentra frente a dos lecturas del mal: por un lado, un mal radical, producto de una perversión humana (perversión tan poco excepcional que casi tiene el calificativo de natural) que toma al mal por el bien y, por otro, ese mal que consistiría en querer el mal por el mal, volición que casa mal con la antropología conocida. El Idealismo alemán representa el esfuerzo de aunar ambas concepciones en una identidad especulativa. En el concepto de «subjetividad absoluta» se dan cita los dos momentos. El idealismo afirma, por un lado, la pura negatividad del mal, el mal como límite infranqueable al poder metabolizador de la subjetividad absoluta que podría transformar todo lo existente en positividad, menos el mal. La subjetividad absoluta del idealismo de la mediación sin límites se declararía el bien ajeno a todo mal, incapaz de ver nada positivo bajo ese mal cuya sola presencia amenaza con destruir a la propia razón; es lo contrario del mal. Pero, por otro, ese mismo idealismo sostiene que la subjetividad absoluta es al mismo tiempo la subjetividad que ignora cualquier absoluto que no sea ella misma y, por tanto, rechaza el carácter absoluto del mal, de suerte que se enfrenta al mal con la confianza de someterle y metabolizarle en bien o, dicho de otra manera, la subjetividad absoluta también puede ser el terror aniquilador que confía por ese medio en transformar el mal en bien.

La crítica conservadora comprendió enseguida qué se quería decir con ese intento de aunar bien con mal, de presentar la subjetividad absoluta como el mal inmetabolizable y como el bien transfor-

---

to abstracto de deber moral; el hecho de que tengas que cometer ese asesinato es la prueba extrema de tu entrega al bien de tu patria».

Tomás Valladolid, autor de la tesis doctoral *Democracia y pensamiento judío: de Habermas a Benjamin, caminos de intencionalidad práctica* (Universidad de Huelva, 2003), me señala acertadamente que sería un error «confundir la abstracta universalidad de la humanidad con la universalidad de la raza: no es bueno confundir la libertad que se reprime a sí misma con una libertad que se autoliquida. Por eso Adorno, corrigiendo a Kant, ofrece la moral del *buen animal* mientras que el nacionalsocialismo ofertó la moral del *puro animal*».

mador de todo lo malo en bien. Esa síntesis imposible es lo que pretendía, a sus ojos, la Revolución francesa que, por un lado, se presenta como un proyecto dominado por el ideal de bien y progreso para la humanidad y, por otro, como puro terror, como desencadenamiento de una furia jamás conocida contra todos aquellos que se nieguen a ser buenos o a ser felices. Aquí la subjetividad absoluta (la Revolución) se presenta como bien y mal o, si se prefiere, el mal se presenta como un principio ético, con lo que se borran las fronteras entre el mal y el bien. El «mal ético», nacido del bien que representa la Revolución francesa, es mucho peor que el mal radical nacido de las propias bajezas.

Arendt rechazaría este planteamiento porque para ella el criminal nazi no respondía a la figura de la bajeza moral ni tampoco al de la heroicidad del idealista. Adorno, sin embargo, más centrado en la figura del crimen —de Auschwitz— que en la del criminal, lo entiende bien[18], cuando escribe:

> El que en los campos de concentración no sólo muriese el individuo, sino el ejemplar de una especie, tiene que afectar también a la muerte de los que escaparon a esa medida. El genocidio es la integración absoluta que cuece en todas partes donde los hombres son homogeneizados, pulidos —como se decía en el ejército— hasta ser borrados literalmente del mapa como anomalías del concepto de su nulidad total y absoluta. Auschwitz confirma la teoría filosófica que equipara la pura identidad con la muerte (DN 362).

La pura identidad disuelve las diferencias, pule a la humanidad de todas sus diferencias, aunque sea al precio del genocidio. Común al idealismo y al principio de identidad es identificar el ser, con el pensar con lo que lo real es verdadero y lo verdadero real. Lo que se esconde tras esa aparente concordia es el sometimiento del hombre y de la naturaleza[19], al precio de disolver y difuminar toda diferencia y pluralidad. El hombre y la naturaleza se convierten en títeres del concepto abstracto cuando el hombre y la naturaleza son desprovistas de sus diferencias. Nada extraño entonces que la razón no encuentre en la realidad más que lo que ella pone[20].

---

18. No pretendo decir que Arendt derive sus análisis hacia las turbias aguas de la psicologización del criminal. Está claro que a ella no le interesa analizar a las personas sino los argumentos de las personas.

19. «Ese principio de identidad no es en el fondo más que la pretensión absoluta de dominio sobre la naturaleza humana y extrahumana» (Adorno, *Philosophische Terminologie*, GS 23, 184).

20. «Der Begriff an sich hypostasiert...sei, was lediglich denkpraktisch postuliert wird» (Adorno, GS 6, 156 / DN 157).

La debilidad de este planteamiento es que basta una brizna de realidad que no entre en el concepto abstracto para desacreditar todo el principio de identidad[21]. Que existe ese resto, desechado por el concepto, es algo indiscutible para el idealismo: lo singular, lo contingente, lo fracasado. De eso se ocupa su *Minima moralia*. Lo nuevo de Adorno es reconocer que lo no idéntico es significativo. De ello se va a encargar la dialéctica, que va a plantar cara al principio de identidad abogando por el significado de la pobreza, del sufrimiento y de la muerte, manteniendo su irreductibilidad, sin permitir que ese resto sea devorado por identidad alguna, ya sea el progreso o la historia o el sentido del Todo. Hemos visto cómo, para Rosenzweig, el idealismo acababa en totalitarismo porque al identificar ser con pensar, reducía la pluralidad del mundo a la unidad del pensar. Adorno, por su parte, declara que «el Todo es lo no verdadero» (GS 4, 55 / MM 48) porque el Todo es un concepto único que no puede abarcar las diferenciaciones de la realidad.

Y eso es Auschwitz para Adorno: el lugar en que el principio de identidad o el idealismo se expresan como muerte. La diferencia entre Arendt y Adorno es que para aquélla el mal, en su faceta de radicalidad o banalidad, se reveló en Auschwitz, mientras que para Adorno en Auschwitz se hizo visible de una manera eminente la lógica que venía funcionando ya antes:

> Es innegable que los martirios y humillaciones, jamás experimentados antes, de los que fueron transportados en vagones para ganado, arrojan una intensa y mortal luz sobre aquel remoto pasado, en cuya violencia obtusa y no planificada estaba ya teleológicamente implícita la violencia científicamente concebida (GS 4, 150 / MM 237).

Observemos detenidamente la frase adorniana: por un lado, habla de un daño jamás experimentado antes, y, por otro, de una experiencia que puede iluminar todo ese proceso de violencia que le ha precedido. Lo que importa, pues, es reconocer lo que esa nueva luz pone al descubierto en la historia del sufrimiento que acompaña al principio de identidad, pero que había quedado camuflado hasta ese momento. El secreto ocultado por el pensamiento occidental es la *historia passionis* de la parte triunfadora. «De ese recuerdo depende que la opresión siga o cese» (Zamora, 1994, 414). Pero, ¿por qué

---

21. «Der geringste Rest von Nichtidentität genügte, die Identität, total ihrem Begriff nach, zu dementieren» (Adorno, GS 6, 33 / DN 30).

apelar aquí a la memoria como categoría capaz de interrumpir la violencia? Parecería más lógico invocar otra estrategia, la de detectar y anular, por ejemplo, las causas que llevaron al genocidio. No es que se desprecie esa estrategia[22], lo que se dice es que todo pasa por la memoria. Pero memoria ¿de qué?

Para entender esta invocación a la memoria hay que detenerse un momento en esa realidad presente, triunfadora, que hace valer su presencia como realidad única al precio de disimular la *historia passionis* subyacente. Llamamos real a lo que está presente; lo que se ha perdido en el camino o ha sido reducido a escombros no vale, no significa, no forma parte de la realidad. Esa parte de la historia es tratada como ruinas, es decir, como algo natural —una «segunda naturaleza», dirá Adorno, siguiendo a Lukács— ajeno a la voluntad del hombre. Pero esas ruinas no son naturaleza, sino historia. Y ese elemento histórico, sin el que no se explica nada, pero cuidadosamente velado por el pensamiento, es el sufrimiento humano, «la expresión de lo histórico en las cosas no es otra cosa que (la expresión) del sufrimiento pasado» (GS 4, 55 / MM, 47).

La memoria de Auschwitz no es el recuerdo en bruto de ese acontecimiento sino la visión de la realidad con la mirada de la víctima que nos avisa que toda cosificación, esa manía de ver el presente como casi natural, supone un grave olvido. Adorno hace suyo en este punto el análisis benjaminiano del alegorista que mira el presente y descubre esa parte oscura de la realidad que el drama barroco representa en el escenario por medio de las ruinas (Benjamin, GS I, 434). Si no se reduce lo que ha sido a lo que es, si se consigue entender que lo histórico no es una especie de naturaleza añadida, entonces lo que fue posible y fracasó aparece como la única novedad posible. Y ese posible no cumplido sólo puede ser traído al presente por la memoria pues «el recuerdo apunta a la salvación de lo posible, pero no llegado a realizar» (Adorno, GS 18, 235). La memoria de Auschwitz tiene la tarea de impedir que la historia se repita recogiendo las esperanzas frustradas de los que han quedado arrumbados en las cunetas de la historia.

---

22. «Que el fascismo sobreviva; que la tan repetida elaboración del pasado no se consiga y todo quede en imagen deformada de un olvido frío y vacío, se debe a que siguen vigentes las condiciones que hicieron posible el fascismo (Adorno, *Eingriffe*, GS 10/2, 566).

III. ENTRE LA NECESIDAD DE CONOCER Y LA IMPOSIBILIDAD DE COMPRENDER

La intencionalidad práctica del nuevo imperativo categórico coloca a la memoria ante una la responsabilidad de hacer presente Auschwitz para impedir que la historia se repita. Medio siglo después de que la memoria fuera convocada a esta hercúlea tarea, tenemos que reconocer que la barbarie ha vuelto a repetirse, bien es verdad que bajo otras formas y en otros lugares. La violencia que alumbró el siglo XX, y que tuvo en Auschwitz su punto álgido, no ha cesado de acompañarnos después hasta el punto de que se cuente esta centuria, en su conjunto, como la más violenta de la historia: los genocidios de Camboya y Ruanda, los campos de estupro étnico de serbios contra bosnios, los asesinatos en los gulags bajo el estalinismo o los *desaparecidos* bajo las dictaduras del Cono Sur americano. No se trata en absoluto de comparar tragedias y, por el momento, tampoco de discutir sobre la singularidad del holocausto judío, sino de dejar constancia de que el crimen en masa se ha repetido. Si la barbarie ha vuelto a tener lugar, puede ser debido, según la tesis de Adorno, a que no hemos sabido recordar[23].

Hay que señalar, de entrada, la paradoja que supone agrandar el papel de la memoria y constatar al tiempo su enorme fragilidad. Si concebimos la razón, tal como quiere la Modernidad, como un despliegue en el tiempo de un proyecto de libertad, entonces la memoria se constituye en la categoría «más indispensable de una filosofía que se entiende a sí misma como forma teórica de aquella razón que, como libertad, quiere devenir práctica» (Metz, 1999, 3). Una razón política, que piense lo político como libertad, tiene que ser anamnética. Pero ¿está dispuesta la política a someterse a la autoridad de la memoria? ¿está dispuesta la razón a conformarse desde la memoria? Maurice Halbwachs (1997) ha buceado en la estructura social de la memoria, precisando los mecanismos funcionales. La memoria es social en un doble sentido: como atributo de la colectividad y como referente obligado de la memoria individual en su proceso de socialización. Existe, efectivamente, una memoria colectiva que funciona, por ejemplo, en las representaciones que un pueblo se hace de su historia; y también se necesitan recuerdos heredados para que cada

---

23. Nada ilustra mejor ese olvido que el abandono en que se encuentran campos de exterminio tales como Belzec, Sobibor o Birkenau. Sobre el particular véanse mis «Notas de viaje por los campos de exterminio», en R. Mate, *Por los campos de exterminio*, Anthropos, Barcelona, en prensa.

uno encienda la chispa creativa al contacto con el pasado. Los españoles tenemos del llamado «descubrimiento de América» una serie de imágenes convencionales aprendidas, pero cada español reaccionará de una manera diferente a la vista de la antigua ciudad de Techotitlan, hoy México, en función de las lecturas o imágenes que él haya podido acumular en su memoria. También apunta un elemento más para el funcionamiento de la memoria: la presencia de un oyente que se haga cargo de lo narrado. La memoria conlleva un mensaje que quedaría frustrado de no dar con alguien dispuesto a hacerlo suyo. Los requisitos de toda memoria, también la de Auschwitz, serían convertir ese referente en memoria colectiva, suministrador de la construcción social del sujeto y conseguir herederos para ese relato. ¿Es Auschwitz ese referente colectivo que anima las representaciones individuales, representaciones que luego condicionan las identidades colectivas?

Lo que ocurrió en Alemania en los años ochenta a propósito del *Debate de los historiadores*[24] es harto significativo. Lo que ahí se ventilaba era si la memoria de Auschwitz podía condicionar la identidad alemana contemporánea, es decir, ¿es Auschwitz un acontecimiento epocal o uno más de la tortuosa cadena de la historia? En el primer caso, habría que hablar de un antes y de un después del exterminio judío programado por los nazis; un antes y un después que afectaría a la política, a la filosofía y hasta a la ciencia. Recordemos que en el citado *Debate* se formaron dos campos: los que, como Habermas, pensaban que ese acontecimiento epocal dividía la historia de Alemania en dos de suerte que ya no les estaba permitido a los alemanes una identificación con el conjunto de su historia, es decir, se les prohibía moralmente el patriotismo alemán y sólo les era permitido un «patriotismo de la constitución» (es decir, un patriotismo que se hiciera cargo de las consecuencias de Auschwitz) y los que, en el campo de enfrente, pensaban que Auschwitz había sido un lamentable episodio, una mancha en la brillante historia de un pueblo que, al igual que la de los otros pueblos, no les impedía el orgullo de sentirse alemán. Como se ve, el nudo gordiano del *Debate de los historiadores* era la relación entre patriotismo y Auschwitz. Pese a la superioridad argumental de quienes defendían el patriotismo constitucional, la historia no les hizo ni caso. Toda su posible eficacia política quedó literalmente barrida con la caída del muro de Berlín y por la carrera de la clase política alema-

---

24. Para una valoración del ese debate y para una información bibliográfica, remito a Mate, 1991, 176-184.

na en pos de una reunificación que nada quería saber de responsabilidades pasadas[25].

Antes de dar por definitiva la debilidad de la memoria convendría detenerse en ella para profundizar en la comprensión de la razón anamnética, sin renunciar a revisar el nuevo imperativo categórico. Como ya hemos dicho la memoria nace de la hendidura situada entre el conocimiento de un acontecimiento y su incomprensión. De Auschwitz, por ejemplo, podemos saber mucho, pero en el fondo se nos escapa porque tiene un fondo que no fue pensado y que, al haber tenido lugar, es lo que da que pensar, gracias a la memoria del acontecimiento que lo trae a nuestra presencia. Tan débil sería una memoria sin conocimientos, como con conocimientos.

De Auschwitz podemos conocer y conocemos mucho. Este conocimiento es de dos tipos: uno es *a posteriori* y consiste en identificar las causas y agentes que llevaron a esa catástrofe tal y como hacen, por ejemplo, los historiadores; el otro es *a priori* y consiste en repasar los análisis o advertencias de quienes detectaron antes de la catástrofe la carga letal que llevaba consigo la lógica de aquellos tiempos. Común a una y otra modalidad es que no nos permiten comprender lo que realmente tuvo lugar, sea porque las causas aducidas por el conocimiento *a posteriori* pueden ser causas necesarias pero no suficientes, sea porque el tipo de mal detectado por el conocimiento *a priori* quedó fatalmente desbordado por lo que realmente tuvo lugar. Esta insuficiencia del conocimiento es lo que permite hablar de Auschwitz como lo impensado por la razón y, por tanto, lo que da que pensar.

En vistas al cumplimiento del nuevo imperativo categórico esa distinción es capital pero no porque la incomprensibilidad de Auschwitz reduzca a la insignificancia el conocimiento que podamos tener de aquello, sino porque ese momento fundante de Auschwitz sólo aparece cuando hemos agotado, nos hemos apropiado y dominado el arsenal de información que nos proporciona el conocimiento.

---

25. Pero quizá donde mejor queda reflejada la debilidad de la memoria es en la recepción hispana del «patriotismo constitucional». Aquí los defensores del nacionalismo de Estado (los españoles) rescataron el tema para blandirlo contra los nacionalismos nacionales (catalanes o vascos), sin el menor rastro de Auschwitz.
Como prueba del no-lugar de Auschwitz en la reflexión política habría que citar el caso paradójico de Habermas: él, que fue el defensor más irreductible de la significación epocal de Auschwitz en el citado debate, es el mismo que en sus grandes tratados sobre la moral, la política o la justicia hace invisible ese acontecimiento epocal que, en sus escritos *menores*, juega un papel tan fundamental.

Un caso ejemplar de atención a esos dos momentos (el del conocimiento y el de la [in]comprensión) es Hanna Arendt. Auschwitz representa a sus ojos una absoluta novedad porque rompe todos los pronósticos y se resiste a una identificación exhaustiva de las causas que lo originaron. El nombre de esa novedad es el totalitarismo; su expresión política, el campo de concentración y su sustancia, la conjunción de dos principios hasta entonces desconocida: que todo es posible y que todo es necesario. La expresión política de esa novedad del totalitarismo es el campo de concentración, figura excepcional ya conocida, pero que ahora pasa a ser normal y central. Arendt recurre a un término nuevo —totalitarismo— para denominar la nueva barbarie, que no es algo cualitativamente distinto de la tiranía o de la dictadura, sino la desertización social, el exterminio de todo brote de espontaneidad humana[26]. Su expresión política es el campo:

> [El campo] da prueba de una horrible originalidad que ninguna comparación histórica puede atenuar [...]. La terrible originalidad del totalitarismo no se debe a que alguna «idea» nueva haya entrado en el mundo, sino al hecho de que sus acciones rompen con todas nuestras tradiciones; han pulverizado literalmente nuestras categorías de pensamiento político y nuestros criterios de juicio moral (Arendt, 1995, 31-32).

Y el principio motor de esta nueva forma de barbarie se debe a la complicidad de dos principios hasta entonces autónomos, si no antagónicos: el principio de necesidad y el de posibilidad; alianza, pues, entre «todo es necesario» y «todo es posible»[27]. Si todo lo que es posible es necesario, entonces todo está permitido; más aún, todo lo que ocurre es una exigencia de la naturaleza o de la historia. Se puede llegar aún más lejos: si todo lo posible es necesario, nada debe dejarse por hacer, hay que intentarlo todo. Todo lo que se pueda hacer se debe hacer porque la bondad está en la activación del poder. Armados con ese principio todo atentado contra el hombre había que verlo como la manifestación necesaria del poder del hom-

---

26. «El totalitarismo tiene como objetivo último la dominación total del hombre. Y, habida cuenta de la naturaleza humana, ese objetivo sólo puede alcanzarse mediante las condiciones de vida que son las propias de los campos y el terror que de esas condiciones deriva [...]. La esterilidad de los países totalitarios (los famosos cajones vacíos de los intelectuales alemanes después de la caída de Hitler) no es un epifenómeno gratuito, sino signo y símbolo del éxito con el que los gobiernos totaliarios han cubierto los objetivos de conquista y mantenimiento del poder» (Arendt, 1990, 172).

27. Sigo en este punto el análisis de Agustín Serrano de Haro (2000, 91-117).

bre. Lo decisivo no era el juicio moral en nombre de valores morales, ni siquiera la utilidad que de ello pudiera derivarse, sino la activación del poder del hombre. Eso era lo «humano» del ejercicio del poder. La destrucción del hombre estaba moralmente saneada *in nuce* pues, independientemente de sus consecuencias —y su consecuencia fue la creación del campo de concentración, es decir, el exterminio de todo un pueblo—, lo que esa acción mostraba era el poder del hombre. Los campos son el lógico producto de la estrategia totalitaria. Ese infierno construido por el hombre que es el campo, es prenda y prueba del poderío del hombre sobre el hombre, y en el medida en que esa dominación del hombre es la quintaesencia del totalitarismo, el campo es la consecuencia lógica del totalitarismo. Ese totalitarismo es tan novedoso que no hay manera de acudir a categorías previas, a criterios superiores que nos ayuden a comprender lo que ha significado. Por eso hay que evitar la trampa de la ciencia y de la historia que tienden a explicar lo nuevo con categorías viejas, trivializando de esta suerte la magnitud del horror en cuestión. Ante el vértigo que supone lo nuevo, sin poder acudir a las muletas de lo ya sabido, la ciencia, como decía Nietzsche, trata de disolver lo nuevo en lo ya conocido «y parte del instinto de reconducir lo desconocido a lo conocido» (Arendt, 1995, 35), olvidando que pensar es des-prenderse de lo conocido. El mismo instinto conservador acecha a los historiadores que se empeñan en explicar causalmente un acontecimiento olvidando lo sustancial en la historia: que «sólo cuando ha ocurrido algo irrevocable podemos intentar trazar su historia retrospectivamente. El acontecimiento ilumina su propio pasado y jamás puede ser deducido de él» (*ibid.*, 41). El historiador, sin embargo, tiene la pretensión de reconstruir el pasado como si ese hecho excepcional hubiera sido el objeto pacientemente perseguido desde tiempo inmemorial. Lo que esos profetas del pasado olvidan es que nadie, ninguno de ellos hubiera sido capaz de anticipar el acontecimiento. El historiador habla de ello porque ha tenido lugar. La historia tiene muchos comienzos pero ningún fin previsible. La novedad del totalitarismo ha arruinado las categorías conocidas de comprensión y hay que enfrentarse a él sin matrices previas ni criterios de juicios establecidos *a posteriori*.

Pero esto no significa que Arendt renuncie al análisis histórico, es decir, a conocer lo cognoscible. Ese saber es el que recogen los tres tomos de su obra *Los orígenes del totalitarismo* en los que se analiza la genealogía de un fenómeno en el que cristalizan elementos que se habían formado en Europa a lo largo del siglo XIX: el antisemitismo, el imperialismo, el colonialismo, el racismo, sin olvidar el nuevo nacionalismo fundado en la alianza entre la masa y el capital. Hasta se puede identificar en el *affaire* Dreyfus el gran detonador de un proceso histórico cuyos ingredientes fueron los mismos del totalitarismo, a saber, el populismo, la demagogia, la xenofobia y el odio a los judíos. El antisemitismo moderno, prosigue Arendt, no sería ya religioso sino racial, por eso no pretendía tanto neutralizar la alteridad judía mediante la asimilación cuanto azuzar el odio racial. El imperialismo moderno occidental, por su parte, alimentado por categorías darwinianas que predicaban la superioridad europea, concebía el resto del mundo como una reserva de territorios colonizables según el albur de las metrópolis. Ahí se incuba la teoría de «la conquista del espacio vital», visto subjetivamente como una necesidad y, objetivamente, como una ley de la historia. Si la humanidad está dividida en razas superiores e inferiores, el camino estaba abierto para consideraciones genocidas: bastaba presentar a las razas inferiores como peligro contaminante para las superiores, que es lo que hará el nazismo. El colonialismo, gracias a esa mezcla de autoproteccionismo homicida y de administración burocrática, fue el primer laboratorio de las masacres planificadas y realizadas industrialmente. El nazismo aplicará dentro de Europa lo que el colonialismo experimentó con pueblos de África y Asia.

Toda esa genealogía no impide a Arendt, sin embargo, proclamar la tesis de la novedad del totalitarismo, cifrada en la construcción de los campos de concentración. El terror propio del totalitarismo «no podía ser eficaz sin campo de concentración. Y, desde este punto de vista, las demás diferencias que distinguen las instituciones de un país democrático de las de un país totalitario, son aspectos secundarios y accesorios» (Arendt, 1995, 172). Esa variante supone una ruptura antropológica[28], es decir, la muerte del hombre que hemos conocido, y una destrucción de la política, concebida como el espacio de expresión de la pluralidad de hombres. Fijémonos en la paradoja. Por un lado, el totalitarismo es la gran novedad de la barbarie moderna, algo que desbordó la misma imaginación de la filosofía pues ésta nunca pudo identificar condiciones de posibilidad de tanto mal. Pero, por otro, esa novedad tiene una historia, unas causas perfectamente identificables; más aún, se llega a reconocer que el campo —santo y seña de la novedad del totalitarismo— ni

---

28. En su *Proyecto de investigación sobre los campos de concentración* (1948), Arendt se pregunta «¿en qué medida los seres humanos que viven bajo el terror totalitario responden ya a la representación que nos hacemos habitualmene del hombre?» (Arendt, 1995, 177).

siquiera es un invento de los nazis pues ya existían durante la primera guerra mundial y fueron utilizados en el siglo XIX por los españoles en Cuba y por los ingleses en África del Sur. Pero es ese abismo que separa lo cognoscible de la novedad lo que obliga a tomar el acontecimiento como lo que da que pensar y, consecuentemente, el recurso a la memoria.

IV. LOS AVISADORES DEL FUEGO

Dentro del capítulo del conocimiento de Auschwitz merecen una consideración «los avisadores del fuego». Es ésta una expresión benjaminiana con la que designa a quienes avisan de catástrofes inminentes para impedir que se cumplan[29]. Si la traemos a cuento es para llamar la atención sobre quienes, habiendo escrito antes de la catástrofe, parece que lo hubieran hecho después, siendo testigos de ella. La diferencia respecto a Hanna Arendt es que no hacen genealogía de la catástrofe sino que la detectan anticipadamente en la lógica de los tiempos que corren. El que las cosas sucedieran de una manera que ni ellos imaginaran no quita valor a una mirada crítica que sigue vigente en la medida en que, tras Auschwitz, la barbarie sigue repitiéndose. Vamos a hablar de Franz Rosenzweig y Walter Benjamin, aunque la lista es fácilmente ampliable[30]. Tienen en común el no haber conocido la «solución final», pero haber sabido leer su tiempo como cargado de esa posibilidad. Rosenzweig es el pionero, el primero en denunciar que la metafísica occidental era una ontología de la guerra. Benjamin, que murió huyendo de un campo de concentración, es quizá quien más claramente detecta en los valores *positivos* de su tiempo los signos letales que acabaron consumándose.

1. *Ontología de la guerra (Rosenzweig)*

Rosenzweig establece la tesis, como ya hemos visto, de que el problema no es el totalitarismo sino el idealismo o, mejor dicho, es el

---

29. Benjamin habla de los *Feuermelder* en *Einbahnstrasse* cuando dice que «hay que apagar la mecha encencida antes de que la chispa active la dinamita» (GS IV/1, 122; trad. de J. J. del Solar y M. Allendesalázar, *Dirección única*, Alfaguara, Madrid, 2002). Enzo Traverso rescata la expresión en su excelente ensayo *L'histoire déchirée*, Cerf, Paris, 1997, pp. 13-45.
30. En el trabajo «Los avisadores del fuego» (*Isegoría* 23 [2000]) que presentamos Juan Mayorga y yo mismo, aquél analiza las anticipaciones de Kafka. Antonio Gimeno, por su parte, incluye entre ellos a Canetti y Simone Weil.

idealismo el que lleva inevitablemente al totalitarismo. Su original osadía consiste en calificar no una parte de la filosofía, sino toda ella de idealista, con lo que arroja la sospecha de totalitarismo sobre toda la filosofía occidental.

El idealismo tiene dos movimientos. Por un lado, coloca el sentido fuera de la realidad, en el mundo de las ideas; de esta forma se produce un desprecio de la experiencia ya que se vacía la realidad de significación. Por otro, su querencia al monismo, esto es, la reducción de la pluralidad de la vida, de la riqueza del mundo de la vida, a la unicidad del concepto. La alianza entre estos dos arietes —el desprecio de la vida con el monismo— produce resultados demoledores en lo tocante a la interpretación de la experiencia, sobre todo a la experiencia del sufrimiento. Rosenzweig se centra en un momento tan vital de la experiencia como es la muerte, la angustia ante la muerte.

Para el idealismo no debería haber ningún problema, pues el sentido de la vida es cosa del Todo y el Todo no muere. El individuo que muere debería entender, a la hora de la muerte, que se salva en el Todo. Pero Rosenzweig se rebela contra esa interpretación idealista porque si la muerte individual no es nada, ¿cómo explicarse la experiencia angustiosa de cualquier ser humano con la muerte? Por otro lado, si el sentido de la muerte individual es la vida del Todo, ¿qué impide que el crimen se produzca, aunque sea un crimen en masa? El sentido de la vida no lo puede impedir pues no le afecta; tampoco hay entonces que descartar que el Todo lo demande. El filósofo judío entiende que para afirmar el valor absoluto de la vida hay que tomarse muy en serio la angustia individual ante la muerte.

Aunque el punto de mira de Rosenzweig es fundamentalmente filosófico, dando prioridad, por ejemplo, a la filosofía de la historia sobre el análisis de la política de su tiempo, no pierde de vista, sin embargo, el análisis de lo político. No olvidemos que la primera redacción de su obra mayor está escrita en las trincheras de una guerra y que esa guerra es el acontecimiento sobre el que gira la reflexión de la «Generación del 14». El puente que enlaza su filosofía con la política es el Estado. En su libro *Hegel y el Estado*, Rosenzweig ve, muy hegelianamente, al Estado como un momento fundamental de la historia universal, de ahí que la crítica a la filosofía de la historia se concrete en crítica del Estado (Rosenzweig, 1920; Moses, 1982, 222 ss.). El Estado no es sólo una institución política, sino algo más, la sustancia de lo político, de la presencia creadora del hombre en el mundo. Después de haberse entusiasmado en su juventud hegeliana con la genialidad del Estado, procede, en su segunda gran obra, a una crítica radical de esa filosofía política. Sus ataques los va a dirigir a dos flancos fundamentales del Estado, a saber, el consiguiente nacionalismo y la violencia del derecho[31].

El nacionalismo moderno no se limita a un vago «amor a la patria» sino que es la conciencia de que su comunidad de pertenencia está llamada a jugar una misión fundamental en la historia (tanto en la de los miembros de la comunidad como en la historia universal). En ese sentido podría hablarse de un nacionalismo mesiánico, tan bien representado por la Revolución francesa, misión que Fichte reivindica luego para la nación alemana, nuevo pueblo elegido. Lo importante del análisis de Rosenzweig es la explicación de la conciencia mesiánica que caracteriza al nacionalismo moderno: la interpretación cristiana del principio judío de la elección. Lo propio y peligroso del nacionalismo es un mesianismo latente que empuja a la comunidad de marras hacia la desmesura. Ese factor de riesgo lo recibe el nacionalismo del cristianismo y, más exactamente, de la interpretación cristiana de algo tan judío como la «elección». El cristianismo, en efecto, introduce dos novedades en la interpretación de la elección del pueblo judío, que la alteran sustancialmente: en primer lugar, lo universaliza, de suerte que cualquier pueblo puede ejercer esa tarea y, en segundo lugar, lo politiza, al traducir pueblo elegido por protagonista histórico, con lo que sus causas, la defensa de sus causas, adquieren aires de guerras santas.

La guerra no es un accidente, sino la expresión colectiva de esa «lucha de conciencias» que conforma la relación intersubjetiva. Y es que los pueblos se afirman como los individuos, a saber, en la voluntad irreductible de ser independientes y soberanos. Eso es el Estado, la soberanía de un pueblo. Y, como hay muchos Estados, las voluntades soberanas se enfrentan mortalmente con lo que la existencia de un Estado es una implícita declaración de guerra a los otros Estados. Hay en la guerra —y en los sacrificios que conlleva— algo inevitable, pues la violencia es consustancial al concepto de soberanía estatal: cada Estado entiende ser absolutamente soberano; si sólo hubiera un Estado, no habría ningún problema con esa soberanía, pero al existir otros Estados y proclamarse éstos igualmente soberanos, chocan los absolutos de tantos Estados. Cuando el Estado exige el sacrificio voluntario de la vida, lo hace para defender un valor: la libertad del Estado. No exige una muerte simple y natural pues la muerte en ese sacrificio voluntario trasciende la naturalidad y se

---

31. Ambas críticas las desarrolla Rosenzweig en *La estrella de la redención* (1990, 364-372 / 1997, 389-397).

convierte en algo superior, en un acto con sentido. Para el nacionalismo la guerra de un Estado contra otro tiene algo de guerra santa pues lo que se juega es la identidad de la comunidad que es la que abastece de sentido al individuo. Uno se salva, sacrificándose por la comunidad.

La violencia del derecho. El Estado es la forma que se dan los pueblos para no morir, para escapar a la usura del tiempo. ¿Que cómo lo hacen? Tomando momentos del *continuum* que es la vida del pueblo y absolutizándolos sea como símbolos, fiestas, tópicos o leyes. El Estado —o, la política, que se confunden— es la creación artificial de un orden, de una legalidad, que es lo que se expresa en el derecho, en virtud del cual la vida natural del pueblo queda fijada en un punto, como eternizada. «El Estado es el intento, necesariamente siempre renovado, de dar a los pueblos eternidad en el tiempo» (Rosenzweig, 1990, 369 / 1997, 393-394).

Notemos el contrapunto entre Estado y pueblo: pueblo es la vida natural, continua y cambiante de una comunidad; Estado alude a la fijación de momentos de esa vida natural, convertidos en patrones o referentes absolutos de ese colectivo. Para Rosenzweig, como para Hegel, el término «derecho» engloba tanto el sistema de organización de la sociedad civil como las reglas de juego del Estado, es decir, se confunde con política.

Ya hemos dicho que Estado y pueblo no pueden confundirse. La violencia política va a insertarse precisamente en esa diferencia. Mientras el «derecho», es decir, la fijación de las reglas políticas de juego, coincida con la vida del pueblo, no habrá problemas. Pero cuando aparezca una falta de sincronización, surgirá la violencia, sea para mantener las reglas de juego, sea para cambiarlas, si el pueblo se resiste. Puede decirse que la violencia es connatural al derecho pues no hay manera de acoplar lo que es fijo con lo que es cambiante:

> La ley sólo se conserva mientras el pueblo la mantiene, y derecho y vida, lo permanente y lo mudable, parece que van distanciándose. Entonces es cuando el Estado revela su verdadero rostro. El derecho no era más que su primera palabra. Esta palabra no puede sostenerse contra el cambio de la vida. Pronuncia ahora su segunda palabra: la palabra de la violencia (Rosenzweig, 1990, 369 / 1997, 394).

La primera palabra del Estado, aquella que lo coloca en el libro de honor de la filosofía política, es derecho, pero cuando el estar en el mundo de los hombres camina al paso cambiante de la vida, entonces aparecen lo conflictos entre el derecho y la vida. En ese momento el Estado muestra su verdadero rostro y pronuncia su segunda palabra: violencia. La violencia funda y mantiene el derecho; ahora bien, en la medida en que el derecho es la institucionalización de la política, la política es violencia, es negación de las posibilidades naturales del hombre. La violencia de la política evoca el texto de Benjamin, de 1921, *Zur Kritik der Gewalt* (GS II/1, 179-203), en el que mantiene la misma tesis, al afirmar que la política es impensable al margen de la violencia que funda el derecho y que lo mantiene[32].

¿Qué es lo que hay de «anunciador» en estos análisis?

Primero: lo que no puede pretender el Estado, con sus guerras, es que la justificación y racionalización de las muertes de los individuos que conllevan, se expliquen con el argumento de que, en esa disponibilidad a la muerte, la muerte del individuo pasa de ser nada a algo, pasa de ser una muerte natural a un sacrificio por un valor superior. Contra esa falacia se revela Rosenzweig al detectar en la angustia ante la muerte el rechazo de una imposición totalitaria. En la experiencia de la angustia se esconde un hilo de resistencia contra el proyecto filosófico de reducir la muerte individual a pura insignificancia, concediendo al Todo, y a quien le represente, el señorío sobre la muerte y, por tanto, sobre la vida. La apología del Todo no se basa en la seducción de lo grande sobre lo pequeño, ni de lo general sobre lo singular, sino en el monismo, en la reducción de la variedad del mundo a la unicidad del concepto, es decir, al idealismo. Esa querencia es destructora de la diferencia y pluralidad de la realidad, por eso tras la brillante historia de la razón filosófica, se oculta una ontología de la guerra. Denunciar la connivencia entre idealismo y barbarie no es un flaco servicio.

Segundo: una invitación a repensar la política. Si lo que nosotros llamamos «política», y él «derecho», pivota sobre la violencia, es decir, es impensable sin una decisión autoritaria o violenta que convierte un momento de la vida de un pueblo en un principio de identidad y, luego, de acción, difícilmente se superará la violencia política con formas políticas que disuelvan la individualidad en comunidades identitarias. Hay que buscar otros modelos de convivencia humana más acordes con lo que él llama ritmos naturales del pueblo pues, de lo contrario, el arte de la política, lejos de producir una «civilización» superior (a la vida natural), lo que hace es reducir al hombre a pura naturalidad[33]. Cuando se pretende eternizar la

---

32. Queda constancia de la semejanza del tratamiento de la violencia en Rosenzweig y Benjamin. El escrito del primero se remonta a los años de la primera guerra mundial y el de Benjamin es de 1921.

33. Me permito señalar si la crítica radical de Agamben, en su *Homo Sacer* (1988) a la política occidental, es decir, a su forma de metabolizar la *zoè* en *bíos*, no

vida de un pueblo mediante decisiones de poder, que es el sentido del Estado, no es que se arranque la vida «natural» de un pueblo al ritmo de la naturaleza, sino que se convierte la *vida* del pueblo en pura naturaleza, en objeto de decisión, en *nuda* vida. La violencia del derecho obliga a repensar la política porque la vigente vive de la violencia y la reproduce.

2. *Tiempo vacío y tiempo pleno (Walter Benjamin)*

Benjamin comparte la crítica de Rosenzweig a la filosofía por idealista, aunque ponga el acento en otro lugar. Si éste, en efecto, apunta en definitiva contra el carácter totalitario del pensar canónico occidental, es decir, trata de salvar la pluralidad y la diferencia que define la realidad, Benjamin se fija en el desprecio del idealismo por el hombre concreto o, si se prefiere, para mientes en el hecho de que el aprecio por las ideas abstractas suponga cerrar los ojos a la realidad concreta o, lo que es peor, construir la idea abstracta sobre el pedestal de una realidad concreta reducida a insignificancia:

> Para dotar al colectivo de rasgos humanos, el individuo tiene que cargar con los [rasgos] inhumanos. Hay que despreciar a la humanidad en el plano de la existencia individual, para que aparezca en el plano del ser colectivo (GS II/3, 1102[34]).

La idea ilustrada de humanidad o términos como igualdad, libertad o fraternidad, santo y seña de los modernos derechos humanos, son, diría Benjamin, bellas palabras construidas sobre el desconocimiento de la realidad, llena de inhumanidades, desigualdades y opresiones. ¿Cómo se puede decir que somos iguales cuando no lo somos? Se podría decir que debemos serlo, pero que lo seamos... Naturalmente que caben muchas explicaciones y la literatura sobre los derechos humanos es rica en interpretaciones imaginativas, pero

---

está inspirada en la crítica de Rosenzweig al «derecho», como violencia artificial sobre las posibilidades más naturales de la convivencia humana.

34. Texto tomado de los «Paralipomena de K. Kraus». Lo mismo piensa Adorno en «Notizen zur Anthropologie» (1942, 4). «El concepto de experiencia de Benjamin se refiere a lo particular, y casi todo el esfuerzo de su filosofía puede ser definido como un intento por rescatar lo particular. La desgracia de América consiste en que precisamente aquí, donde lo particular es totalmente destruído por lo general, donde en lugar de experiencia existe la repetición de lo siempre-idéntico, se hace el intento de representar lo particular como si éste sobreviviese» (cf. Buck-Morss, *Origen de la Dialéctica negativa*, Siglo XXI, México, 1981, pp. 364-365).

ninguna de ella puede borrar el punto señalado por Benjamin: que el precio de esas construcciones es hacer abstracción de la realidad y, por tanto, reducir a insignificancia, a carencia de significado, la situación concreta de inhumanidad. No es que Benjamin renuncie a hablar de humanidad o de justicia o de igualdad.

Benjamin no es un *particularista* pues sabe, a diferencia de tanto universalista autocomplaciente, que en ello le va la vida. ¿Por qué, entonces, se opone al conocimiento universal que proporciona el concepto? Porque el concepto deja fuera lo singular y lo contingente. Benjamin sabe demasiado bien que las exclusiones metafísicas suelen tener traducciones físicas: exilios, exclusiones o persecuciones. La universalidad no puede ser a costa de la singularidad. Hay una violencia escondida en las figuras universalistas abstractas (llámense derechos humanos, humanidad o proletariado) que se manifiesta en el desprecio teórico del individuo, relegado al limbo de lo insignificante para la comprensión de la humanidad, y también en la opresión política, si lo exige el Todo.

En el capítulo segundo poníamos de manifiesto la existencia de dos discursos enfrentados de la misma realidad. Estaban, por un lado, las grandes construcciones de filosofía de la historia que juzgaban lo concreto en función del todo o del futuro y, por otro, el discurso mudo de los oprimidos que se saben el precio permanente de un bienestar material o de un sentido espiritual que les es ajeno. Podríamos ahora expresar esa encrucijada como una oposición entre tiempo vacío y tiempo pleno; el primero correspondería a los grandes relatos, y el segundo a la experiencia de los individuos.

El tiempo vacío es aquel en el que el presente sirve de trampolín al futuro y es el resultado lógico del pasado. Hay una continuidad en el tiempo, de ahí que tiempo vacío y tiempo continuo se solapen. Ese tiempo es el que domina las concepciones progresistas de la historia, las teorías evolucionistas o las ideologías desarrollistas[35]. En estas visiones nada nuevo puede ocurrir pues cada instante presente es propuesta del pasado y avance de futuro. Se hereda el pasado y se prepara el futuro. Este planteamiento que, desde un punto de vista lógico, disuelve la historia en un *continuum* sin novedad posible, es, desde un punto de vista político, la ideología de los vencedores. Para la filosofía progresista de la historia, en efecto, el presente es el fruto logrado de una historia cuyo patrimonio se le ofrece

---

35. Benjamin GS I/2, 697, Tesis octava (trad. española, en Benjamin, 1989). Ahí señala el autor que lo común a esas visiones es «la concepción de la historia misma como si recorriese un tiempo homogéneo y vacío».

como herencia. El vencedor de hoy tiene tras de sí la legitimación de los éxitos pasados, frente a los cuales él se presenta como heredero y promotor. Todo ese rico patrimonio recibido, así como el incremento que cabe esperar, no empece para que Benjamin describa ese recorrido de la humanidad como «homogéneo y vacío». Que sea homogéneo, resulta comprensible si observamos ese manso discurrir del tiempo en el que lo pasado prepara el presente y éste es un peldaño para acceder al futuro; que, además, sea vacío lo comprenderemos si repasamos qué entiende Benjamin por «tiempo pleno». Benjamin explica el significado del tiempo pleno con la figura bíblica del juicio final.

En la tesis tercera se afirma que el cronista responde a la verdad de la historia en la medida en que da cuenta de los pequeños y de los grandes acontecimientos. La verdad consiste en que nada se pierda. Pero eso sólo le ocurre a una humanidad redimida, es decir, que la humanidad redimida consiste en hacer presente mediante la memoria todo el pasado perdido, fracasado, grande y pequeño. Benjamin expresa esa idea con lo de «citar el pasado». La cita bejaminiana se corresponde con el concepto cristiano de apocatástasis. Esta presencia del pasado derrotado en el presente o, como dice la tercera tesis, «en el orden del día», tiene lugar precisamente en «el último día», único momento en que pasado y presente se confunden porque en ese momento todo puede ser citado. El «último día» o momento de la redención consiste en hacer presente por la memoria lo que ha sido y, hasta ese momento, sólo era pasado.

La traducción práctica del tiempo pleno es la afirmación del valor absoluto de cada instante. El presente no es la suma del pasado sino «la pequeña puerta por la que se podía colar el Mesías» (GS I/2, 704). El tiempo pleno es un tiempo mesiánico y, al calificarlo así, Benjamin está evocando un contexto hermenéutico judío que tenía prohibido representarse o investigar el futuro, lo que no significaba renunciar a él sino pensarlo paradójicamente desde el pasado, como actualización de las esperanzas no realizadas del pasado. Esa presencia intempestiva altera radicalmente el orden existente construido precisamente sobre la cancelación de esas esperanzas irredentas. El tiempo mesiánico, por el contrario, supone que reconocer a cada instante la capacidad de romper el *continuum* y hacerle justicia. Si cada instante tiene un valor absoluto, hasta que no se le haya hecho justicia seguirá clamando por su valor. Ese clamor o expectativa de felicidad es la puerta por donde puede entrar el mesías. Una concepción de la historia, «de acuerdo con la tradición de los oprimidos» no supone sacrificar el progreso sino darle una interpretación monadológica, esto es, reconocer a cada individuo su derecho irrenunciable a la felicidad o, como diría Adorno (GS, 10/2, 617-639[36]), escoger entre colocar el progreso como horizonte de la humanidad o a la humanidad como horizonte del progreso. Lo que Benjamin tiene muy claro es que las dos orientaciones son alternativas: o se elige el progreso o el mesianismo, la historia (tiempo continuo) o el tiempo.

Como ya se puede vislumbrar, la valoración absoluta del instante —y, por tanto, de la existencia individual— cuestiona radicalmente la teoría del progreso. En la década de los treinta el fascismo aparecía como quiebra del esfuerzo civilizatorio emprendido por la humanidad desde sus orígenes. Para Benjamin, sin embargo, el fascismo no sólo es un producto moderno, sino que está profundamente anclado en ese fenómeno tan vaporoso como prestigioso llamado progreso. La conjunción de la técnica con la estética, bajo el alto patrocinio del progreso, engendrará el fascismo. La técnica nace de un sueño emancipatorio que nada tiene que ver con las pesadilla letales del fascismo. En escritos como *Los pasajes* o *La obra de arte en la época de la reproducción técnica*, Benjamin observa detenidamente el momento en que el desarrollo de la tecnología conforma un nuevo mundo. Le llama particularmente la atención el repetido hecho de que las innovaciones científicas o tecnológicas tomaran la forma de restituciones históricas: las primeras fotografías imitaban a la pintura; los primeros vagones de ferrocarril fueron diseñados como carruajes y las primeras lamparillas de luz eléctrica tomaban la forma de llamas de gas; el hierro trataba de imitar a la madera; la bicicleta fue bautizada como «caballo del Apocalipsis». Las primeras construcciones de hierro y vidrio se parecían a basílicas romanas, mientras que los primeros almacenes «parecían haber sido copiados de los bazares orientales» o inspirados en la arquitectura griega clásica[37]. Lo que nos quiere decir queda apuntado en una cita de Jules Michelet:

> [...] en el sueño en el que cada época contempla en imágenes la época que vendrá, esta última aparece ligada a los elementos de la ur-*Historie*, es decir, a una sociedad sin clases (Benjamin GS V, 217).

Esto quiere decir lo siguiente: la época actual recurre a imágenes del pasado para expresar la capacidad emancipatoria de los tiempos actuales gracias a la técnica. Ese pasado al que recurre

---

36. «Fortschritt», en *Stichworte. Kritische Modelle 2*.
37. Las referencias de Benjamin están tomadas fundamentalmente de *Passagen-Werk* (GS V, 98).

expresa, bajo la forma de sueños, las aspiraciones utópicas de la humanidad, aspiraciones que ahora pueden realizarse. Que los modelos experimentales de locomotoras tuvieran «de hecho dos patas que se alzaban alternativamente como las de un caballo» (GS V, 217), que los nuevos almacenes se inspiraran en el Partenón o que las estaciones de ferrocarril imitaran antiguas iglesias, sólo podía significar el acceso de las masas modernas a los significados sublimes que en un tiempo quedaron limitados al Partenón o las catedrales. Las posibilidades técnicas que el hierro y el acero ofrecían a la construcción, no sólo democratizaban el arte, sino que permitían a la vida ordinaria conformarse con lo que otrora sólo se significaba simbólicamente.

A eso se refería Victor Hugo cuando veía en la reproducción masiva que caracteriza, por ejemplo, a los modernos periódicos con sus inmensas tiradas, la concreción históricamente real y efectiva de la milagrosa «multiplicación de los panes y de los peces para alimentar a las multitudes: la multiplicación de los lectores es la multiplicación de los panes. El día que Cristo descubrió este símbolo, anticipó las obras impresas» (Benjamin, GS V, 907). Si el milagro de la multiplicación de los panes y de los peces permite saciar el hambre material de las multitudes, los periódicos de masas satisfacen las ansias de alimento espiritual de los hombres modernos. El milagro de Cristo adelanta simbólicamente la necesidad y la posibilidad de dar de comer a las multitudes, que es lo que lleva a cabo la prensa moderna gracias a los desarrollos tecnológicos. Las imágenes del deseo, los sueños originarios (la multiplicación de los panes) enervan, estimulan la capacidad tecnológica (invento de la imprenta) de la humanidad hasta llegar a propuestas nuevas, revolucionarias, que realizan de alguna manera (la multiplicación de los lectores) el sueño originario. Y concluye: eso demuestra «cuán atrapada estaba, en sus inicios, la producción tecnológica a un sueño» de felicidad (Benjamin, GS V, 213). El mismo convencimiento guía la tesis central de su escrito *La obra de arte en la época de la reproducción técnica*. La reproducción técnica, de la fotografía, por ejemplo, acaba con el aura de la obra de arte original —el *Portrait* de los grandes pintores— que hacía de la pintura una obra irrepetible. Pero a cambio de esa pérdida, la reproducción permite una democratización en el disfrute de la obra de arte.

Pero estos sueños se frustran pronto y no porque una técnica mala sustituya a una técnica buena, sino por un desajuste entre técnica y sociedad. La ciencia produce más técnica que la que puede digerir y ese excedente se traduce en guerra. Entonces el exceso de progreso científico se transforma en destrucción[38]. En su escrito sobre el fascismo precisa además que el origen de la guerra no reside sólo en una inadaptabilidad funcional entre fuerzas productivas y relaciones de producción, sino en el desajuste entre desarrollo científico y desarrollo moral de la sociedad:

> La guerra imperialista nace de una profunda discrepancia entre fabulosos medios y posibilidades de la técnica y su escasa clarificación moral [...]. La sociedad burguesa está obligada a separar la técnica de su implicación en el orden social y, por tanto, impedir que la sociedad se exprese sobre la técnica (Benjamin, «Theorie des deutschen Fascismus», GS III, 238).

Hemos llegado a un punto en el que no se hacen armas para gastar en la guerra, sino que se hacen guerras para consumir las armas.

La novedad de esta guerra inminente estribaba en que, por primera vez, lo determinante no iban a ser los hombres sino los materiales. Sería una *guerra de materiales* y no una *guerra de soldados*. Curiosamente, Benjamin subraya, entre los nuevos medios, el uso del gas. La capacidad letal de esos nuevos materiales anunciaba una guerra total frente a la que no valían defensas. Frente a una guerra del gas de nada servirían las máscaras de gas ni los derechos humanos. Lo primero porque sería como combatir el cáncer con una aspirina y lo segundo porque ante la volatilidad del gas o la magnitud de las nuevas armas, desaparecían la distinción entre población civil y población armada, que era el fundamento del derecho de gentes. Por eso la nueva guerra tendría algo de *competitivo* o *deportivo*, en el sentido de que la única reacción válida ante la eficacia de un arma era conseguir otra de mayor impacto o una que neutralizara la del enemigo. El récord sustituía a la razón.

Para que la técnica se metamorfosee en guerra es necesario, además, del descontrol político que supone una producción no consumible socialmente, la complicidad de la estética. Es lo que Benjamin quiere decir cuando define el fascismo como «estetización de la po-

---

38. La única manera de evitar la guerra radica en un desarrollo de la ciencia capaz de potenciar «nuevos órganos que liberen al individuo del estado amorfo en que se encuentra en la masa». Benjamin distingue entre dos tipos de técnica: la que sólo busca el dominio de la naturaleza (y que acaba sometiendo al hombre) y la que no pretende producción de valores sino la mejora de la naturaleza. Sólo ésta es capaz de crear nuevos órganos capaces de traducir el desarrollo científico en «inervación creadora» (Abensour, 2000, 170).

lítica»[39]. El fascismo capta perfectamente el poder de las masas, los deseos de liberación y de protagonismo del movimiento obrero, pero en vez de darle una expresión política, se la da estética. El fascismo no permitirá que se toque el poder del Estado totalitario ni, por consiguiente, la estructura de la propiedad privada, pero, a cambio, permitirá que la masa goce del espectáculo de su propio protagonismo. Y es aquí donde interviene la complicidad entre técnica y estética. Gracias a las técnicas de reproducción y de representación (gracias al cine, fundamentalmente), las masas pueden contemplarse a sí mismas como un movimiento majestuoso, como un espectáculo incomparable. Y en ningún sitio aparece más plásticamente el poder de las masas que en la guerra, en la que la masa se transforma en ejército. El cine seduce a las masas al transformar la sangre y las lágrimas de la guerra en un espectáculo grandioso del que ella es protagonista. Tenemos, por tanto, que la guerra moderna es el precipitado de dos movimientos: *a*) de las capacidades técnicas de una sociedad que no es capaz, sin embargo, de utilizarlas civil y pacíficamente y *b*) de unas masas que no ven la guerra como un campo de sangre, sino como un espectáculo. *La guerre est belle* dirán los amigos de Jünger. El destino individual queda subsumido en la estética del movimiento general.

Ahora se entenderá por qué es suicida combatir al fascismo con el progreso. Si éste se caracteriza, en efecto, por la supeditación de la parte al Todo, del hoy al mañana, de la infelicidad de los unos a la felicidad de los más, además de una confianza ciega en las posibilidades de la tecnociencia, el fascismo encontrará siempre en esa confianza progresista un lugar seguro en el que diseñar el sacrificio de los individuos de las masas con colores de arrobamiento espiritual. El fascismo da al progreso la estética que permite digerir la crudeza de sus costos sociales.

Benjamin ¿un avisador del fuego? Así es, porque avisa de la novedad de la guerra que se acerca. En su escrito sobre el fascismo, publicado en 1930, habla de la inminencia de la guerra. No era el único, por supuesto, pero sí que captó prematuramente la novedad de la inminente conflagración mundial bajo la figura del «eterno

---

39. Cf. W. Benjamin, *Das Kunstwerk im Zeitalter seiner technischen Reproduzierbarkeit* (GS I/2, 435-508). Ver también la edición francesa *L'oeuvre d'art à l'époque de la reproduction mecanisée*, preparada por el propio autor, en W. Benjamin, *Ecrits français*, Gallimard, Paris, 1991, pp. 116-195. Remito en este punto al inteligente trabajo de Juan Mayorga, *Revolución conservadora y conservación revolucionaria. Política y memoria en Walter Benjamin*, Anthropos, Barcelona, 2003.

retorno», el gran mito de nuestro tiempo[40]. «Todavía hay muchas batallas que librar en Europa», respondió Benjamin a las propuestas de sus amigos judíos, invitándole a abandonar Francia. Muchos de ellos habían comprendido a tiempo la naturaleza del fascismo y decidieron plantarle cara, aunque fuera en el exilio. Benjamin, quizá movido por esa querencia suya a experimentarlo todo, no quiso perderle la cara, mirar de frente el rostro letal de la Gorgona, aunque fuera a riesgo de perder la vida. Lo que descubrió fue el carácter mítico del progreso. No se entretuvo en aspectos secundarios, sino que fue derecho al centro operativo del progreso, centro que queda identificado como *eterno retorno*. Con esa identificación Benjamin ponía sobre el campo de batalla un arma letal contra la esencia del fascismo, una esencia que, paradójicamente, estaba camuflada en los cuarteles generales del progreso. Si el progreso es, efectivamente, un *continuum*, todo es repetición. La presencia constante de lo mismo exige reposición incesante, sustitución de lo nuevo por otra novedad ya que lo nuevo se agota en el momento mismo de su posición. Si el criterio del tiempo es el éxito en el presente, el pasado nada vale en sí.

Progreso y eterno retorno no son antagónicos sino cara y cruz de la misma moneda. Si el tiempo del progreso es un *continuum*, tal y como hemos visto, todo es más de lo mismo. La novedad supone interrumpir el *continuum* del progreso. Si el futuro que nos espera es la prolongación del presente, entonces el progreso es más de lo mismo, el retorno implacable de lo mismo. Como en el film *Tiempos modernos*, de Chaplin, lo moderno es lo siempre igual, lo que no tiene fin, lo que no se puede parar. El mito del tiempo reside en la aparente paradoja de ser siempre lo mismo y aparecer, sin embargo, como eternamente nuevo. El tiempo vacío es el eterno retorno y el tiempo pleno es la presencia intempestiva de lo ausente en el presente, esto es, el otro. Rosenzweig lo expresa lapidariamente: «El tiempo es el otro»[41]. El fascismo es sólo una manifestación del mito moderno que sigue vigente aunque Hitler haya sido derrotado.

La historia dio la razón a los «avisadores del fuego» pero de una manera imprevista pues desbordó todas las previsiones. Si Benjamin llegó a descubrir que los oprimidos estaban, pese a las formalidades,

---

40. Miguel Abensour ha visto bien, comentado el escrito benjaminiano «Paris, capitale du XIXᵉ siècle», que el progreso moderno deriva en mito del eterno retorno, con lo que el eterno retorno se convierte en el gran mito de nuestro tiempo (Abensour, 2000, 184).

41. Ése es, como bien se sabe, el gran tema de Lévinas. Cf. Lévinas, 1979.

en un campo de concentración, lo que Auschwitz puso en marcha eran campos de exterminio; si tanto Rosenzweig como Benjamin señalaron que el gusto moderno por la abstracción suponía un desprecio para la realidad o, dicho en otros términos, que el orgullo moderno por «la conquista» de los derechos humanos suponía, de hecho, un desprecio a la inhumanidad de los individuos concretos, lo que Auschwitz, sin embargo, revela, no es el desprecio sólo de los individuos concretos, sino el crimen contra la especie.

La figura de *crimen contra la humanidad* refleja esa extensión del mal que no sólo afecta a los oprimidos sino a los opresores y a los espectadores; y no sólo a la generación presente, sino también a las venideras. Hay un nuevo elemento que habla de la desmesura del horror sobrevenido; me refiero a la experiencia misma de la muerte. Rosenzweig se había fijado en el fenómeno de la angustia ante la muerte para denunciar la falacia de una filosofía que pensaba hurtar a la muerte su terrible aguijón con sólo declarar que gracias a la muerte individual se alimenta el Todo. La experiencia individual, que cualquiera podía certificar, era el bastión crítico contra la ideología totalitaria del idealismo filosófico, el arma más eficaz contra la banalización del mal que pretendía el idealismo con su indiferenciación entre lo bueno y lo malo. Pero en Auschwitz desaparece esa experiencia a manos de la facticidad de la muerte. Para que la muerte permita la experiencia de la angustia debe vivirse como una posibilidad, la posibilidad de lo imposible, de que acabe la vida, la prolongación de la vida que ahora es una plausible posibilidad. Pero cuando la muerte se convierte en una facticidad, como recuerda Jean Améry, desaparece el miedo y la angustia ante la muerte. Lo que en ese momento preocupaba y formaba parte de la conversación no era el morir o no morir, dado que todos contaban con la compañía inevitable de la muerte, sino en el *cómo morir*. Todo el capital humanizador y crítico que encerraba la angustia ante la muerte quedaba disuelto por la facticidad de ésta.

El que Auschwitz desbordara todo conocimiento, incluido el de los «avisadores del fuego», significa dos cosas: en primer lugar, que no basta avisar, no basta el conocimiento avisador para impedir la catástrofe, y, en segundo lugar, que no es suficiente ese conocimiento para comprender Auschwitz. Hay ahí un punto de novedad impensada que es lo que debe dar que pensar. Para pensar lo que fue impensable no basta recuperar la lógica de los «avisadores del fuego»: hay que partir de la memoria de lo ocurrido; de ahí la importancia del nuevo imperativo categórico, proclamado por Adorno: «que Auschwitz no se repita, que no vuelva a ocurrir nada semejante». Estamos por tanto obligados a seguir pensando o, más concretamente, tenemos que desarrollar estas dos tesis: *a*) que la memoria es precisamente la encrucijada de esa tensión entre lo que pudimos y podemos conocer, por un lado, y lo que tuvo lugar y se escapó al conocimiento, por otro; *b*) que esa memoria tiene como punto de partida Auschwitz en su singularidad impensada. Veamos esto.

V. LA RAZÓN ANAMNÉTICA

La memoria es la categoría que surge del abismo que existe entre conocimiento e (in)comprensión de Auschwitz. Lo que se quiere decir es que ya no basta apropiarse del conocimiento (ya sea el de los historiadores o el de los avisadores del fuego) que podamos tener de Auschwitz para impedir que se repita. No basta con leer a Benjamin; hay que releerle, a él y a todos, a la luz de lo que no está en ellos; hay que pensar lo conocido desde lo impensado, en una palabra, hay que aceptar que el acontecimiento es lo que da que pensar. Y en eso consiste precisamente la razón anamnética: un pensar lo impensado partiendo del hecho de que eso impensado ha tenido lugar.

La razón anamnética es, en primer lugar, una *razón práctica*, es decir, tiene una dimensión moral: el ser bueno pasa por Auschwitz. Ahora bien, si nos fijamos bien, la formulación adorniana no hace ninguna referencia explícita a la memoria; no dice «hay que recordar para que la historia no se repita»[42], sino tan sólo esto: «Hitler ha impuesto a los hombres un nuevo imperativo categórico para su actual estado de esclavitud: el de orientar su pensamiento y su acción de modo que Auschwitz no se repita, que no vuelva a ocurrir nada semejante». Lo que Adorno pide es actuar de modo que aquello no se repita. Ahora bien, eso implica la memoria, actuar anamnéticamente. El grito de protesta contra el sufrimiento, la exigencia de partir en cruzada contra la barbarie, nace del recuerdo de Auschwitz. Y, eso ¿por qué? Porque en Auschwitz se hizo la experiencia de la injusticia del sufrimiento y porque esa injusticia no afecta a un hombre en particular, sino a toda la humanidad. Auschwitz no es sólo el campo del tormento, sino sobre todo el lugar de la injusticia del sufrimiento infligida al pueblo judío y, a través de él, a la humanidad del hombre.

---

42. Eso sí lo dice Santayana, tal y como lo recuerda Dachau al visitante del campo.

El hombre atentó contra el hombre y tiene que dar cuenta de ello. No quiero decir que todo el mundo sea culpable o que todos seamos víctimas y verdugos, sino que nadie puede desentenderse del sufrimiento ajeno, porque la humanidad ha hecho la experiencia de que ese mal es una injusticia causada por el hombre. El recuerdo del sufrimiento que el hombre infirió al otro hombre coloca sobre las espaldas de cualquier ser humano la carga de la responsabilidad sin límites ante el mal en el mundo. Lo nuevo es hacerse cargo de todo el mal causado por el hombre.

Y, si todavía nos preguntamos por qué, por qué esta desmesurada extrapolación, por qué sustituir el imperativo categórico kantiano, que puede llevarse a cabo sin moverse de la silla, por esta cabalgata quijotesca a través de las miserias del mundo, Adorno responde indignado que «fundamentarlo tendría algo de monstruoso ante la monstruosidad de lo ocurrido»[43]. La única fundamentación es el *factum* de Auschwitz. El hecho de Auschwitz pone ante los ojos del hombre la amenaza del hombre que hemos conocido, de suerte que querer ser hombre significa aplicarse, como deber inexcusable, a la tarea de desactivar esa bomba de relojería que está ya en la cuenta atrás. Auschwitz nos obliga a ver el bien bajo la figura de resistencia activa contra el mal. Más no se puede decir porque Adorno comparte con Horkheimer el rechazo de una fundamentación rigurosa, es decir, racional, de la ética (Horkheimer, 1999; Sánchez, 2001, 223-247; Mate, 1991, 141-152). Para Horkheimer la moral brota de un sentimiento, el de la rebeldía contra el sufrimiento ajeno en nombre de la aspiración de todos los vivientes a la felicidad. Es un sentimiento moral porque rompe la ley natural del egoísmo y del interés excluyente. Y no es irracional ya que está habitado por una racionalidad negativa capaz de denunciar lo que las éticas idealistas o positivistas tienen de particularidad y teodicea de la realidad vigente. El que no pueda ser fundamentado racionalmente no significa que carezca de sentido o fundamento pues está anclado en la experiencia de la humanidad. Lo que hace Adorno es concretar el hecho del sufrimiento y el momento de rebeldía en Auschwitz, y esto no para desentenderse del resto de injusticias sino para mostrar el carácter fundante que debe tener el sufrimiento. El mismo que afirma la singularidad de Auschwitz asigna como tarea propia y fundamental de la filosofía desentrañar el significado del sufrimien-

---

43. Lo dice a propósito de *La educación después de Auschwitz* (Adorno GS 10/2, 674).

to[44]. La desmesura en responsabilidad surge de la impensabilidad de Auschwitz: eso es lo que la memoria de lo impensado da al pensamiento.

La razón anamnética tiene, en segundo lugar, una *dimensión política*. Relacionar política y memoria es una novedad porque la política es de presente, por la sencilla razón de que la decisión (acto en que se sustancia la política) es coetánea a la deliberación (figura propia de la decisión democrática). La voluntad es soberana respecto cualquier instancia de poder extraña a la voluntad del pueblo, pero también respecto a hipotecas del pasado. La decisión libre es como un nacimiento. El problema surge cuando el otro o los otros se presentan ante nosotros como herederos de una historia que es también la nuestra. En la primavera del 2002 un grupo de intelectuales colombianos, entre ellos Gabriel García Márquez, hicieron pública una carta en la que protestaban contra la complicidad del gobierno español que había aceptado una decisión de la Unión Europea exigiendo visado a los ciudadanos colombianos, argumentado así:

> Somos hijos, o si no hijos, al menos nietos o biznietos de España. Y cuando no nos une un nexo de sangre, nos une una deuda de servicio: somos los hijos o los nietos de los esclavos y los siervos injustamente sometidos por España. No se nos puede sumar a la hora de resaltar la importancia de nuestra lengua y de nuestra cultura, para luego restarnos cuando en Europa les conviene. Explíquenles a sus socios europeos que ustedes tienen con nosotros una obligación y un compromiso históricos a los que no pueden dar la espalda.

Nos recordaban una injusticia histórica, cometida por nuestros padres o abuelos, para cuestionar una decisión política actual. El poder de la memoria es el de traer al presente el pasado, pero no cualquier pasado, sino el pasado ausente[45]. Ese pasado, al estar olvidado, no es considerado, ni valorado en el presente, un presente, sin embargo, que resulta inexplicable sin él. La memoria, al hacerlo presente, cuestiona la soberanía del presente así como la interpretación ideológica que da del pasado. La España actual es impensable sin el pasado colonial que ahora denuncian los descendientes de

---

44. «Es ist vielleicht sogar das Mass der Philosophie, wie tief sie sich des Leidens versichert» (Th. W. Adorno, *Philosophische Terminologie* I, Surhkamp, Frankfurt a.M., 1973, p. 171).
45. Quizá habría que distinguir entre memoria (*mnemne*) y rememoración (*anamnesis*), la primera especialiazada en el pasado recordado y la segunda en el pasado olvidado.

aquellos siervos y esclavos. Pero la memoria no trae a colación ese pasado para sacar los colores a los gobernantes actuales, hijos de los que esclavizaron a los abuelos de quienes hoy protestan, sino que denuncian una injusticia pasada y si lo hacen es porque entienden que de alguna manera sigue vigente. Por eso lo que realmente se opone a la memoria no es tanto el olvido como la injusticia.

Tan explicable es la aplicación con que los vencedores seleccionan sus recuerdos como la tenacidad con la que los vencidos narran y transmiten las injusticias padecidas. El vencedor puede olvidar pero la «desdicha, como dice Electra, jamás olvidará»[46]. Por eso existen dos tipos de discursos políticos, enfrentados: uno amnésico y otro anamnético.

1. *El discurso amnésico*

La política del olvido viene de lejos, a juzgar por la presteza con que se creó la categoría de *amnistía* (Loraux, 1988, 24 ss.). Herodoto cuenta la sublevación de Jonia, en el año 494 a.C, que fue sofocada a sangre y fuego por los persas. En represalia se quedaron con Mileto, que despoblaron, quemando sus santuarios. Los atenienses reaccionaron con grandes muestras de dolor y duelo. Ocurrió entonces que «Frínico puso en escena una tragedia [*La toma de Mileto*] por él compuesta, consiguiendo que todo el teatro se fundiera en lágrimas», según Herodoto. Pues bien, a los políticos atenienses no se les ocurrió otra cosa que imponer «una multa de mil dracmas por haberles recordado las desgracias que les concernían tan directamente, ordenando que nadie hiciera uso de esa tragedia»[47]. Los políticos atenienses hacen saber al pueblo que no tolerarán que se represente en escena lo que tanto dolor les había producido en la realidad. Otro acontecimiento similar tiene lugar casi un siglo después (403 a.C.). Después de la derrota militar de Atenas y después de la nefasta oligarquía de los Treinta, tiene lugar la reconciliación democrática que se hace basándose en un decreto que dice: «Queda terminantemente prohibido recordar las desgracias». Todos los atenienses tienen que sumarse al decreto mediante un juramento que no deja lugar a dudas: «Me comprometo a no recordar las desgracias vividas»[48]. Es la famo-

---

46. Ver el comentario de Nicole Loraux, «De l'amnistie et de son contraire» (Loraux, 1988, 41 ss.).
47. Herodoto, *Historia*, VI, 21; trad. española, Cátedra, Madrid, p. 570.
48. Remito para este punto al cuidadoso análisis filológico que hace Nicole Loraux (1988, 26-31).

sa amnistía. Aristóteles cuenta que hubo uno que osó «recordar las desgracias sufridas»[49]. Entonces se levantó el moderado Archinos, arrastrándole ante el consejo y le condenó a muerte sin juicio. Esta prohibición de recordar no hay que interpretarla en un sentido psicologizante, como si la memoria causara depresión o produjera la desmoralización de la sociedad; hay que darla, más bien, un sentido político: el recuerdo de las desdichas atenta contra el ser de la política pues si tuviéramos que reconocer a aquellas algún tipo de vigencia, cuestionaríamos la legitimidad de las decisiones políticas que son cosa del presente y de los presentes.

Lo que oculta la política amnésica no es tanto un pasado vergonzoso cuanto la violencia sobre la que está fundada la política actual y que ésta ejerce para mantenerla. Se puede aplicar a este tipo de políticas el concepto de *violencia mítica* que Benjamin refería al derecho[50]. *Mítica* es la violencia que se considera a sí misma como medio para alcanzar un fin. Esa violencia está condenada a reproducir la violencia por dos razones. En primer lugar, porque el fin alcanzado violentamente tendrá que ser defendido por la fuerza ya que carece de cualquier legitimidad frente a otra violencia más fuerte que recorra su propio itinerario; consciente de que «quien a hierro mata, a hierro muere», tiene que recurrir al hierro para no sucumbir violentamente. La segunda razón la expone bien Albert Camus cuando analiza la rebelión del esclavo Espartaco. Lo que los esclavos pretenden es ser como sus señores. No buscan, a pesar de Hollywood, abolir la esclavitud, sino ejercerla desde arriba. Ese tipo de rebeliones no se aplican a innovar fines o principios. Se identifican con los existentes, claro que exigiendo por la fuerza un cambio particular en el organigrama. Es el recurso a la violencia como medio para alcanzar un fin violento. La instrumentalización de la violencia no la interrumpe sino que la anuncia, de ahí el juicio

---

49. Aristóteles, *Constitución de Atenas*, 40, 2 y 3.
50. W. Benjamin, *Zur Kritik der Gewalt* (GS II/1, 179-203). Es éste uno de los textos más deslumbrantes y herméticos de Walter Benjamin, pues al relacionar violencia divina con justicia abre las puertas al terror como instrumento revolucionario para implantar la justicia en el mundo. Pese a ese peligro, en el que tantos revolucionarios han caído, Benjamin arriesga toda su capacidad intelectual, consciente sin duda de estar tocando la esencia de lo político, es decir, de lo que puede tanto justificar lo mejor del hombre como camuflar lo peor del mismo. Resulta incomprensible que un espíritu tan agudo como Derrida llegue a adjudicar a este texto de Benjamin la demencial posibilidad de justificar el exterminio judío como un «holocausto». Me estoy refiriendo al «postcriptum» de Derrida en *Force de Loi* en el que, contra toda lógica, lleva a Benjamin a las proximidades del nazismo (cf. Derrida, 1994, 137-146).

de Camus: «Mais tuer les hommes ne mène à rien qu'à en tuer plus encore»[51]. La violencia mítica no evoca, en Benjamin, golpes fascistas, por ejemplo, sino algo tan normal y establecido como el derecho. En la medida en que lo propio de la política es hacer la ley, la figura del derecho remite necesariamente al ser de la política[52]. Lo que se diga del derecho habrá que aplicarlo a la política. Pues bien, el derecho nace de la violencia y se mantiene gracias a la fuerza; el derecho vigente nace como efecto de un golpe de fuerza que anula el derecho anterior y se defiende de posibles derechos recurriendo a la fuerza, garantía del «orden vigente»[53].

El convencimiento de la política amnésica es que prohibiendo hablar del pasado violento se puede camuflar la violencia presente. El convencimiento de una violencia originaria puede detectarse en teorías tan civilizadas como la habermasiana. Cuando Habermas propone a la política la tarea de pasar de la legalidad (violenta) a la legitimidad (democrática) por la vía del consenso, ¿no está suponiendo una violencia originaria que hay que subsanar posteriormente? Claro que no es lo mismo reconocer una injusticia pasada pendiente que pasar de la legalidad a la legitimidad. La legalización la pueden y la deben dar los agentes actuales remitiéndose a su parecer, mientras que la respuesta a las injusticias pasadas exigen una remisión al pasado de las injusticias.

2. *El discurso anamnético*

Contra el olvido de las desdichas levanta su voz la memoria política, abogando por el reconocimiento de unas injusticias que ni son contadas, ni recibidas, ni transmitidas, con lo que carecen de toda vigencia. El acto de rememoración no es tanto un acto voluntarista del político cuanto recepción y escucha por su parte de la memoria de los oprimidos, los cuales, como Electra, no olvidan las ofensas. Y si la política amnésica desarrolla una violencia mítica, a la anamnética es propia otro tipo de violencia que Benjamin llama *divina*. Esta

---

51. A. Camus, *L'homme revolté*, Gallimard, Paris, 1951, p. 138; trad. española de L. Echávarri, *El hombre rebelde*, en *Obras* III, Alianza, Madrid, 1996, pp. 11 ss.
52. Esta tarea sería la que explicaría la centralidad de la política, frente a la ética o la estética. Cf. «Observations sur le concept du politique de Carl Schmitt», en Strauss, 1991, 313-337.
53. Nos podemos preguntar si la preocupación habermasiana, tan pendiente de lograr la legitimidad de la legalidad, no obedece a la misma intuición, a saber, la violencia de la legalidad, de ahí la necesidad de alcanzar una legimidad de la ley, legitimidad que sólo es posible, como decía Kant, *aus moralischen Gründen*.

violencia es un fin en sí misma. No pretende imponer nada por la fuerza sino acabar con la violencia mítica. Lo suyo sería cerrar aquella puerta de la ley que el campesino de Kafka jamás pudo traspasar. Benjamin precisa la diferencia entre la mítica y la divina así: «La primera exige sacrificios (de los demás), la segunda se hace cargo de ellos (*nimmt sie an*)» (GS II, 1200). No es lo mismo exigir sacrificios de los demás que sacrificarse por ellos. Ésa es, en cualquier caso, la diferencia entre violencia mítica y divina, una diferencia que desborda el cuadro de la moralidad privada pues Benjamin identifica violencia divina con justicia y violencia mítica, es decir, derecho, con poder: «Creación de derecho es creación de poder. Justicia es el principio de toda finalidad divina; poder, el principio de todo derecho mítico» (GS II/1, 198).

La sangre es la sustancia de la violencia y con la sangre tiene que ver la violencia mítica y la divina, el derecho y la justicia. Pero de maneras diferentes. En el caso de una violencia mítica, el hombre está dispuesto a sacrificar su vida pero, a cambio, se siente legitimado para tomar la vida de los demás. La disposición al sacrificio conlleva legitimación para matar. La violencia divina también tiene relación con la sangre, pero de otro signo: en lugar de hacer morir, se siente interpelado por la sangre derramada. Mejor dicho, se sacrifica por el viviente. La violencia divina, decíamos, es un fin en sí misma. No persigue imponer un nuevo derecho sino acabar con el derecho. En vez de cercar al derecho para protegerlo, lo destruye, al rechazar la violencia que lo fundamenta y mantiene. La distinta relación con la sangre diferencia, pues, radicalmente a una y otra. Mientras que la mítica sacrifica al viviente en nombre del derecho, la divina se hace cargo de las víctimas y no acepta más sacrificio que el propio, estando dispuesta a enfrentarse al mundo entero para que se haga justicia al viviente.

Estamos ante un tipo de política que es violenta y que es justa. ¿En qué consiste la *justicia* de la violencia? En poder decir basta a los tiempos que corren, en acabar con la violencia mítica, pero no transformándola en derecho («normalizándola»), sino aboliendo esa violencia cuyo precio es la desconsideración de cada destino singular. La violencia política, en efecto, somete al individuo a los intereses del colectivo que representa en cada momento al todo. La justicia de la violencia divina consiste en tomar al hombre en singular por un absoluto. El derecho absoluto del individuo a la felicidad es lo que hace que las injusticias pasadas sigan vigentes, por mucho tiempo que haya pasado y a pesar de que el verdugo sea declarado insolvente. Esa idea la expresa Benjamin de una forma críptica cuando dice que «quien decide sobre fines de la justicia es Dios». Lo propio de Dios no son los medios sino los fines. Los fines de Dios son divinos, es decir, absolutos. La justicia es un fin divino en el sentido de que la justicia que se debe al hombre es absoluta[54]. El término «Dios» significa que cada fin de la justicia es absoluto, inconmensurable. No se puede, pues, concebir la justicia sólo como un reparto o distribución de una cantidad (el presupuesto nacional, por ejemplo) entre unidades del mismo valor, sino como respuesta a preguntas únicas, incomparables.

Y ¿por qué esta política es *violenta*? Porque es de este mundo. Si la justicia de la que hablamos —la justicia «divina»— fuera la del Dios de la fe, no tendría por qué ser violenta pues «haría justicia» fuera de la historia. El inocente tendría el premio de la felicidad beatífica y ese premio no tendría que alterar las reglas de juego que han causado la injusticia terrenal. Pero el pensamiento de Benjamin es el de una redención sin revelación, es decir, quiere para el hombre todo lo que la redención promete, pero ateniéndose a una idea filosófica del hombre[55]. Él, como Horkheimer, se mueve en la onda de un tratamiento materialista de la justicia. Hacer justicia a la causa de las víctimas inocentes significa acabar con el poder que decide el «estado de excepción», el poder de la violencia mítica. La violencia divina no es violenta porque use medios violentos (la violencia como medio, no cesa de repetirlo, siempre es mítica), sino porque se enfrenta a la violencia establecida[56]. Esta violencia, que es fin y no

---

54. J. Derrida ha visto bien este matiz en su obra ya citada *Force de loi*: «Esta inesperada referencia a Dios, más allá de toda razón y de toda universalidad, allende una comprensión ilustrada del derecho, no significa otra cosa, creo yo, que una referencia a la singularidad irreductible de cada situación. Y este audaz pensamiento, tan necesario como peligroso en lo que tiene de lo que podríamos llamar justicia sin derecho, una justicia más allá del derecho (expresión que no viene de Benjamin) vale tanto para la unicidad del individuo como para el pueblo y para la lengua, es una palabra para la historia» (Derrida, 1994, 121).

55. Remito aquí al debate entre Scholem y Benjamin a propósito de la expresión «nada de la revelación». Véase Moses, 1992, 223. Ver también el escrito de G. Scholem «Walter Benjamin», en el libro colectivo *Über Walter Benjamin*, Suhrkamp, Frankfurt a.M., 1968.

56. Nada más lejano a este concepto de violencia divina que la violencia redentista del terrorismo político practicada ya sea por los kamikazes suicidas del fundamentalismo islámico o los calculadores expertos del terrorismo etarra. El terrorismo piensa poder legitimarse con el razonamiento de que quien está dispuesto a morir está legitimado para matar, como si en esa disponibilidad extrema se revelara la nobleza de su causa. El error consiste en negar el valor absoluto de la vida singular. Una injusticia pasada, cometida contra los de su comunidad, no se sustancia con la utopía de un país libre del dominio exterior, pues eso es una nueva forma de violencia o

medio, es la justicia en su enfrentamiento agónico con la injusticia. La violencia divina tiene por objetivo la violencia mítica, es decir, acabar con la violencia política. Y lo hace no recurriendo a un nuevo golpe de Estado, sino tomándose en serio un pasado que la moral y la política vigentes dan por clausurado. Lo propio de la violencia divina es la actualización de un pasado o de un margen que pone en entredicho el orden existente[57]. Benjamin no es un pacifista a cualquier precio, claro que su violencia es la del ángel que, a la vista de los cadáveres y escombros sobre los que cabalga el progreso, «quisiera detenerse, despertar a los muertos y recomponer lo despedazado» (GS I/2, 697).

Digamos que el arma secreta de la política anamnética consiste en ver el asesinato, por ejemplo, no sólo como un crimen, sino como una injusticia. La muerte que produce la violencia mítica no es sólo un crimen, sino también una injusticia. El crimen quita la vida (y de ellos se ocupa el derecho), pero la injusticia priva de la justicia (y de esto debería ocuparse la nueva política). En derecho, cuando se quita la vida a un inocente, se extinguen sus pretensiones de felicidad y, por tanto, caduca legalmente su exigencia de justicia. Queda, por supuesto, la posibilidad de castigar al criminal y a eso se reduce la justicia del derecho. Eso podrá satisfacer al derecho pero no a la víctima. Para ésta, hacer justicia comienza por reconocer la vigencia de la injusticia cometida contra ella. Hay que separar, por mucho que nos cueste, la vigencia de la injusticia cometida en el pasado con la solvencia del asesino (¿quién puede devolver la vida a la víctima?) o con el tiempo transcurrido (¿por qué ha de prescribir un crimen?). Este razonamiento tiene implicaciones políticas porque si resulta que si las injusticias pasadas siguen vigentes, porque no han sido satisfechas, cualquier orden político basado en el olvido de ese pasado está tocado en su legitimidad. El pasado embarga el presente de suerte que una política con memoria tiene que ser una política en duelo.

---

utilización del sufrimiento pasado. Lo que pide el pasado de sufrimiento es una política que no genere ni sufrimiento ni violencia. La única violencia pensable es la que uno pueda hacerse para ser fiel al sufrimiento pasado, reconociendo la actualidad de esas injusticias, y evitar a todo precio que no se generen nuevas, empezando por las que uno mismo pudiera producir. Cualquier estrategia política que pase por el terror para llegar a la utopía es una edición más de la ancestral violencia mítica.

57. Ese pasado es interpelante, no «discursivo» o consensual. El derecho puede ser consensual entre aquellos que están ahí una vez que el derecho vigente ha sido entronizado, pero ese derecho excluye, por definición, a los que no están ahí. El que no está ahí, sea porque ha quedado al borde del camino o porque está marginado, no puede intervenir en el discurso más que preguntando por la injusticia pasada, injusticia que el derecho vigente entiende cancelado. Ver Peñalver, 2001.

Lo que aporta, pues, la memoria de Auschwitz a su comprensión es la memoria de los sufrimientos pasados sobre cuyo olvido e insignificancia se ha construido el presente. Podemos ahondar en su significación repasando el *Fragmento teológico-político (1920/1921)* en el que se plantea los dos modelos políticos que hemos visto. Benjamin escribe en un momento:

> El orden de lo profano tiene que construirse sobre la base de la idea de felicidad. La relación de este orden con lo mesiánico es una de las piezas doctrinales más fundamentales de la filosofía de la historia. En efecto, esa relación condiciona una concepción mística de la filosofía de la historia cuya problemática se puede ilustrar con una imagen. Si la orientación de una flecha señala el blanco al que se dirige la *dynamis* de lo profano y otra flecha la orientación de la intensidad mesiánica, resulta entonces que la búsqueda de la felicidad de la humanidad libre corre en sentido opuesto al empuje mesiánico; ahora bien, así como una fuerza puede potenciar en su trayectoria a otra que va en sentido opuesto, de la misma manera lo puede hacer el orden profano respecto al advenimiento del reino mesiánico. Lo profano no es en efecto ninguna categoría del reino, pero sí una de las más próximas, en su discreto acercamiento (GS II/1, 203-204[58]).

En este apretado y nada fácil texto, Benjamin deja claro que la relación entre el «orden de lo profano» y el «orden de lo mesiánico» es capital para la política. Se imagina esos dos órdenes como dos flechas que vuelan en direcciones opuestas: el orden de lo profano va en dirección de la felicidad, y el mesiánico en la dirección de la redención. No son objetivos convergentes sino opuestos, pues el uno se consigue y el otro adviene. Pero esas dos flechas que vuelan en sentidos opuestos no pueden evitar una gran proximidad. Hay un punto en el que los planos se cruzan y casi se tocan. Esa proximidad les potencia mutuamente.

Benjamin pone nombre a ese encuentro o, mejor, al máximo acercamiento de los dos planos que conforman las dos flechas. Hay un punto de proximidad entre la flecha profana y la mesiánica, esto es, entre la búsqueda de felicidad (orden profano) y la demanda de justicia (orden mesiánico). El orden profano, es decir, la política, busca la felicidad y el orden mesiánico también, pero con un matiz, a saber, que el orden mesiánico extiende el derecho a la felicidad también a los muertos, a las víctimas de la historia. Claro que podemos preguntarnos qué tiene que ver la búsqueda de felicidad de los

---

58. Sigo mi propia traducción (Mate, 1990, 63-64).

vivos con el sufrimiento y frustración que acompañó a los muertos hasta su tumba. Hay una relación, entonces, mientras los vivos se plantean esperanzadamente la felicidad, los muertos la tienen frustrada; pero frustración y esperanza se refieren al mismo deseo de felicidad. Con esto, sin embargo, no está todo dicho, ya que el orden mesiánico descubre en esa frustración un sufrimiento, una desgracia, que él interpreta como derecho de felicidad. Volvamos ahora a la imagen de las flechas que vuelan en dirección contraria: cuando la política, que vuela hacia la felicidad de derecha a izquierda, se encuentra con el impulso mesiánico, que se hace cargo del sufrimiento volando de izquierda a derecha, una y otra experimentan que hay un punto común, el de la búsqueda de felicidad, sólo que la política lo hace desde la filosofía del progreso y el orden mesiánico desde el sentido del sufrimiento o de la frustración. Para la política, la felicidad es la meta del progreso, mientras que para el mesianismo es el derecho de las víctimas del progreso. Que las posibilidades de que ese derecho sea saldado sean mínimas no hay que interpretarlo en el sentido de que el Mesías no acabe de venir o pase de largo; la debilidad mesiánica tiene que ver, más bien, con nuestra incapacidad de reconocer en los más débiles de nuestros contemporáneos a seres humanos, sujetos de felicidad. Lo que nos quiere decir Benjamin es que ese encuentro de las dos flechas, en planos diferentes, fecunda poderosamente a la política.

Comparemos brevemente la diferencia entre búsqueda de la felicidad, propia del orden profano, teniendo o no en cuenta la experiencia del sufrimiento, es decir, considerando o no ese cruce de flechas que vuelan en sentidos opuestos: en el supuesto de que consideremos la política autónomamente, sin tener en cuenta la existencia de la otra flecha, tendremos que concebir la felicidad como la meta a la que aspira la humanidad, meta que está al final de los tiempos y que afectará a todos aquellos hombres. Para llegar y lograr esa meta no hay que escatimar esfuerzos y sacrificios presentes y pasados. Se concibe la filosofía progresista de la historia como imitación del darwinismo natural. La belleza y perfección del último eslabón de la cadena legitima o disculpa el que haya que «aplastar unas cuantas flores inocentes» en el camino. La consideración autónoma no escapa a la filosofía del progreso. Si, por el contrario, se tiene en cuenta la experiencia de sufrimiento, es decir, no se pasa de largo ante el destino de las víctimas, entonces no se podrán sacrificar generaciones presentes para que las futuras sean felices. Cada caso de sufrimiento, de fracaso, es un absoluto y reclama el derecho a la felicidad. Este planteamiento se opone a aquel otro que ve la desgracia como algo natural, como una ley inexorable de la naturaleza, ley que se expresa en lo de la «caducidad de la naturaleza». Pero Benjamin se revela contra esa resignación o ese cinismo y en lugar de hablar de la naturaleza caduca plantea una «naturaleza mesiánica», es decir, un orden profano fecundado con el sentido del sufrimiento de las víctimas. Ese nuevo concepto, que reúne en una sola expresión dos mundos diferentes, reconoce algo inconcebible para la filosofía occidental: que la vida es el lugar del conflicto, de la miseria, de la injusticia, del fracaso («caducidad» de la naturaleza), pero —y esto sí que es definitivo— todo ese sufrimiento no es el precio de ninguna felicidad sino una exigencia de justicia. La tarea de la política es perseguir «la naturaleza mesiánica», es decir, plantear el derecho a la felicidad de cada individuo, de cada experiencia pues «cada uno de esos instantes es la pequeña puerta por la que se puede colar el Mesías» (GS I/2 704). Una política fecundada por la «naturaleza mesiánica» no podrá ya mercadear con la felicidad individual. La puerta por la que entra el Mesías es la del reconocimiento del derecho singular a la propia realización. La clave de una concepción anamnética de la política consiste en tomarse en serio la significación teórica del sufrimiento: no cerrar los ojos ante el espectáculo del mundo, sino buscar en él, en sus conflictos y aporías, el sentido de la existencia.

VI. LA EJEMPLARIDAD DE AUSCHWITZ

La segunda tesis derivada del imperativo categórico adorniano es que hemos llegado a reconocer esa autoridad del sufrimiento no tras una encuesta por libros, aunque sean de historia, sino por el testimonio de Auschwitz. Del sufrimiento se puede hablar de muchos modos y maneras, pero hay una experiencia específica, en Europa y en el siglo XX, donde el sufrimiento ha adquirido una significación epocal por su radicalidad e implicaciones políticas, morales o científicas, experiencia a la que designamos con el nombre de un lugar, Auschwitz. Hay acontecimientos que son como microcosmos en los que se puede detectar el drama de una época porque, como adelanta Benjamin, «*en* la obra se halla conservada y realizada (*aufbewahrt und aufgehoben*) la obra general y *en* la época, el curso entero de la historia» (Benjamin GS II/1, 702-703). Estamos hablando de momentos ejemplares que se proyectan sobre toda una época. Los autores de *Dialéctica de la Ilustración*, escrita después de los campos de concentración, desarrollan la misma idea cuando dicen que la ciencia es estadística, pero que al conocimiento le basta un solo campo de concentración[59]. Hay un tipo de conocimiento, el científico, que pretende ser universal porque detecta comportamientos o reacciones que acompañan necesariamente a determinadas causas o provocaciones; y hay otro tipo de conocimiento que es universal, aunque se dé sólo una vez, porque en él se concentra toda una época o un determinado modo de ser de la humanidad. Auschwitz es uno de esos hechos epocales, casos singulares que se proyectan universalmente porque se pone de manifiesto algo muy general, aunque oculto. Éste es el tema de la singularidad del holocausto de los judíos europeos programado por el nacionalsocialismo.

La singularidad de Auschwitz es un asunto que ha hecho correr mucha tinta porque se presta a todo tipo de malinterpretaciones. Se suele pensar que quienes la afirman muestran un grado mayor de sensibilidad por el destino del pueblo judío, pero no siempre es así. Se la puede utilizar como exculpación del fascismo que no era alemán, por ejemplo el italiano. Los que están en contra pueden estarlo sea para rebajar el horror de Auschwitz, comparándolo a cualquier otro atropello histórico (caso de Nolte), o para llamar la atención de todos los sufrimientos (caso de Todorov). Conviene saber en cada caso de qué se habla. Propondría, para evitar malentendidos, distinguir dos ámbitos de discusión bien diferenciados: el moral y el histórico. La singularidad de Auschwitz, desde un punto de vista moral, sólo puede referirse al grado de maldad allí acontecido y nunca puede pretender establecer un ranking entre los sufrimientos de las víctimas. Es perfectamente legítimo decir que en Auschwitz la maldad alcanza un grado inédito. La graduación moral es algo muy habitual en filosofía. Kant, como ya hemos visto, distinguía entre mal radical y mal diabólico; en el primer caso, el hombre cometería el error de colocar el bien en lo perverso, pensando que el mal es el bien; en el segundo, la voluntad querría el mal por el mal, algo impensable incluso en el ser más perverso pues éste siempre quiere el bien, aunque se equivoca al identificarlo. Pues bien, Auschwitz sería el lugar

---

59. Entre los materiales preparatorios de la *Dialéctica de la Ilustración* (Trotta, Madrid, ⁵2003) se encuentra esta idea de que al pensamiento canónico, filosófico o científico, lo que le interesan son las grandes cifras, los estudios comparados, el resultado global, es decir, «la estadística», mientras que al nuevo pensamiento —«al conocimiento»— le basta un sólo caso, «un campo de concentración» para cuestionar toda la teoría holista. La idea queda recogida en la citada obra, en el fragmento «Filosofía y división del trabajo, 288-289». Esto significa que no se defienden mejor los derechos de las víctimas en Hiroshima o Chiapas haciendo «estadística» sino profundizando en un campo.

en el que el mal alcanza ese nivel impensable para Kant. Pero esto no significa que podamos distinguir entre sufrimientos o víctimas de primera y segunda división. Todo sufrimiento es una injusticia que clama al cielo y pide justicia. Por eso no nos es permitido graduar o clasificar los sufrimientos de las víctimas, como si el mal de los judíos fuera mayor que el de los gitanos o la tortura infligida por soldados japoneses o conquistadores españoles fuera menos justificable o más soportable que la infligida por un nazi a un prisionero judío. Es esta competencia en sufrimientos entre víctimas la que es inaceptable.

Por lo que hace a la singularidad histórica de Auschwitz, lo que se debe aclarar es si hay ahí características propias, inéditas, que la diferencian cualitativamente de cualquier otra barbarie conocida. Bien se puede afirmar que hay razones históricas fundadas para sostener esa singularidad. Los argumentos manejados son de este tenor: *a*) Que el genocidio judío no es un medio sino un fin. No se les mataba por razones políticas (genocidio armenio o ucraniano), ni como resultado de una explotación económica (la mayoría no conoció el universo concentracionario pues moría el mismo día de su llegada), sino por el hecho de haber nacido judío. Los nazis deciden quiénes tienen derecho a vivir en la tierra así como el lugar y el plazo del exterminio. Estamos ante un tipo de delito considerado, segun Arendt, sin precedentes (Arendt, 1964, 414). *b*) Que por primera vez un Estado decide eliminar a un grupo humano en su totalidad poniendo a disposición todos los medios técnicos (Jäckel, 1987, 118). *c*) Que por más que la barbarie nazi se inscriba en la violencia del siglo XX, hay un punto de desmesura no alcanzado hasta ese momento. El historiador Raul Hilberg sintetiza ese punto de culminación en la entrevista que le hace Lanzamnn en *Shoah* de la siguiente manera:

> En el siglo IV, en el V y en el VI los misioneros cristianos decían a los judíos: *No podéis vivir entre nosotros como judíos*; en la Edad Media, el brazo secular que les sucedió les mandaba el siguiente recado: *No podéis vivir con nosotros*. Y los nazis decretaron: *No podéis vivir* (Lanzmann, 1985, 109).

Hay por tanto una vieja historia de antisemitismo que alcanza un punto desconocido con los nazis, de ahí que se pueda hablar de singularidad. *d*) El historiador Vidal-Naquet aporta otro argumento fundamental. Dice que no hay que buscar la singularidad en la industrialización de la muerte, es decir, en el empleo de técnicas industriales para matar, pues esas técnicas eran muy elementales. «Lo esencial», dice él, «no está ahí. Lo esencial es la negación del crimen dentro del crimen mismo» (Vidal-Naquet, 1991, 416). Esto tiene dos sentidos: en primer lugar, no dejar rastro. Organizar el crimen de suerte que no hubiera ni testigos para certificar su existencia, ni restos materiales que pudieran servir para reconstruirlo[60]. El segundo, una organización tan burocratizada en la que no hubiera culpables, en la que la responsabilidad quedara diluida. El sistema, bien analizado por Baumann en *Modernidad y Holocausto*, tomaba decisiones parciales cuyo ejecutor material era el *Sonderkomando*, es decir, el propio judío. Esto llevaba a un abogado de los nazis, Hans Laternser, durante el juicio de Auschwitz (1963-1965), a plantear la tesis de que en esa cadena de muerte a quienes *seleccionaban*, es decir, a los que decidían quiénes iban a trabajar —y, por tanto, quiénes iban al horno crematorio—, que eran SS, había que considerarles como auténticos salvadores de los judíos (Vidal-Naquet, 1991, 416), pues ellos lo que directamente decidían era quiénes iban a trabajar, por eso buscaban a los más aptos, desentendiéndose de los demás, que no eran asunto suyo.

El debate sobre la singularidad, aunque afecta directamente a la investigación histórica, desborda el marco de la mera interpretación de la historia. Lo que está en juego es su significación epocal, es decir, el sentido que tiene un acontecimiento inédito e impensable para todo lo que ha ocurrido y ha sido pensado. La significación epocal afecta a la comprensión política de la historia, como ocurrió en el *Debate de los historiadores*, pero debe afectar igualmente a todo el pensar. Ya hemos señalado que en ese debate lo que se ventilaba era cómo había que ser alemán hoy, después de Auschwitz, es decir, si Auschwitz obligaba o no a las generaciones actuales a comprenderse colectivamente a partir de la responsabilidad de ese acontecimiento: o patriotismo nacionalista o patriotismo constitucional. Otro tanto cabe decir en relación al pensar: ¿significa Auschwitz una novedad tal que ya no se pueda pensar igual que antes, que hay un antes y un después? El problema lo planteaba bien Adorno en *Minima moralia*:

> Pensar que después de esta guerra la vida podrá continuar *normalmente*, aun que la cultura podrá ser *restaurada* —como si la restauración no fuera ya su negación— es idiota [...]. Si la situación continúa

---

60. Levi ha subrayado bien este aspecto del Holocausto en *Los hundidos y los salvados* (1989).

imparable (continuismo), la catástrofe será perpetua (Adorno GS, 4, 61-61 / 1999, 53).

Esa ruptura que supone Auschwitz podría estar movida por dos tipos de razones, entre sí opuestos: sea porque el pensamiento estuvo del lado del verdugo, como dice Jean Améry (2001, 62); sea porque ni se enteró, tal y como piensa Hanna Arendt, que llega a exculpar a la filosofía de lo que realmente ocurrió porque superó su propia imaginación de lo posible.

La posición que aquí se sostiene es que conocemos casi todo de Auschwitz pero no llegamos a comprender casi nada, por eso da que pensar. Esa actividad cognoscitiva arranca de un acontecimiento singular, que no es excluyente. La singularidad de Auschwitz no consiste en aislarse de todas las demás formas de barbarie, sino en tener el triste privilegio de haber puesto al descubierto algo tan general como que la *historia passionis* es un momento integrante de la realidad.

Ahora bien, si eso es así, recordar Auschwitz es reconocer la vigencia de los derechos insatisfechos, la permanencia de las injusticias pasadas. Eso nos lleva a rechazar la interpretación usual que se da del nuevo imperativo categórico (y que es la misma que se sobreentiende habitualmente cuando hablamos del pasado), a saber: recordar para que la historia no se repita. Entiendo que esa interpretación no es de recibo porque utilizamos la injusticia hecha a la víctima en provecho propio. Es como si de los muertos extrajéramos una última plusvalía en favor de nosotros, los vivos. «Que Auschwitz no se repita» debe ser pensado, empero, en relación a las víctimas, por eso tiene que significar «que la injusticia que se les hizo no se perpetúe». La memoria de ese horror no puede perder de vista el punto de partida; eso es lo que da que pensar, y el guía para ese inevitable recorrido es el testigo.

4

LA AUTORIDAD DEL TESTIGO

Contra el olvido se yergue la voz del testigo. Él sabe lo que los demás olvidan. El film de Claude Lanzmann, *Shoah,* se abre con una secuencia en la que un superviviente, Simon Srebknik, se adentra por el sendero de un bosque, igual a cualquier bosque, hasta que se detiene susurrando levemente: «Es difícil reconocerlo, pero era aquí». En ese «era aquí» estriba toda la fuerza del testigo. Ese «aquí» señala un lugar preciso que para el espectador no es nada, como no dirá nada a la cantidad de paseantes que circulan por allí habitualmente. Para el testigo, sin embargo, ese «aquí» señala una historia oculta y ocultada, el lugar del campo. «Aquí», aunque no lo parezca, disimulado hoy por el verde bosque, es el lugar de un campo de exterminio. La mirada del testigo ve y desvela lo que el ojo humano del ciudadano contemporáneo no sospecha.

El testigo recuerda un lugar, una historia, pero ¿cuál es el lugar epistemológico del testimonio? Es una pregunta importante si queremos valorar realmente la fuerza del testigo. Comparemos la centralidad que tiene en Kant el espectador con las sospechas que levanta el testigo. Esta diferencia no es una reacción debida a rasgos psicológicos sino que hunde sus raíces en las convicciones más profundas de la Modernidad. El entusiasmo de los espectadores aparece, en el escrito de Kant, como una *experiencia* de tal envergadura que pueda considerarse como un *signo histórico* cuya presencia indica que la humanidad progresa moralmente.

Si el espectador ocupa un lugar tan notable en el juicio histórico —lugar que escapa a los mismos agentes de la revolución— se debe a que la experiencia del espectador tiene que ver con la quintaesencia del conocimiento ilustrado. Tenemos, pues, que examinar la relación entre experiencia y conocimiento para entender por qué el entusiasmo del espectador puede convertirse en el pulsómetro de la salud moral de una sociedad y por qué la palabra del testigo es tan irrelevante.

Es Walter Benjamin quien, muy tempranamente, llama la atención sobre la dependencia del conocimiento kantiano de un concepto jibarizado de experiencia:

> Para la Ilustración había *auctoritates,* entendidas no como aquello a lo que hay que someterse incondicionalmente, sino como fuerzas espirituales capaces de otorgar a la experiencia un contenido importante (Benjamin, GS II 150).

Lo suyo era una idea de experiencia reducida al punto cero, a puro experimento. Por eso se plantea como tarea prioritaria de la filosofía futura, elaborar una nueva «fundamentación epistemológica de un concepto superior de experiencia» (GS II 160). Lo que Benjamin está queriendo decir es que la teoría moderna del conocimiento tiene por referente a la experiencia científica con lo que el modelo de conocimiento es el que proporciona la conciencia empírica, mal que le pese a Kant. Ahora bien ¿cómo funciona la conciencia empírica? La conciencia empírica se halla, respecto al conocimiento, como un sujeto frente a un objeto. Kant sobreentiende siempre un yo corpóreo-espiritual e individual que, por medio de los sentidos, recibe sensaciones con las que construye representaciones. Para Benjamin esta forma de trabajar que tiene la conciencia empírica —y, por extensión, el conocimiento filosófico— es pura mitología, pues no escapa al mito del hombrecillo que está dentro del hombre y elabora lo que viene de afuera[1].

Lo que Benjamin discute no es que el conocimiento científico funcione así, sino que esa psicologización sea el modelo del conocimiento filosófico. En un contexto semejante, la figura del «espectador» adquiere una dimensión ejemplar pues es garantía de neutralidad y universalidad del conocimiento, al igual que la experiencia científica, que sirve de base a la conciencia empírica y al conoci-

---

1. «No se puede dudar de que en el concepto kantiano de conocimiento el papel más importante lo desempeña la concepción, por sublimada que esté, de un yo espiritual-corporal individual, que por medio de los sentidos recibe las sensaciones sobre las que construye sus representaciones. Pero esta concepción es mitología y, en lo que atañe a su contenido de verdad, vale lo mismo que cualquier otra mitología del conocimiento» (Benjamin, GS II, 161).

miento filosófico. El fondo del problema es que se confunde el «concepto natural e inmediato de experiencia», propio de las ciencias naturales, que habría que traducir por experimento, con el «concepto de experiencia del entramado cognoscitivo» (GS VI, 36-37). Y en lugar de supeditar el conocimiento a la experiencia científica, hay que hacerlo al revés, siguiendo el espíritu de Kant que el propio Kant olvidó. Para poder hacerlo hay que partir de otro tipo de experiencia, que desborde los estrechos límites del experimento, hasta erigirse en «símbolo de la unidad del conocimiento» (GS VI, 37). Se trata, pues, de entender la experiencia no como algo exterior al conocimiento sino como el despliegue de todas las virtualidades del conocimiento[2]. Pues bien, el testigo viene precisamente de la zona más recóndita de la experiencia.

Esta figura del testigo, fundamental para conocer la realidad, ocultada por una apariencia que tiene carta de naturaleza, se topa con una dificultad de la que ya avisaron las propias víctimas cuando dejaban huellas para que supiéramos, aunque avisaran que nunca sabríamos[3]. Ellos están atrapados entre la prohibición de callar y la imposibilidad de hablar y, nosotros, entre la necesidad de escucharlos y la imposibilidad de saber. El testigo se siente urgido a hablar hasta el punto de que ésa era en muchos casos la razón de vivir, la

---

2. Esto lo vio bien el neokantismo, y por eso redujo las cosas a fenómenos del conocimiento. Consiguió, claro, superar la exterioridad al sujeto al precio de situarlo dentro del sujeto con lo que se acabó en una especie de «platonismo transcendental». Cf. Fernández-Castañeda, 1999, 77.

3. «Tu dois sortir d'ici, tu dois témoigner de notre suffrance et de l'injustice qui nous a été faite» (Lanzmann, 1985, 180). Del mismo tenor es el célebre pasaje de Levi: «Quizá no se pueda comprender todo lo que sucedió, o no se deba comprender, porque comprender casi es justificar. Me explico: "comprender" una proposición o un comportamiento humano significa (incluso etimológicamente) contenerlo, contener al autor, ponerse en su lugar, identificarse con él. Pero ningún hombre normal podrá jamás identificarse con Hitler, Himmler, Goebbels, Eichmann e infinitos otros... No podemos comprenderlo; pero podemos y debemos comprender dónde nace, y estar en guardia. Si comprender es imposible, conocer es necesario, porque lo sucedido puede volver a suceder, las conciencias pueden ser seducidas y obnubiladas de nuevo: las nuestras también» (Levi, 1988, 208). Advirtamos que la distinción que hace Levi entre «comprensión» y «conocimiento» no coincide formalmente con las distinción que la academia hace entre «comprensión» y «explicación». Lo que Hempel, por ejemplo, llama «explicación» se acercaría a lo que Levi llama «comprensión», esto es, el intento de explicar científicamente un acontecimiento histórico por la vía de la causalidad. Más alejados estaría lo que Levi llama «conocimiento»: coincidiría con la «comprensión» en Hempel o Von Weight en que aquí no se persigue un conocimiento científico sino una aproximación, siempre insuficiente, porque tiene en cuenta la libertad incondicionada del sujeto. Cf. C. Yturbe «El conocimiento histórico», en Mate (ed.), 1993, 271-289.

razón de luchar contra la muerte. Por eso nada horroriza tanto al testigo como poder perder la memoria[4]. Pero también sabe que nunca podrá darse a entender verdaderamente, que nunca podrán los demás saber lo que allí ocurrió, porque esa experiencia es incomunicable.

Quienes entendieron perfectamente la importancia del testigo eran los propios nazis, por eso no estaban dispuestos a dejar ni rastro. Los cadáveres eran transformados en cenizas y las cenizas eran luego aventadas. Los miembros de los *Sonderkomados*, testigos forzados de todo ese proceso, eran también sistemáticamente eliminados. Los soldados de la SS+, sabiendo que sus víctimas confíaban en que la humanidad descubriera aquella barbarie e hiciera justicia, advertían cínicamente a los prisioneros que abandonaran esa esperanza porque ninguno quedaría vivo para contarlo. La historia del *Lager* la escribirían ellos, los vencedores, que serían celebrados como héroes, mientras que las víctimas se desvanecerían como humo[5]. El historiador Vidal Naquet llega a decir que lo específico de Auschwitz no es la industrialización de la muerte, esto es, el empleo de técnicas industriales para matar en masa, en lugar de para producir bienes; los hornos crematorios y las cámaras de gas, por muy perfeccionados que fueran desde un punto de vista industrial, eran bien elementales desde un punto de vista técnico. No, lo esencial no es eso, «lo esencial es la negación del crimen dentro del propio crimen» (Vidal-Naquet, 1991, 416). Querían crear un acontecimiento epocal sin testigos.

I. TESTIMONIO Y VERDAD

La figura del testigo se convierte así en la puerta giratoria de toda mirada presente hacia el pasado y de toda vigencia del pasado en el presente. Se trata, por lo que acabamos de adelantar, de una figura harto compleja pues si, por un lado, no hay verdad de la realidad si falta ese testimonio, también es cierto, por otro, que la verdad escapa al testimonio, como bien señala Blanchot cuando se pregunta «cómo filosofar, cómo escribir en el recuerdo de Auschwitz, de aquellos que nos han dicho, a veces en notas enterradas cerca de los

---

4. Esta aporía es el tema dominante en el diálogo entre J. Semprún y E. Wiesel (1995). Es ahí donde dice Wiesel «j'ai toujours eu peur de perdre la mémoire».
5. Primo Levi, que abre con esta reflexión *Los hundidos y los salvados*, añade otra razón para la desesperación de los prisioneros: la enormidad del crimen es tal que nadie que lo cuente, aunque sobreviva, será creído (pp. 11 ss.).

crematorios: sabed lo que ha pasado, no olvidéis, y, al mismo tiempo, nunca sabréis» (Blanchot, 1980, 130-131). Nunca, ni con su testimonio, sabremos lo que allí ocurrió.

Lo primero que llama la atención, a la vista de la centralidad del testigo, a la hora de entender la verdad de una época, es la debilidad de esa figura a lo largo de la historia de la filosofía. El testigo es capital en el pensamiento jurídico, pero no en filosofía y, dentro de ella, en las teorías del conocimiento. En filosofía, el testigo no es testigo de la verdad porque la verdad o es objetiva o es intersubjetiva, pero nunca supeditada al testimonio subjetivo.

El testigo no juega ningún gran papel, pero sí alguien que se le parece, aunque sea radicalmente diferente. Me refiero a la figura del espectador. El ilustrado Kant coloca en el espectador el barómetro del nivel moral de una sociedad. Cuando se pregunta si existe progreso moral a lo largo de la humanidad, responde que sí y que el criterio consiste en el mayor o menor grado de entusiasmo de los espectadores. La Revolución francesa, por ejemplo, supuso un avance en la conciencia moral de la humanidad por esa «simpatía [de los espectadores] rayana en el entusiasmo, cuya manifestación [...] no puede tener otra causa sino la de una disposición moral en el género humano»[6]. Hay, pues, una disposición moral en la humanidad que determinados acontecimientos históricos, como la Revolución francesa, activan, produciendo una «simpatía rayana en el entusiasmo». Ese papel lo puede jugar el espectador porque es neutral, no está implicado, por eso puede ser objetivo. El observador de fenómenos sociales tiene la misma credibilidad que el investigador en las ciencias naturales: pueden valorar la experiencia —el experimento— porque no influyen en él, ni lo juzgan interesadamente. El testigo, en cambio, sí que está implicado, por eso no tiene credibilidad racional.

La implicación del testigo está dada desde sus orígenes, según cuenta Giorgio Agamben. Remite la palabra «testigo» al término latino *autor,* que significa originariamente el que interviene en el acto de un menor para conferirle el complemento de validez que le es necesario. Evoca por tanto el término de *tutor*. Entre las acepciones más antiguas de *autor* figuran las de vendedor y testigo. ¿Qué tienen que ver con los términos «autor» o «tutor»? Veamos. El vendedor es *autor* o *tutor* en tanto en cuanto interviene, igual que el

---

6. I. Kant, *Ideas para una historia universal en clave cosmopolita y otros escritos sobre Filosofía de la Historia*, trad. e introducción de C. Panadero y R. R. Aramayo, Tecnos, Madrid, 1987, p. 88.

autor, como principio legitimador de la venta, del acto de vender o, si se prefiere, como un elemento complementario a la compra. Una compra no vale más que si el que vende es propietario de lo que vende. En ese sentido el vendedor cumple el papel legitimador del *autor*. También el testigo es *autor*. Podemos distinguir dos modalidades del testigo: *testis* y *superstes*. Si *testis* se refiere al testigo imparcial que presencia el litigio entre dos personas (sentido cercano, pues, al de espectador), *superstes* es autor en cuanto hace un relato en primera persona de algo previo, que es confirmado por su testimonio. El testigo, en este sentido (es este sentido al que nos referiremos), «es el que ha vivido hasta el final una experiencia y, en tanto que ha sobrevivido, puede referírsela a otros»[7]. Así, pues, el testimonio es siempre un acto de autor, es decir, implica una dualidad esencial: por un lado, lo que necesita ser legitimado o completado, y, por otro, la complementación, el poner voz a lo que no tiene voz. De ahí que sería un sinsentido un testimonio que pretendiera valer por sí solo, como sinsentido sería si aquello de lo que se atestigua tuviera voz propia. El testigo es una voz en primera persona que nos habla en nombre de la tercera persona.

Decía que no había apenas reflexión filosófica sobre el testigo y esto merece una aclaración, porque sí ha sido incoada en autores como Franz Rosenzweig, Enmanuel Lévinas o Walter Benjamin.

1. *Para Rosenzweig la verdad es testimonio*

Para Franz Rosenzweig la verdad es testimonio. Su filosofía comienza, como bien sabemos, por una denuncia a la filosofía occidental por idealista. La ilusión de que el pensar precede al ser convierte a la realidad en mero suministro para el conocimiento. La realidad es lo pensable, y como lo pensado se piensa conforme al modo del que piensa, pensar la realidad es pensarse. La verdad es entonces un asunto entre la mente que piensa y lo pensable de la realidad.

Frente a esa tónica que ha dominado a la filosofía «desde los jónicos hasta Jena» sitúa Rosenzweig su filosofía experiencial cuyo primer objetivo es liberar del corsé idealista a la realidad ahí prisionera. El resultado de esa operación destructora o deconstructora es la presencia autónoma de los tres elementos que componen la realidad sobre la que la filosofía no ha cesado de trabajar: Dios, hombre y mundo. Una filosofía que se precie tiene que reconocer la prioridad lógica y ontológica de estas realidades y renunciar por tanto a

---

7. Tomo estas consideraciones filológicas de G. Agamben (2000, 156).

considerarlas productos del sujeto cognoscente. Lo interesante para nuestro propósito es que esos elementos originarios de la realidad se manifiestan al filósofo crítico del idealismo como elementos aislados, encerrados en sí. La crítica lo más que puede hacer en su labor analítica es descubrir su existencia aislada, aunque en su existencia real esos elementos funcionan de hecho relacionados. Para captar la realidad de esos elementos la filosofía tiene que reconocer la prioridad del ser sobre el pensar. La filosofía que parta de la realidad descubre una interrelación entre los elementos originarios que ella expresa con la partícula *y*. De esas relaciones —gracias a la *y*— han salido las grandes experiencias de la humanidad: de la relación entre Dios *y* el mundo surge la creación; de la relación entre Dios *y* el hombre, la revelación; y de la *y* entre el hombre y el mundo, la redención.

Esa *y* señala una concepción específica de la verdad, que no se agota en sí misma, sino que remite a algo o alguien fuera de sí: sin mundo no hay creación; sin hombre no hay redención; sin Dios, no hay revelación. La verdad es verdad para alguien. Estamos lejos de Spinoza para quien la verdad se revela a sí misma: una idea verdadera es la que conoce la esencia del objeto que ella representa (Moses, 1982, 283). Y lejos de Hegel que afirmaba que el Espíritu conoce al Absoluto en la medida en que el Absoluto se encarna en el Espíritu. Eso a Rosenzweig le suena a tautología.

La veracidad de la evidencia no se funda en el propio sujeto cognoscente sino fuera de él. Rosenzweig se sitúa así en la estela del Descartes de las *Méditations métaphysiques* que coloca el última criterio de la verdad en Dios: la bondad divina garantiza que mis ideas claras y distintas sean siempre verdaderas porque su bondad y perfección no le permiten engañarme. Coincide con el filósofo francés en el convencimiento de que el fundamento de un pensamiento verdadero funciona como un acto de fe. La verdad no se consigue con demostraciones apodícticas, sino por el testimonio que de ella se da; lo que significa que sin la creencia en una complicidad entre el testimonio que se da y la fuente de lo que se da testimonio, más aún, sin el convencimiento de que la fuente de verdad necesita y garantiza el testimonio, no habría verdad. Rosenzweig se expresa en estos términos refiriéndose a los filósofos que han dominado «desde los jónicos hasta Jena»:

> A diferencia de la verdad de los filósofos, que sólo puede conocerse a sí misma, ésta tiene que ser verdad para alguien. Pero si sólo puede ser una, sólo puede serlo para el uno. De ahí que sea necesario que

nuestra verdad se haga múltiple y que *la* verdad se transforme en nuestra verdad. Así la verdad deja de ser lo que *es* verdadero y se convierte en aquello que [...] quiere ser confirmado como verdadero. El concepto de confirmación de la verdad (*Bewährung der Warheit*) se convierte en el concepto fundamental de esta nueva teoría del conocimiento» (Rosenzweig, 1989, 76)[8].

Y para que quede claro el papel del testigo en esta concepción de la verdad, precisa que hay verdades, tales como que dos y dos son cuatro o la mismísima teoría de la relatividad, que dependen de un esfuerzo especulativo, pero hay otras que el hombre «no puede confirmar sino con la ofrenda de su vida», sin descartar las que exigen, para llegar a ser tales, «el compromiso vital de todas las generaciones» (Rosenzweig, 1989, 76-77).

El criterio de verdad tiene que ser exterior a la subjetividad y eso significa que para el hombre la verdad exige un modesto acto de confianza: la fuente de la verdad no está a merced del conocimiento objetivo, de la demostración científica, sino que se expresa mediante el testimonio de vida. Podemos decir que hay un fundamento trascendente de la verdad, pero un fundamento que se confirma en la experiencia. Las verdades de la existencia son el testimonio de la verdad. Las verdades no se miden por un criterio objetivo que decide lo que es verdadero o falso, sino por su capacidad de generar credibilidad. Rosenzweig no ve otra manera de defender la encarnación de la verdad en la experiencia que recurriendo a una fuente trans-experiencial: la vida. Eso significa que la vida es el lugar de la manifestación de la verdad, la que da testimonio de la verdad que trasciende al hombre.

Comparemos un planteamiento inmanente con otro trascendente de la verdad. En el primer caso, la verdad es participación anónima en la razón universal; en el segundo, la persona decide lo que es verdadero en la medida en que da testimonio. En la realidad de la existencia, la verdad no se prueba racionalmente, sino que se aprueba, se testifica. La verificación (*Be-währung*) es aprobación y verificación:

> La verdad tiene que ser hecha-verdad (veri-ficada), y precisamente del modo en que comúnmente se la niega: dejando estar a la verdad *toda* y reconociendo, sin embargo, por verdad eterna la porción a la que uno se atiene (Rosenzweig, 1990, 437 / 1997, 462).

---

8. Para todo este punto sigue siendo recomendable Moses, 1982, 277-289.

La verdad se la juega en la experiencia del hombre, en la confesión que hace el hombre de ella, y aunque la experiencia concreta del hombre sea una porción muy particular, así se juega el ser o no ser de la verdad toda. Las proposiciones no son verdaderas o falsas en sí mismas sino que tienen que ser refrendadas por lo que se sigue, de suerte que la secuencia es lo que testifica o verifica la verdad de la proposición. Y ¿qué es la secuencia, ese lugar en que se verifica la verdad? No la conclusión del silogismo, sino la vida. Estamos ante un tipo de lógica —«mesiánica» diría él— en la que lo decisivo es el camino que lleva a través de las verdades que algo le cuestan al hombre, hasta aquellas otras que sólo puede verificar con el sacrificio de su vida. Estamos, pues, ante una lógica que «valora las verdades según el precio de su confirmación y según el vínculo que crean entre los hombres» (Rosenzweig, 1989, 77)[9]. La vida se convierte en el testigo de un momento previo cuya verdad o mentira pende del testimonio de la vida.

Para el hombre concreto lo verdadero es aquello por lo que él vive. Eso que da sentido a su vida se hace verdadero en la medida en que el hombre lo confiesa. Si eso es así, se explica que todas las verdades humanas son parciales pues vienen a la existencia por el testimonio del hombre que así lo quiere. De ahí se podría sacar la conclusión de que no hay verdad-una, pero también la contraria, a saber, que ahí hay verdad porque la verdad se da participadamente. Podemos incluso decir que los hombres se reparten la verdad en la medida en que cada uno da testimonio de la parte de verdad que le ha sido dado experimentar[10].

Otro momento de la concepción rosenzweigiana de la verdad es el de su *indecibilidad o impronunciabilidad*. El nombre, el nombre propio es lo que expresa la singularidad irreductible de cada ser humano. Eso se observa bien en el momento de la muerte. Cuando el moribundo ha sido despojado de todos los accidentes y ropajes con los que ha sido identificado a lo largo de su vida, sólo le queda el nombre propio, sólo responde cuando es llamado por su nombre.

---

9. Cf. también Adriaanse, 1994, 485.
10. Sobre la dialéctica entre lo singular y lo universal, hay que referirse al Adorno de *Minima moralia*. Lo que convierte a lo singular en exclusivo —y, por tanto, negador de toda universalidad— no es la insistencia en la singularidad sino, paradójicamente, la universalidad abstracta. Si decimos que «todos somos iguales», entonces da lo mismo uno que otro, y por eso cualquiera puede identificarse con el todo, con lo que excluye todo lo que no sea él o ello. Mientras que si afirmamos la diferencia entre la parte y el todo, entonces «negamos a lo singular el carácter de exclusivo, de excluyente representante del todo» (GS 4, 90-91 / Adorno, 1999, 77-79).

Ahora bien, Rosenzweig se apoya en la mística judía para señalar los límites del lenguaje, en general, y del nombre, en particular. La cábala, por ejemplo, distingue, a propósito de Dios, entre el Nombre revelado y la esencia trascendental de Dios. Esa distinción la recoge Rosenzweig cuando dice que más allá de la revelación, del Nombre revelado, no hay ya lenguaje y que, por eso, el *Deus absconditus* no tiene nombre. La tradición judía es fiel a esta intuición cuando establece un «nombre pronunciable» que corresponde a otro nombre que es impronunciable[11]. Que el Nombre revelado sea una pálida verbalización de un nombre propio impronunciable es una extraña paradoja que sólo se entiende si tenemos en cuenta que lo que se quiere decir al hombre es que el nombre del lenguaje no es la realidad última puesto que reenvía a una esencia innombrable[12].

Del planteamiento de Rosenzweig sobre la verdad cabe destacar dos aspectos. En primer lugar, que la verdad es testimonio. La verdad lo es para alguien que es quien verifica lo verdadero del planteamiento. El testigo es el garante de la verdad, quien la verifica con su vida o con su muerte. En segundo lugar, que la verdad es incomprensible porque es innombrable. Esto tiene consecuencias para el testigo pues en la medida en que el testigo pone nombre a la verdad, la personifica; lo que ahora se dice es que ese nombre es sólo un sustituto de un Nombre secreto, impronunciable. El testigo debe remitir, por tanto, a un silencio al que se debe.

2. *En Lévinas el decir es testimonio*

En Lévinas también encontramos un esbozo de teoría del testigo a propósito de su reflexión sobre la relación entre el decir y el dicho. La relación entre ellos[13] no es la propia entre significante y significado, entre lo significado y lo dicho. En esas relaciones el decir aparece como un principio previo y superior, la fuente de la que emana el dicho, el referente que mide la verdad del dicho.

Para Lévinas, sin embargo, el decir es de otro orden. Lo expresa escribiendo que «el decir es testimonio» (Lévinas, 1987, 224). Lo

---

11. «En vez de por su Nombre, lo llamamos *Señor*. El Nombre mismo calla en nuestra boca» (Rosenzweig, 1990, 427 / 1997, 451-452). Ver también Moses, 1982, 282.

12. Rosenzweig señala que «la última palabra», por ser la última, remite a un *jenseits der Worte*, a un «más allá de la palabra», igual que «la muerte en la creación». Ese silencio señala «lo redimido, igual que la muerte designa lo increado» (1990, 428 / 1997, 452).

13. Lo encontramos en Lévinas, 1987, 215-241.

lógico sería que el testimonio fuera lo dicho, como en un juicio en el que la palabra del testigo es la garantía de la verdad de un hecho que él ha presenciado, por ejemplo. Aquí el testimonio, el decir, es una proyección, «un signo dado al otro», que consiste en entender la vida como «aventura humana del acercamiento al otro, por medio de la sustitución del otro, por medio de la expiación para el otro» (*ibid.*, 224-225). El decir es la construcción ética del sujeto que se resuelve en projimidad, sustitución o expiación para el otro. Estamos hablando de un decir que es, a la postre, un escuchar, el reconocimiento del magisterio de la palabra del otro. El testigo no es quien habla sino el que está en tensión, dispuesto, disponible a la pregunta que viene de fuera[14]. Ser testigo equivale a constituirse en sujeto humano.

Hemos visto, en la filología propuesta por Agamben, que el testigo se debe a la autoridad de algo previo, más fontanal, o superior. Lo llamativo en Lévinas es que la autoridad del testimonio nace de la impotencia del otro. El decir, el testimonio, no consiste en hacer un gesto respecto a ese otro vulnerable, sino en constituirse en testigo en tanto en cuanto uno responde a la solicitud del otro. El testigo consiste en decir «heme aquí». Ese «heme aquí» suena a respuesta a una convocatoria que alguien me hace en demanda de ayuda. Pero no es eso: el «heme aquí» del testigo es diferente pues no hay convocatoria previa, sino que primero es la respuesta[15]. El ser humano sabe en un determinado momento que sólo puede ser humano si se comprende como responsabilidad ante los otros, por eso no necesita que le llamen para que responda: antes de que me llamen, yo responderé. Y en esa responsabilidad ya está dada la orden del otro de que me presente con mi «heme aquí». El testimonio consiste en la asunción de mi responsabilidad ante el otro. Entendámoslo bien. Una cosa es la solicitud por el hambre en el mundo, propia de lo que

---

14. Patricio Peñalver lo formula con precisión cuando escribe que «la sociedad, el lenguaje, es, pues, finalmente, la condición o el supuesto de la verdad. Pero como se ha visto se trata del lenguaje en que el otro me enseña, la sociedad que somete el dinamismo de la libertad al respeto del otro. La reciprocidad del diálogo o la comunicación entre iguales es una vicisitud posterior —esencial— del lenguaje, pero que oculta su esencia última moral» (Peñalver, 2001, 90).

15. «El Infinito me ordena al *prójimo* como rostro, sin exponerse a mí y tanto más imperiosamente cuanto más se estrecha la proximidad. Orden que no ha sido *causa* de mi respuesta, ni siquiera una cuestión que la hubiese precedido en un diálogo. Orden que yo encuentro en mi propia respuesta, la cual, en tanto que signo hecho al prójimo, en tanto que heme aquí, me ha hecho salir de la invisibilidad, de la sombra en la cual mi responsabilidad podría haber sido eludida. Este decir pertenece a la misma gloria de la que es testimonio» (Lévinas, 1987, 227).

solemos llamar un ser responsable, y otra cosa es que sólo en tanto en cuanto respondo del hambre en el mundo yo me constituyo en ser moral. En el primer caso mi acción, solidaria, da testimonio de un sentido de la responsabilidad que yo ya tengo, mientras que en el segundo caso me constituyo en testigo con mi acción de suerte que el testimonio consiste en la constitución de la responsabilidad. Nada moral hay antes de esa respuesta.

El testimonio no es aquí una declaración a favor del otro, sino un gesto constituyente de subjetividad, un «heme aquí», un reconocimiento de la autoridad del otro desvalido. En Lévinas el testigo no está en función del silencio, sino de la alteridad que me constituye en sujeto, en tanto en cuanto me entiendo y me sitúo en ser responsable. Si el ser testigo se resume en la respuesta «heme aquí», el testimonio que se manifiesta a través de esa respuesta remite a la autoridad del otro desvalido.

3. *El narrador como testigo, en Benjamin*

Los elementos para una teoría del testigo de la verdad en Benjamin los podemos encontrar sincopadamente en su escrito *El narrador*. La narración se alimenta de la experiencia, de lo que corre de boca en boca, de ahí que haya que entender generosamente eso de la experiencia del narrador, pues se refiere a la suya y a la que toma de los demás[16]. Lo que, sin embargo, en seguida señala Benjamin es la pérdida de experiencia, con lo que se complica la vida del narrador si se le ciega la fuente del relato[17]. Con la pérdida de experiencia se pierde la sabiduría que es una manera de vivir por delante de los acontecimientos, sabiendo leer el texto y hasta el contexto en que se produce un hecho determinado[18].

La pérdida de experiencia, mal de nuestro tiempo, tiene dos causas. En primer lugar, la ocultación de la muerte. La burguesía ha

---

16. «El narrador toma lo que narra de la experiencia, sea la propia o una que le ha sido transmitida» («El narrador», en W. Benjamin, GS II/2, 443; trad. española en *Sobre el programa de la filosofía futura y otros ensayos*, Monte Ávila, Caracas, 1970, p. 193).

17. «La experiencia está en trance de desaparecer» (Benjamin, GS II/2, 439 / 1970, 189); y «somos pobres en historias extraordinarias» (Benjamin GS II/2, 444 / 1970, 194).

18. La consecuencia inmediata es que no sabemos dar ni tomar consejos, «el consejo no es tanto respuesta a un interrogante cuanto propuesta ligada a la secuencia de una historia que se va desarrollando» (Benjamin, GS II/2, 442 / Benjamin, 1970, 192).

privatizado el morir, hasta entonces «un acontecimiento público en la vida de los individuos, sumamente ejemplar» (Benjamin, GS II/2, 449 / 1970, 198). En la experiencia del morir se transmiten las formas no de los conocimientos de un hombre, sino sobre todo «de su vida vivida y ésa es la materia con la que se hacen historias». Otro de los agentes más activos en el debilitamiento de la narración es la información. El tiempo de la información es el instante, como bien se precian de publicitar los medios de comunicación, mientras que el narrador «presta oídos a la nueva que viene de lejos». El tiempo corto de la información se opone al tiempo largo del relato. Su fuerza y, por tanto, su autoridad no le viene de la constatación que cualquiera pueda hacer de la noticia, sino de su misterio.

Para aclarar este punto recuerda el pasaje de Herodoto que cuenta el encarcelamiento del rey egipcio Psammenito. Le someten a torturas y sufrimientos y no se inmuta. Ve padecer a su hijo, a su hija, y no se le mueve un solo músculo. Pero al reconocer en la fila de prisioneros a uno de sus servidores «comenzó a golpearse la cabeza con los puños, dando todas las señales de un profundo dolor» (GS II/2, 195 / 1970, 195). Benjamin ve ahí la esencia del relato, pero no porque se subraye la compasión del rey, sino porque al no explicar su reacción, al no dar explicaciones de su sorprendente conducta, deja abierta la puerta a todas las interpretaciones, obligando a las generaciones futuras a un propio esfuerzo interpretativo[19]. Herodoto nada explica, igual que los cronistas medievales que renuncian a buscar explicaciones racionales de los hechos porque se insertan en un plan divino que es insondable. En lugar de demostraciones, el cronista proporciona exposiciones de hechos que se insertan en una trama cuyo sentido escapa a quien da cuenta de ella y que por eso mismo deja la puerta abierta a nuevas interpretaciones.

El relato no se agota en el narrador. Sin oyente no hay narración, mejor dicho, sin oyente que se haga narrador no hay narración, «relatar historias es el arte de saber seguir contándolas, y se pierde cuando las historias dejan de ser retenidas». Y señala una condición necesaria para que el oyente se convierta en narrador: «Cuanto más olvidado de sí mismo esté el oyente, tanto más profundamente se acuñará lo oído en él» (Benjamin, GS II/2, 447 / 1970, 196). Esa comunidad de narradores, que conforman tanto el narrador como el

---

19. «De ahí que esa historia del Egipto antiguo sea capaz, después de miles de años, de provocar admiración y reflexiones» (Benjamin, GS II/2, 446 / Benjamin, 1970, 195).

oyente, es una especialidad del relato o de la crónica que no encontramos, por ejemplo, en la novela. Ahí el lector está a solas.

El narrador de Benjamin tiene rasgos anunciadores del testigo. Ambos, en efecto, se alimentan de la experiencia. La diferencia entre el testigo y el narrador es que a aquél le está servida la experiencia de la muerte, mientras que a éste le puede venir en tercera persona. Si la experiencia de la muerte es el núcleo de la experiencia, ésta sólo le puede faltar al testigo si renuncia a serlo. El narrador está más expuesto a la pérdida de experiencia porque puede conocer la muerte sólo de oídas.

Otro rasgo común es que ni el narrador ni el testigo pretenden agotar las explicaciones. Más bien hacen preguntas, dejan interrogantes, como el rey egipcio. Como éstas son inagotables no hay comprensión posible que agote el sentido de una experiencia. En el caso del testigo, como veremos, hay un silencio que atraviesa todo su testimonio. Si no es capaz de remitir a ello, el testimonio es sospechoso. También el narrador está urgido por el silencio en tanto en cuanto el relato expone y no explica; muestra pero no demuestra, dejando ese misterio o silencio como legado a las generaciones posteriores.

El sentido del relato es convertir al oyente en testigo. Para eso es necesario que el testimonio sea un acontecimiento para el oyente o el lector. Quien ha expresado este punto de una manera excelente es Claude Lanzmann en su film *Shoah*. Esas ocho horas y media de película —cuyos protagonistas no son actores, sino supervivientes, sin reconstrucción alguna de lo que aquello pudo ser, sino mostrando únicamente huellas, restos o lo que hoy ha devenido aquel pasado— no son un documental sino un film con el que el autor trata de provocar una experiencia estética capaz de convertir al espectador en cómplice del relato, en testigo[20].

Si reunimos los elementos dispersos en estas distintas aproximaciones, podemos intentar un dibujo del testigo con estos rasgos comunes.

En primer lugar, la *relación del testigo con la verdad*. Cuando Simon Srebnik, en el film *Shoah*, pronuncia un «era aquí», está desvelando una realidad oculta al conocimiento ordinario. Puede que el testimonio no sea capaz de abarcar toda la verdad; lo cierto es que sin él tampoco hay verdad. Sin la palabra del testigo el bosque sería sólo bosque y nunca campo de exterminio. Lo que esto quiere decir

---

20. Una completa exposición de la estética del film y de sus implicaciones morales en Torner, 2001.

es que la memoria del testigo no sólo constituye una pieza acusatoria contra los criminales de antaño (valor jurídico del testimonio), sino que contribuye a la reconstrucción de la realidad de ese espacio (valor epistémico): ese lugar es bosque y campo o, mejor, es un bosque nacido sobre la ausencia del campo.

En segundo lugar, *la verdad es verdad para alguien*. No hay verdad en sí pues aquello de lo que se testifica no tiene más verdad que la verificada por el testigo. El testigo corrobora el acontecimiento originario. Sin testigo la verdad se frustra pues no hay manera de que la realidad llegue a su per-fección. Este su hacer-verdad no consiste en desvelar el ser del ente, sino en remitir el ente a la verificación del testigo. Pero el testigo no puede clausurar la verdad con una palabra que pretenda ser definitiva; al contrario, lo suyo es impedir que se cierre el caso, que se le archive en una determinada versión. El testimonio no puede cerrar la verdad porque se le escapa a él mismo. Es el embajador de una experiencia innombrable y sabe que su misión principal consiste en entenderla como lo que da que pensar, como lo impensado, algo que nadie puede dar por definitivamente pensado. No hay verdad sin testimonio, aunque hay que reconocer que la verdad escapa al testimonio.

En tercer lugar, si la verdad es testimonio y los testimonios son tan variados como la vida, *la verdad es plural*. De ahí no deriva ningún relativismo pues todos esos testimonios de la verdad remiten a un «más allá del lenguaje», que es silencio. Es una sorprendente idea de verdad pues no existe sin la palabra del testigo pero ésta erraría en su papel si no remitiera al silencio del que procede. Ese silencio originario, principio y fin del testimonio, tiene diferentes tratamientos. En Rosenzweig es la esencia lingüística del nombre, que es indecible. Las cosas tienen dos nombres: uno que es decible y cognoscible y otro que es innombrable. Para Benjamin, la mudez es la incapacidad del mundo de expresarse por sí mismo, teniendo que recurrir al lenguaje humano; y es también la incapacidad del hombre, tras la *caída*, de nombrar. Auschwitz ha supuesto una brutal revelación del silencio del testigo: el superviviente habla pero no de sí sino en nombre del que no tiene voz. Él cumple la tarea que Benjamin imponía a la escritura: conducir lo silenciado a la palabra[21], sólo que eso se revela indecible, resistente a una expresión suficiente, con lo que la palabra se convierte en guardiana del silencio. El

---

21. «Mi noción de un estilo y de una escritura objetivos y al mismo tiempo altamente políticos es ésta: conducir lo que es negado a la palabra» (carta a M. Buber, del 17 de julio de 1916, en *Gesammelte Briefe* I, 325-327).

testigo no guarda silencio, al contrario, tiene que hablar, pero, consciente del límite del lenguaje, protege el silencio como fuente inagotable de la palabra[22]. Por eso el testigo, que no puede guardar silencio, sí tiene que guardar al silencio.

En cuarto lugar, la *relación entre testimonio y muerte*. En la medida en que el testigo, como el narrador de Benjamin, se alimenta de la experiencia —no se testifica por ideas— y la muerte es un momento privilegiado de la experiencia, testimonio y muerte se coimplican. Si Benjamin subraya la experiencia de la muerte es porque en ella cristaliza el conjunto de la vida. Pero ¿en qué muerte está pensando? Parecería que en la vida de los patriarcas bíblicos, esos que vivían mucho, dejaban tras de sí varias generaciones de descendientes y morían rodeados de los suyos. Pero Benjamin no piensa sólo en eso; él sabe y dejará escrito que se puede leer en una biografía todo el sentido de una generación, y en un acontecimiento, el sentido de una vida. Coincide esta apreciación filosófica con el testimonio tanto de *hundidos* como de *salvados*, por utilizar la denominación de Primo Levi, según los cuales se envejecía en un instante porque en poco tiempo en el sufrimiento extremo se hacía la experiencia de toda una vida.

Finalmente, el testigo se disuelve si no tiene herederos, por eso busca al lector, al oyente o al espectador, para convertirlo en testigo. El testigo no cuenta una historia sino que nos la cuenta, nos busca porque la verdad que él alumbra necesita, para mantenerse vigente, la complicidad de alguien. Para conseguirla, el testigo recurre a todos los medios. Primo Levi, que cree en la razón del interlocutor, recurre a un «lenguaje sobrio y mesurado»[23], confiando en que la inteligencia del lector sabrá responder en justicia a su relato.

---

22. «Guardar el silencio es lo que queremos todos, sin saberlo, escribiendo» dice M. Blanchot. Citado por Arnau Pons en su encendida defensa de Blanchot como testigo. Cf. «La palabra en el estrago (por el derecho de Blanchot al testimonio)»: *Revista Anthropos*, números 192/193, dedicados a *Maurice Blanchot. La escritura del silencio*, p. 225.

23. «Creo en la razón y en la discusión como supremos instrumentos de progreso, y por ello antepongo la justicia al odio. Por esa misma razón, para escribir este libro [se está refiriendo a *Si esto es un hombre*] he usado el lenguaje sobrio y mesurado del testigo, no el sentido lenguaje de la víctima ni el iracundo lenguaje del vengador [...] sólo así el testigo en un juicio cumple su función, que es la de preparar el terreno para el juez. Los jueces sois vosotros» (Levi, 1988, 185). El testigo se pone a la altura del lector, por ejemplo, nosotros, los nacidos después de Auschwitz, filtrando la experiencia, tal y como él pedía —sin éxito, por cierto— a Jean Améry. Levi confía en un tipo de lenguaje que permita allegar al lector las preguntas que él se dirige y le dirige.

La complicidad buscada no es del orden de la solidaridad compasiva, sino de la justicia. El testigo quiere que se haga justicia y convoca al lector como juez. Que el testigo decline en los oyentes la responsabilidad de hacer justicia —«los jueces sois vosotros», dice Levi— supone un cambio epocal en la concepción de la verdad y también de la justicia. Por ahí nos aproximamos a una tradición filosófica, como la marxista, para la que la verdad es justicia, pero lo que aquí se dice es que en estas aproximaciones a la verdad que convocan a alguien, como veri-ficador de la verdad, ese alguien es reconocido no como un oyente atento a la palabra o al silencio que se le dirige, sino como juez, como alguien que puede hacer justicia. ¿Cómo puede alguien que pasaba por allí impartir justicia y de esta manera hacer verdad? Porque para establecer la verdad de y en la historia, se necesita un juez, un juicio, alguien que haga justicia. Estamos hablando de una justicia muy especial pues de lo que se trata es de sentenciar si hubo injusticia. Ahora bien, sólo pudo haber injusticia en el pasado si hoy hay memorias que lo recuerdan; sólo así, a través de quienes mantienen viva la memoria, se puede seguir clamando justicia. El testigo es la memoria de la injusticia. Por eso el testigo necesita la complicidad del oyente. Al recoger la palabra y transmitirla luego, el oyente del testigo hace memoria, se incorpora como un eslabón en la cadena que recuerda una injusticia. Y esa metabolización del hecho en memoria es capital para la verdad.

El testigo no busca informar mejor, ni describir con mayor precisión (aunque incluso para eso su papel sea determinante), sino convertir su testimonio en categoría, en la categoría moderna conformadora de lo que Kertesz ha llamado «el espíritu de la narración» (Kertesz, 1999, 55 ss.). Lo que se quiere decir con ello es que la comprensión de la vida individual es narrativa, es decir, resulta de la elaboración de las vivencias propias y del entorno. Esa narración debe tener un «espíritu», es decir, un referente orientativo. En un tiempo lo fue Dios, pero «desde que supimos por Nietzsche que Dios ha muerto nos encontramos ante el grave problema de saber [...] ante la mirada de quién vivimos, a quién debe rendir cuentas el hombre en el sentido ético» (*ibid.*, 54-55).

Pues bien, esa mirada simbólica bajo cuya luz actuamos es Auschwitz. Con ello se quiere decir que nuestra conciencia sobre la humanidad del hombre debe partir de la experiencia del sufrimiento que supuso el campo de exterminio. No podemos ya pensar el hombre, ni Europa, ni al hombre en general, desde la cultura del vencedor, ni siquiera desde el refugio abstracto que tan celosamente ha cultivado la filosofía. Hay que pensarle desde el horror y el absurdo de Auschwitz, erigido en símbolo de todo el sufrimiento por razones operativas[24].

Tras lo dicho queda claro que el testigo tiene *pretensión de verdad*, aunque se trate de una concepción de la verdad distinta de lo que habitualmente subsumimos bajo el rótulo de teorías de la verdad. Éstas tienen en común el tener que habérselas con facticidades, mientras que el testigo se refiere a algo de lo que no hay trazas. Entendámonos bien: de Auschwitz lo sabemos casi todo. De lo que no sabemos casi nada es de «ese olor a carne quemada»[25] que persigue al testigo toda su vida, es decir, de su experiencia vivida. A ese núcleo de la realidad, tan volátil en su aprehensión como tan determinante para el conocimiento de la humanidad del hombre, vale el testimonio, incluso vale un solo testimonio. Algo de esto ya captó Aristóteles cuando, hablando ciertamente de retórica, reconocía que un ejemplo puede tener valor demostrativo y ello porque los ejemplos «actúan como testigos y el testigo es siempre convincente [...] basta con un solo ejemplo, ya que un testigo honesto, incluso uno solo, es útil»[26]. Horkheimer iba más lejos cuando respondiendo a la sugerencia de Paul Tillich de iniciar una gran investigación rigurosa sobre el exterminio, aseguraba: «La ciencia es estadística, pero al conocimiento le basta un campo de concentración»[27]. Ya no se habla sólo de eficacia retórica, sino de conocimiento riguroso. Y hay ámbitos de la realidad en los que un solo caso es capaz de abrir un continente de sentido.

II. LAS PREGUNTAS DEL TESTIGO

La templanza de Primo Levi le ha convertido en el testigo principal, el más oído y respetado. Pero no todos le siguen. Los hay como Jean

---

24. «El espíritu misterioso pero decidido de la narración prefiere elegir este campo y no otro (el Gulag) y lo hace al mismo tiempo como símbolo de todos» (Kertesz, 1999, 62). Las razones de esta preferencia son la sencillez del símbolo (se les mata por ser judíos); es un hecho bien delimitado en el tiempo y en el espacio; y la catástrofe sobrevenida afecta a órganos vitales (*ibid.*, 56-57).

25. «¿Sabe usted qué es lo más importante de haber pasado por un campo? ¿sabe usted que eso, que es lo más importante, es lo único que no se puede explicar? El olor a carne quemada», dice J. Semprún en una entrevista en *El País*, 19 de agosto del 2000.

26. Cf. Aristóteles, *Retórica* II, 20; I, 15, 1375. Agradezco a Aurelio Arteta la indicación de estas referencias.

27. «Die Wissenschaft greift zur Statistik, der Erkenntnis ist ein Konzantrationslager genug» (carta de Horkheimer a Tillich, 12 de agosto de 1942, cit. por R. Wiggershaus, *Die Frankfurter Schule*, dtv Wissenschaft, München, 1988, p. 356).

Améry[28] que ven cómo el mundo se organiza olvidando el sufrimiento causado precisamente por los que ahora ríen; estos testigos no recurren a la razón sino al resentimiento, y como no esperan que este mundo feliz recuerde ni asuma sus responsabilidades, quieren al menos dejar constancia de la denuncia. Lo justo no se ventila en clave de diálogo sino de denuncia.

Precisamente por eso, porque el testigo pide con su testimonio que se haga justicia, tomando al interlocutor como juez, es decir, como quien puede hacer justicia, es por lo que podemos decir que el testigo no hace un relato neutro o desinteresado sino que plantea preguntas buscando nuestra res-ponsabilidad[29].

Preguntas han sido hechas, muchas, en el campo. Lo inédito de la situación arrojaba un torrente de preguntas que se multiplicaban exponencialmente al entrar en un circuito sin escapatoria posible en el que las preguntas no estaban permitidas: «hier ist kein warum»[30], dice Levi que les decían desde el primer momento a los prisioneros. *Aquí no hay preguntas*, que nadie busque inteligibilidad alguna. Y esa orden inhumana sólo podía desatar el flujo de preguntas. Preguntas, pues, hay muchas. Nos vamos a concentrar, sin embargo, en las referidas a Dios y al hombre y al mundo, evocando la idea de Rosenzweig de que son ésas las preguntas que no ha cesado de plantearse la filosofía. En Auschwitz se preguntó dónde estaba Dios y dónde el hombre y, a la vista de Auschwitz nos tenemos que preguntar cómo hablar ya del hombre en el mundo.

---

28. Jean Améry explica que lo que impulsó a escribir *Más allá del crimen y castigo* fue impedir que se dieran por buenas soluciones políticas e interpretaciones de la historia sobre la base del olvido. Por supuesto que «el pasado, pasado está. Pero el hecho de que eso haya tenido lugar no hay que tomárselo a la ligera. Yo me rebelo: contra mi pasado, contra la historia, contra un presente que permite que lo inconcebible sea históricamente arhivado y, por tanto, escandalosamente falsificado» (Améry, 2001, 46).

29. Estamos ante una teoría de la verdad en la que hay que distinguir bien entre hechos y verdad. La verdad no consiste en reproducir el hecho sino en hacerle justicia; de ahí que sea más importante el testigo que el documento. Con razón en el *Historikerstreit* los historiadores conservadores desconfiaban de los testigos, pues sólo les interesaban los hechos, pero «la verdad es otra cosa. Se la puede encontrar en un diario, o en una carta, no tiene que ser un documento. Los documentos [...] son un instrumento para conocer la verdad, que puede hallarse en palabras, en una sonrisa, en una oración o una poesía escrita por un niño o por alguien que tenía la muerte ante los ojos», dice Wiesel (Metz y Wiesel, 1996, 94).

30. Ver el comentario de Torner (2001, 162).

1. ¿Dónde estaba Dios?

Elie Wiesel cuenta la ejecución pública de tres prisioneros, uno de ellos un niño. Todos están allí, de pie, ante el patíbulo; alguien a sus espaldas se pregunta: «Pero ¿dónde está Dios? Y yo sentí en mí una voz que decía ¿que dónde está?, está ahí, colgado del patíbulo» (Wiesel, 1958, 103). Es una respuesta posible a una clara pregunta, pero hay otras. Primo Levi, por ejemplo, piensa que cualquier habitante del campo, sea Dios u hombre, tiene que renunciar a cualquier respuesta que busque sentido a ese absurdo[31]. Para quien, como Levi, ha sentido el abandono, esa pregunta por el sentido sólo tiene una respuesta: no procede ni siquiera planteársela. Wiesel, por el contrario, no cesa de planteársela, aunque siempre fracase en la respuesta[32].

Si la pregunta es inevitable, tratándose de víctimas condenadas por ser miembros del pueblo elegido, las respuestas son de dos órdenes. Los hay que no se sorprenden por el horror vivido; puede que sus proporciones sean inauditas, lo que pasa, dicen, es que no plantean nada nuevo. Es un episodio más de una historia de sufrimientos para la que la teología ya dio una respuesta que sigue siendo válida. Encontramos esta actitud tanto en la teología judía como en la cristiana. Están, por un lado, quienes explican el genocidio nazi con paradigmas y metáforas clásicas de la tradición judía. Los rabinos Joel Tetelbaum y M. I. Hartum son representantes de ese judaísmo ortodoxo que explica el genocidio nazi como otros explicaron la expulsión de Sefarad o la destrucción del templo, a saber, como un castigo divino al pecado del pueblo de Israel. Ni Auschwitz plantea preguntas radicalmente nuevas, ni la teología judía necesita recurrir a nuevas interpretaciones para explicar el sentido de la catástrofe[33]. A este grupo de teólogos avezados que nada parece sorprenderles, porque nada nuevo puede enseñarles ya la historia, pertenecen, por parte cristiana, quienes asimilan el sufrimiento

---

31. «Hoy pienso que sólo por el hecho de haber exitido un Auschwitz, nadie debería hablar en nuestros días de Providencia» (Levi, 1988, 165).

32. «Dios y los campos de muerte: no lo entenderé jamás. Yo lo intento, y en cada libro, en cada novela, intento otra cosa. No hay ningún libro mío en el que no intente aproximarme a las cuestiones teológicas, lo que quiere decir, preguntar a Dios qué pasó y por qué, por qué, por qué. Siempre acabo fracasando. Nunca llegaré a entender» (Metz y Wiesel, 1996, 99).

33. Cf. R. Boschki «Das Schweigen Gottes in Auschwitz», en Boschki y Konrad (eds.), 1997, 119-16. Sobre el particular ver tembién Sternschein y Mardones, 2000, 209-225.

de las víctimas a la cruz de Jesús, el Nazareno[34]. En la medida en que el cristianismo es una fuente principal del antisemitismo, esta reducción por parte cristiana tiene algo de precipitada, por no decir de injuriosa. Antes de ser solución tiene que escuchar la pregunta: ¿Dónde estaba el Dios cristiano?, que no callaba sino que era agitado por los suyos para atizar el fuego del Holocausto. El reconocimiento de la beligerancia cristiana antisemita prohíbe ahora el juego malabar de relacionar la agonía de Jesús en la cruz con los sufrimientos de las víctimas del Holocausto, ya sea comparando una agonía con otras, ya sean subsumiendo unas en otras. Si los cristianos utilizaron la cruz para azuzar el odio a los judíos, no pueden recurrir a ella para protegerse de las interpelaciones de las víctimas. Lo que está claro en estos teólogos es que no podemos aprender de Auschwitz más de lo que la cruz enseña porque se sobreentiende que la cruz es el paradigma del sufrimiento. Se olvidan de algo que sólo un testigo de Auschwitz pudo decir: que los santos lo son porque mueren antes del final; a partir de un determinado momento no hay santidad, ni heroísmo, ni dignidad que valgan[35]. La cruz del Nazareno, pese a toda su crueldad, tiene una dignidad, imposible en los campos de exterminio.

Pero lo que más nos interesa es detectar las respuestas que acusan la sorpresa. Está, en un extremo, quienes, como Richard L. Rubinstein, declaran la muerte de un Dios que fue incapaz de asistir a su pueblo elegido en el momento de mayor peligro. Eso no significa que el judaísmo tenga que seguir el camino funerario de Dios; lo que sí queda, en cualquier caso, es despojado de su dimensión religiosa. El credo de Rubinstein, compartido por otros muchos, reza así: «Creo en Dios, la santa nada... señora de la creación» (Rubinstein, 1966, 154, 223 ss.).

Y, en el otro extremo de los sorprendidos, están quienes interpretan Auschwitz como un acontecimiento que da que pensar y por eso obliga a re-pensar las convicciones tenidas hasta ese momento. Es la zona de los matices, de la «continuidad en la discontinuidad». Prototipo de esta actitud es el singular escrito *José Rakower se dirige*

---

34. Propio de este conciliarismo es la teología del Paul van Buren: «Tenemos que aprender a hablar de Auschwitz desde la perspectiva de la cruz, siempre y cuando aprendamos a hablar de la cruz desde la perspectiva de Auschwitz» (cit. por Boschki, en Boschki y Konrad [eds.], 1997, 140-141).

35. Es Wiesel quien trasmite esta devastadora experiencia: «Los santos son los que mueren antes del final» (Wiesel, 1961, 57). A la vista de las informaciones de que disponemos, bien podemos concluir que a Jesús se le ahorró, en su calvario, ese «final» (que no es del orden de la muerte, sino de la tortura) al que se refiere Wiesel.

a Dios[36]. El texto se nos presenta como un documento escrito en las últimas horas de la resistencia del gueto de Varsovia. José, el testigo narrador, es el último superviviente de una familia que ha perdido a todos los suyos y que, antes de morir, nos entrega sus últimos pensamientos. No es un documento histórico sino una ficción literaria, pero «una ficción en la que se reconoce con vértigo cada una de nuestras vidas de supervivientes»[37]. Rakower se dirige a Dios para recordarle que le ha servido con entrega sin pedirle nada a cambio. ¿Qué ha recibido? Todos los suyos han sido asesinados en el gueto y él mismo se sabe condenado a muerte. José no se dirige a Dios como lo hiciera en su tiempo Job, que preguntaba a Dios en qué le había faltado, como si el pecado fuera la causa de la desdicha. Para José está claro que la desgracia no puede ser un castigo. Lo que, a su manera de entender, ha ocurrido, es que Dios «ha ocultado su rostro», con lo que el hombre ha sido abandonado a sus peores instintos. Llegado a ese punto de clarividencia que produce una experiencia radical de sufrimiento, José no pide milagros, ni limosnea piedad y seguirá sintiéndose orgulloso de no pertenecer a alguno de «esos pueblos que han engendrado y alimentado a los perversos agentes de los crímenes cometidos contra nosotros». Pero, pese a esa declaración de fidelidad, José Rakower se ve obligado a poner un poco de orden en sus creencias. «Yo creo en el Dios de Israel», dice, «pese a todo el empeño que el mismo Dios... yo lo amo, pero más amo su Torah» (Rakower, 1998, 20). Es el punto culminante de todo este discurso. Amar la Torah más que a Dios supone reconocer que en Auschwitz muere el Dios clásico, todopoderoso y protector, imágenes asociadas al término «Dios». Ese vacío creado por la disolución del cielo infantil es ahora ocupado por la Torah, la ley moral, que no es sino la llamada a la plena madurez del hombre, madurez que se expresa en términos de responsabilidad absoluta. La muerte del Dios todopoderoso echa sobre las espaldas del hombre la tarea de hacerse cargo de las injusticias del mundo. La muerte del Dios infan-

---

36. Sigo aquí el hilo conductor del análisis de Cathèrine Chalier en la conferencia pronunciada en el Instituto de Filosofía del Consejo Superior de Investigaciones Científicas (Madrid), el 4 de febrero del 2000. El texto de Zvi Kolitz *Jossel Rackower spricht zu Gott* es el de la Edition-Tiessen, Neu-Isenburg, 1985. Sigo la traducción castellana de Mariana Rojas Bermúdez: Zvi Kolitz, *Iosl Rákover habla a Dios*, FCE, Buenos Aires, 1998. Esta edición incluye el texto de Lévinas «Amar a la Torah más que a Dios». A este grupo podrían pertenecer figuras tan reconocidas como Emil L. Fackenheim, Eliezer Berkowitz, Irving Greenberg, André Néher, Hans Jonas, Elie Wiesel o Emmanuel Lévinas.

37. Eso dice Lévinas (1976, 20).

til conlleva la afirmación inmediata de la incompatibilidad entre injusticia y existencia humana, con lo que queda el hombre enfrentado a la inmensa tarea del mal en el mundo. Hablar de un Dios adulto es tanto como endosar al justo una existencia vivida como lucha por una justicia que nunca está del todo ahí. Con esa transferencia de responsabilidades del viejo Dios al nuevo hombre, se proclama la enemiga mortal entre el hombre y el mal. No hay un solo mal que no exija una respuesta el hombre. Lo que produce Auschwitz es transformar la vieja fe en Dios en responsabilidad absoluta por el hombre. Algo parecido plantea Hans Jonas:

> Tras Auschwitz podemos afirmar con mayor decisión que nunca que una divinidad todopoderosa o no es buena o, si lo es, sería incomprensible. Si Dios debe ser comprendido de alguna manera y en alguna medida, entonces tiene que ser su bondad compaginable con la existencia del mal y eso sólo es posible si no es todopoderoso. Entonces sí podemos mantener que es comprensible y bueno y, a pesar de todo, hay mal en el mundo. Y porque tenemos al concepto de omnipotencia por dudoso, es por lo que hay que rechazar este atributo (Jonas, 1984, 39 ss.).

Ante el mal Dios no interviene; no porque no quiera, sino porque no puede. La debilidad de Dios queda explicada a través de un mito, el mito cabalístico del Tsimtsum. El mal, la posibilidad del mal está dada en el acto creador. Dios, en efecto, para poder crear el mundo y al hombre tiene que retirarse, encogerse, inhibirse. De esta manera se priva de la posibilidad de intervenir en el mundo. Hay como una deposición de la omnipotencia en favor del hombre y del mundo. Frente al mal Dios sólo puede actuar mediante su bondad que sólo se puede expresar limitadamente, mediante gestos, tal la existencia de Lorenzo, contada por Levi o el heroísmo de Else Krug, la prostituta de Ravensbruck que prefiere morir a hacer daño[38]. La tradición de Israel, señala Lévinas, dice que el Eterno acompaña al pueblo judío en los sufrimientos del exilio. Promete estar cerca, sin garantizarle el triunfo o la liberación de todos sus males. Habría que hablar de una bondad infinita, sin poder propio, orientada a despertar la responsabilidad absoluta del hombre.

---

38. Escribe Buber-Neumann: «Después de lo cual, Else Krug ingresa en el barracón de castigo. Unas semanas después es enviada a la cámara de gas con un transporte de enfermas. Sabía perfectamente el destino de ese transporte y no se le escapaba que ésa era la venganza de Kögel [la jefa]» (en Grete Buber-Neumann, *Deportée à Ravensbruck*, Seuil, Paris, 1988, p. 35). Elsa Krug, que en su vida civil ejercía de especialista en *sado* fue enviada a la cámara de gas por no pegar a una compañera.

Si ahora volvemos a preguntarnos ¿qué es ese *tremendum* manifiesto en la terrible experiencia de Auschwitz?, responderíamos que la muerte de un Dios y la manifestación de la responsabilidad absoluta del hombre. Dios y hombre están implicados porque mucho del daño hecho al hombre ha venido de la mano de la religión, por eso el destino de Dios no puede dejar indiferente al hombre. Si lo que estuviera en juego fuera sólo la existencia o inexistencia de Dios, la pregunta de la víctima sobre Dios tendría una importancia limitada a los creyentes o increyentes judíos. Pero venimos de una historia en la que lo que ocurra a Dios afecta al hombre. No olvidemos que el hitlerismo supone la liquidación física del pueblo de Israel, un colectivo que se constituye en relación a su Dios. Dios está implicado en el destino de su pueblo desde el momento en que el hitlerismo ha condenado a muerte al pueblo judío. Si queremos la derrota del hitlerismo hay que evitar su triunfo póstumo, haciéndonos cargo no sólo de la suerte sino también de la causa del pueblo judío. El hombre tiene que responsabilizarse del hombre y también de Dios. ¿Cómo? Responsabilizándose absolutamente del hombre, que era la tarea de este Dios del que nos tenemos que hacer cargo para que el hitlerismo no triunfe. Lo sobrecogedor que produce Auschwitz es la figura de la responsabilidad absoluta del hombre, un concepto que rompe el esquema ideado por la Ilustración para el que la responsabilidad es un derivado de la libertad[39]. La persistencia de la figura tradicional de Dios que castiga a los malos y premia a los buenos, desplaza hacia él la respuesta justa a las preguntas de las víctimas inocentes. El eclipse de ese Dios, sin embargo, traslada al hombre la responsabilidad por el hombre. Esa responsabilidad no se ciñe a nuestro libertad sino que se hace cargo de los males en el mundo. Por eso es infinita.

La pregunta sobre Dios no podía dejar indiferente a los teólogos cristianos. Hay que reconocer que no era tarea fácil. Wiesel pone el dedo en la llaga cuando dice que «en Auschwitz no murió el judaísmo sino el cristianismo». El cristianismo, en efecto, ha fabricado o propiciado la mayor parte de los estereotipos antisemitas, sin olvidar que fue una sociedad mayoritariamente cristiana la que asistió indiferente al asesinato de millones de judíos. La teología cristiana se ha empeñado secularmente en acuñar tópicos antijudíos («los judíos mataron a Dios») y, lo que es peor, en vaciar de sentido el judaísmo, olvidando que Jesús era judío. Así se expresa el teólogo católico Metz:

---

39. Sobre la relación entre responsabilidad y libertad, remito al último capítulo de *Memoria de Occidente* (Mate, 1997, 216-277).

Desde muy pronto se impuso en el cristianismo una discutible estrategia intelectual e institucional, llena de consecuencias graves, encaminada a quitarse de encima la herencia recibida de Israel. Primero se entendió el cristianismo a sí mismo como «el nuevo Israel», la «nueva Jerusalén», el «verdadero pueblo de Dios». En seguida se pasó a reprimir el significado troncal de Israel para los cristianos, tal y como exige Pablo en la carta a los Romanos. Consecuentemente Israel pasó a ser una etapa superada de la historia sagrada (Metz, 2002, 171-173).

A partir de ese momento el cristianismo perdió media vida y, Europa, su otra alma. Esa diferencia entre una identificación cristiana con la historia y un judaísmo que juzga a la historia está en la base del odio cristiano el judío y, por tanto, del antisemitismo. Cabe preguntarse si la indiferencia cristiana al destino del pueblo judío, durante el nazismo, no tiene que ver con el convencimiento de que el destino judío para nada afectaba a la descrita identidad cristiana.

Con esa herencia detrás no podía resultar fácil enfrentarse al Holocausto. Quizá nada revela esa dificultad como la propia historia del teólogo católico aludido. Metz escribía en 1977: «Todo tiene que medirse a Auschwitz» (Metz, 1977, 13)[40], pero hasta ese momento Auschwitz brillaba por su ausencia en su propia *teología política*, pese a darse ahí los elementos teóricos y la sensibilidad política que predisponía a esa toma en consideración. Me refiero a la categoría de «memoria», fuertemente influida por Benjamin, y a la exigencia de una refundación de la política para evitar la deriva totalitaria.

Lo que caracteriza la teología de J. B. Metz es su ubicación incondicional del lado de las víctimas. Eso significa, en primer lugar, que huye de versiones apañadas de la teodicea que cuando preguntan a Dios por el mal en el mundo responde que eso es cosa de la libertad del hombre. Para una teodicea que se precie, es Dios quien tiene que dar la cara. En segundo lugar, desconfía de las filosofías de la historia capaces de brindar un sentido del conjunto sin saber qué hacer con el sufrimiento singular. Si no queremos expoliar el sentido de las víctimas, con interpretaciones en favor de la especie, hay que plantearse rigurosamente el destino individual, el sentido de las esperanzas e ilusiones de la víctima en concreto. Y, en tercer lugar, no fiarse de la retórica: «Las utopías acaban siendo la última treta de la evolución si resulta que sólo existen ellas y no Dios» (Metz, 1977, 170). Y es que las utopías, hoy y mañana, no pueden sino mostrarse

---

40. Sobre la obra de Metz, véase Peters, 1998.

indiferentes respecto a las víctimas, «respecto a los muertos [las utopías] sólo tienen palabras vacías, promesas vanas» (*ibid.*, 130). Ni la mala teodicea, ni la retórica utopista, ni las filosofías de la historia se toman en serio a la víctima que pregunta por lo suyo. Metz entiende que lo que piden las víctimas es una respuesta a la injusticia de sus muertes. Se puede callar o responder, pero si responde, es mejor no quedarse enredado en vanas palabras.

La piedra angular de su estrategia teórica lo constituye el concepto de «memoria peligrosa» que tiene dos vertientes: por un lado, capacidad para actualizar las demandas de felicidad de las víctimas de la historia; el derecho a la felicidad no es sólo de los vivos o de las generaciones futuras; es de todos, incluidos los vencidos. Por otro, que la memoria es ya la respuesta al sufrimiento. Lo que está en juego no es sólo el reconocimiento del derecho a la felicidad de las víctimas, sino mucho más, la realización de la exigencia de felicidad, de esa felicidad que tuvieron tantos seres humanos y de la que a ella se les privó injustamente. La estrategia del teólogo recuerda la del filósofo Horkheimer cuando dice, en términos tan claros como dramáticos:

> El crimen que cometo y el sufrimiento que causo a otro sólo sobreviven, una vez que han sido perpetrados, dentro de la conciencia humana que los recuerda, y se extinguen con el olvido. Entonces ya no tiene sentido decir que son aún verdad. Ya no son, ya no son verdaderos: ambas cosas son lo mismo. A no ser que sean conservados [...] en Dios: ¿puede admitirse esto y no obstante llevar una vida sin Dios? Tal es la pregunta de la filosofía (Horkheimer, 1976, 16).

Lo que ahí se dice el filósofo Horkheimer es que el crimen, una vez cometido, sólo existe si sobrevive en la memoria de los hombres. Si se produce el olvido, el hecho deja de existir y, por tanto, la injusticia causada queda definitivamente archivada y, en ese sentido, resuelta. Si las atrocidades dejan de ser recordadas, pierden la existencia y, por tanto, desaparece toda pretensión de validez de sus demandas. Quien, sin embargo, se rebele contra ese archivo porque piensa que se cometió una injusticia que clama por sus derechos, quien crea en la justicia, es decir, quien crea que ahí hay una causa pendiente, ese tendrá que recurrir a la memoria divina, único lugar en el que, pese al olvido del hombre, se sigue reconociendo la causa de la víctima. Y ésa es la aporía del filósofo: si cree en la justicia se encuentra con Dios, pero Dios no es un negociado de la filosofía; pero si se desentiende de Dios, se hace cómplice de la injusticia que supone el olvido. Tal es el gran asunto de la filosofía, una pregunta aporética pues si crees en la justicia, tendrás que recurrir a Dios, pero si recurres a Dios, abandonas el terreno de la razón y del mundo en el que la justicia debe de tener lugar.

Muchos, como el teólogo Metz[41], han reconocido en ese fuerte materialismo —la justicia aquí y ahora— el genio judío. Ante la desgracia o ante la injusticia el pueblo judío clama por sus derechos a la felicidad presente. Esto denota, por un lado, incapacidad para refugiarse en los mitos o en las construcciones ideales, como hacían lo demás pueblos; pero, por otro, también le aleja del derecho romano, es decir, de una cultura en la que los crímenes prescriben y los derechos caducan sea por insolvencia del infractor sea por el trascurso del tiempo. Incapacidad, pues, para la tragedia y para la imaginación jurídica de la prescripción. Ésa es su «pobreza de espíritu». Llama la atención que para la filosofía moderna una actitud tan materialista como la del judío reivindicando, como Job, la felicidad aquí y ahora, contra viento y marea, sea declarada por un Habermas «exigencia mística» y, sin embargo, se reserve el realismo materialista a la arbitraria reducción de la felicidad a la vida de los vivos[42]. La filosofía, tan proclive a motejar de espiritualista o utópicas las exigencias de los pobres mientras reduce el materialismo a la satisfacción de las necesidades de los pudientes, no debería olvidar que los pobres ponen su dignidad en lo material. Poco tiene que ver ese materialismo de los pobres, cargado de afán de justicia, con el materialismo, propio de los materialmente satisfechos, que más es espiritualismo si por ello entendemos buscar consuelo en lo no-material cuando se ha declarado lo material propiedad privada de unos pocos.

Si no queremos expoliar el sentido de las víctimas con interpretaciones en favor de la especie, hay que plantearse, dice Metz, rigurosamente, el destino individual, el sentido de las esperanzas e ilusiones de la víctima en concreto. Y responde el teólogo: la tradición

---

41. Para el pensamiento del teólogo Metz remito a Metz, 1999.

42. Esta paradoja, con evidentes tintes ideológicos, fue denunciada eficazmente por M.-D. Chenu: «Es en el materialismo en donde los pobres han puesto la esperanza de su dignidad, mientras que el espiritualismo era el intento de una negación materialista de la materia» (M.-D. Chenu, *Jacques Duquesne interroge le Père Chenu. Un thèogien en liberté*, Le Centurion, Paris, 1975, pp. 112-113). Los pobres ponían toda su dignidad y, por tanto, los valores espirituales en algo tan material como participar de los bienes de la tierra; los materialistas de todo tiempo, sin embargo, descalifican esa pretensión por «idealista», «utópica», etc., como si lo único materialista fuera la posesión fáctica y excluyente que ellos disfrutan. Llegamos así a la sorprendente paradoja de que los predicadores del «espiritualismo» son los realistas defensores de su propia y excluyente materia.

bíblica recuerda a los vencidos, recoge sus demandas y reconoce sus derechos incumplidos. Los reconoce en el sentido de que puede darles satisfacción. Se entiende que el teólogo pueda darles satisfacción porque de entrada cuenta con un Dios que es Dios de vivos y muertos. Según el teólogo, sólo un Dios de vivos y muertos permite a los filósofos hablar de anhelo de justicia absoluta o de la actualidad de los derechos de las víctimas, es decir, sólo la existencia de un lenguaje teológico explica la especulación filosófica.

Si tuviera que resumir el modo y manera de cómo Auschwitz afecta a este teólogo cristiano, diría que rechazando, en primer lugar, todo discurso que no suponga una respuesta a las víctimas, es decir, criticando los discursos relativos a la debilidad de Dios o a la importancia de la historia o de la utopía. Metz acaba recuperando un fuerte sentido materialista respecto al concepto de sentido o salvación. Puede que, al final del recorrido por los campos de exterminio, Metz acabe en una especie de neo-ortodoxia, donde lo nuevo sea la recuperación de algo muy antiguo[43].

2. *¿Dónde estaba el hombre?*

«En un ensayo escribí una vez», reconoce Wiesel, «que en Auschwitz murieron el hombre y la idea de hombre» (1996, 87). En el campo no sólo murieron muchos hombres sino el hombre mismo, es decir, la idea que nos habíamos hecho del hombre, el hombre que habíamos conocido. Kafka, que no conoció la realidad del Holocausto, decía que «quien golpea a un judío, echa al hombre por tierra», pensando aún que la elección del judío representa, de hecho, a toda la humanidad. Quienes, como Wiesel o Adorno, tienen tras de sí la existencia del campo de exterminio no piensan tanto en clave de representación de la especie cuanto en la desaparición de un ejemplar de la especie. El judío ha pasado de ser el representante de la salvación de la humanidad a ser anticipación de la desaparición de la especie. Esa estrategia de desaparición, desvelada en el genocidio judío, se concreta en un afán por pulir las diferencias hasta hacerlas desaparecer. Al final del proceso nos queda una humanidad sin relieves, lo que le permite decir a Adorno que Auschwitz confirma la teoría filosófica que equipara el principio de identidad con la muerte. Que haya hombres capaces de renunciar a la condición humana

---

43. Este recurso a algo muy antiguo para iluminar algo muy novedoso Metz lo ha formalizado en la figura de la «acontemporaneidad», que toma de Bloch. Cf. mi epílogo a Metz, 2000.

es algo constante en la historia de la humanidad; otra cosa muy distinta sería afirmar que el ejercicio continuado de inhumanidad por parte de unos hombres acaba empobreciendo de humanidad a todos los hombres.

Para aclarar esta severa afirmación habría que mirar en tres direcciones distintas —hacia las víctimas, hacia los verdugos y hacia los espectadores—, con el fin de entender bien qué estamos diciendo cuando se dice que en Auschwitz murió el hombre.

a) La víctima

Por lo que respecta a las víctimas, obligado es recordar el título del primer testimonio de Primo Levi: *Si esto es un hombre*. Se refiere a sí mismo y a gente como él, supervivientes del campo reducidos a piltrafas humanas. A lo largo y ancho del relato de Robert Antelme, *L'espèce humaine* (1957), discurre un drama mortal entre la voluntad de los verdugos por anular premeditamente la humanidad de los prisioneros y la lucha agónica de éstos por sentirse hombres. Antelme, un comunista no judío, miembro de la *resistencia*, no está internado en un campo de exterminio, sino de concentración. En Gandersheim, en efecto, hay prisioneros políticos y delincuentes comunes. No hay cámaras de gas, ni hornos crematorios. A los prisioneros se les hace trabajar, reparando piezas de aviones que luego servirán para matar a los suyos. Pero nadie se engaña con el sentido del campo. A la SS no les interesa el taller de reparaciones:

> La organización de la fábrica, la coordinación del trabajo camuflan el verdadero trabajo que se hace aquí. Ese trabajo nos tiene a nosotros por objeto y consiste en que reventemos. A veces parecen distraerse, relajarse. Pero basta que alguien caiga desvanecido por debilidad para que se le despierte y el jefe le forre a coces para que se levante (Antelme, 1957, 105).

La muerte es el objetivo último pero no el único ni el más importante. Si fuera el más importante les podría matar con una ráfaga de metralleta. Tienen que morir pero no de cualquier manera: «Era necesario que fuéramos totalmente despreciables. Eso era vital para ellos... tenían que degradarnos» (Antelme, 1957, 134). El objetivo era tratarles como a animales para que ellos interiorizaran la pertenencia a la especie animal. Toda una estrategia de deshumanización para que el prisionero sintiera que la dignidad humana no le pertenecía. El prisionero sabía que esa era la batalla y ponía en movimiento todas sus escasas energías para no perderla: «El motor de nuestra lucha no era sino la reivindicación enloquecida, casi siempre solitaria, de seguir siendo, hasta el final, hombres». Y, a diferencia de los viejos héroes, que podían permitirse el lujo de aspirar o representar ideales superiores, estos condenados no tenían más aspiración que «el sentimiento último de pertenecer a la especie (humana)» (Antelme, 1957, 11). Una lucha desesperada y desigual, pues había situaciones en que para saber si alguien estaba aún en la lucha y no les había abandonado definitivamente tenían que fijarse en el hecho biológico de que aún defecaban. Saberse en el punto de mira de una estrategia destructora de la propia humanidad explica el comentario que Antelme hace de otro prisionero, alemán y objetor de conciencia:

> No se le trataba de manera diferente, pero su triángulo malva significaba objetor de conciencia. El objetor era aquel que oponía Dios a Hitler. A ese se le reconocía una *conciencia* (Antelme, 1957, 74).

El resultado de este experimento moral es paradójico. Por un lado, la conciencia de pertenecer a la especie humana, lo que venía a poner un límite al poder del hombre. El nazi al actualizar el poder destructor del hombre podía mucho, pero no pudo echar al prisionero de la especie humana. El sentimiento de pertenencia a la especie hay que entenderlo en un sentido radical. Es lo que queda cuando ha despojado al hombre de sus atributos más convencionales, incluida la dignidad. El prisionero carece de dignidad respeto de sí y de vergüenza. Cuando Améry escribe sobre la tortura, sobre su propia tortura, se rebela contra el tópico de que con el primer golpe el prisionero pierde su dignidad humana. «Tengo que confesar que no sé en qué consiste exactamente la dignidad humana» (Améry, 2001, 90). Unos piensan perder la dignidad si no se pueden bañar todos los días; otros, si tienen que declarar en una lengua que no es la materna. Améry ironiza sobre el hecho de que la filosofía moderna haya desplegado un esfuerzo descomunal para fundamentar la moral sobre un concepto tan elástico que deja indiferente a aquel que debería asirse a él para salvarse. Al torturado le deja indiferente ese gran señuelo cuya pérdida debería avergonzar al mundo entero[44].

---

44. «Ignoro si quien recibe una paliza de la policía pierde la dignidad humana. Sin embargo, estoy seguro de que ya con el primer golpe que se le asesta pierde algo que tal vez podríamos denominar provisionalmente *confianza en el mundo*» (Améry,

Levi va más lejos aún pues se enfurece cada vez que alguien quiere ocultar la indiferencia del prisionero ante la distinción digno-indigno. No está dispuesto a pasar deprisa por este capítulo. Por supuesto que saben que no son nada para sus guardianes; cuando escribe «nos ven innoblemente sometidos, sin pelo, sin honor y sin nombre, golpeados a diario, más abyectos cada día», está reconociendo que carecen de dignidad para sus carceleros. Pero tampoco a sus ojos se revelan de otra manera: se ven indignos. Los relatos de Wiesel son de una crudeza hiriente. El miedo le aconseja desaparecer cuando ve a su padre abofeteado por el kapo Idek. Y luego está la historia de Rabi Eliahou, querido por todos y muerto a golpes por su propio hijo al querer quitarle un cacho de pan que habían lanzado espectadores alemanes para divertirse viendo cómo se peleaban por él. Rabi Elihou había conseguido un trozo, para su hijo, quien ciego de hambre, se precipitó sobre él, moliéndole a golpes, mientras el bueno de Elihou gritaba: «Mier, mi pequeño Meir, ¿no me reconoces? Soy tu padre... me haces daño... estás asesinando a tu padre... tengo pan para ti... es también para ti» (Wiesel, 1958, 154-155).

La estrategia del campo estaba orientada a que el prisionero interiorizara su pérdida de dignidad o, dicho de otra manera, era un escenificación de la indignidad. No sólo sus gestos estaban marcados por la ausencia del reconocimiento de cualquier brizna de dignidad; hasta la propia muerte llegaba la estrategia. No se permitía ninguna dignidad en el morir. Heidegger y Arendt coincidían en definir el campo como «fabricación de cadáveres». La muerte formaba parte del panorama del campo. Dormía al lado de uno, acechaba en cualquier momento y por cualquier causa. El prisionero contaba con ello. Como formaba parte de las posibilidades de cada segundo, no era el hecho de morir sino el cómo morir lo que realmente les ocupaba. Uno podía morir reventado por un SS o en la cámara de gas o por inyección de fenol o por un golpe en el cráneo con la culata del fusil. Como ya se ha dicho, no había miedo a la muerte sino al suplicio del morir. Esa preocupación anulaba toda consideración estética o metafísica de la muerte. En el campo no había lugar para un morir que fuera, como quería Rilke, la maduración «de la gran muerte que llevamos dentro». La facticidad de la muerte barría siglos de cultura en torno al sentido o sinsentido de la muerte:

2001, 90). Y al explicar lo que es esa confianza en el mundo habla del convencimiento de que el otro «va a repetir mi existencia física y por tanto metafísica» (*ibid.*). Lo que Améry no parece ver es que el nazi ya hacía tiempo que le había negado todo reconocimiento metafísico.

Todos las sentencias filosóficas perdían su trascendencia [...] allí donde significaban algo, nos resultaban banales y donde no eran banales, no significaban nada [...] En el campo, el espíritu, en su totalidad, se revelaba incompetente (Améry, 2001, 78).

Si el campo estaba programado como «fabricación de cadáveres» no había posibilidad de morirse, sólo de ser muerto[45]. Expliquemos esto.

Heidegger define al *Dasein* como ser-para-la-muerte. Cuando se es consciente de ese final y se asume libremente, es posible vivir auténticamente la vida. Si el hombre cuenta con la posibilidad de que sus gestos vitales se acaben, es decir, si cuenta con la posibilidad de lo imposible, uno se hace cargo de esos gestos actuales y los puede vivir como si le fuera la vida en ello. A eso llama Heidegger autenticidad.

Ahora bien, en el campo no se da esa posibilidad de la autenticidad porque no hay ninguna distancia entre la vida y su final. La muerte no es una posibilidad sino una facticidad. La muerte no aparece como la posibilidad que hace imposible lo que hoy es cotidiano (los gestos vitales), sino que el campo es la presencia ya de lo imposible (de los gestos vitales). A eso se refería Goebbels cuando proclamaba que el nazismo consistía en «hacer normal lo imposible». No hay posibilidad de transformar lo cotidiano en auténtico porque en el campo se robaba al prisionero la esencia de la muerte. Lo imposible no era una posibilidad sino su cotidianeidad. No sólo vivían rodeados de cadáveres sino que la estrategia del campo consistía en instalarlos en lo imposible, en el sufrimiento extremo, en lo in-humano. Lo que buscaba el verdugo era incrustar, en la humanidad de partida del prisionero, la inhumanidad programada. El prisionero tenía que experimentar la ausencia del espíritu del campo. Comprendemos a Améry cuando decía que no era la muerte sino el cómo morir lo único que le importaba al prisionero. Ante esta estrategia envolvente de indignidad se entiende que a los propios prisioneros les pareciera una indecencia ser decente, por eso los testigos no experimentan ninguna vergüenza en relación a los que perdieron la dignidad[46]. Casi todos los testigos coinciden en afirmar que tuvieron

---

45. Hay que señalar que Semprún se expresa en términos muy diferentes. Los prisioneros sí que fraternizan con la muerte. Quizá haya que remitir el diferente talante a la diferencia que existe entre un campo de concentración y un campo de exterminio.

46. «El propio hecho de estar vivos es una estafa: los mejores, los más rectos, los más valientes, honestos y dignos, murieron. Los que volvimos éramos los malignos,

que dejar la dignidad a la entrada del campo o si la mantuvieron un tiempo, acabaron perdiéndola.

El prisionero sabe que ha roto amarras con la humanidad ilustrada al sentirse hombre sin dignidad. Esa misma cultura, por su parte, había sido apropiada por el verdugo. El habitante del campo tardó poco en experimentar que la llamada cultura occidental no estaba con él, sino del otro lado. El enemigo tenía la razón, de ahí que la situación del intelectual fuera extremadamente angustiosa pues, acostumbrado, como estaba, a relacionar razón con poder, podía llegar a pensar que quizá el sujeto del poder podía hasta tener la razón[47]. Un prisionero de Auschwitz, el católico polaco Tadeusz Borowski, escribe un epitafio a la filosofía con esta breve confesión intelectual: «¿Te acuerdas cómo me gustaba Platón? Ahora sé que mentía» (Kertesz, 1999, 76). Platón mentía porque uno le había seguido en lo del mundo bello de las ideas, contando con que esta vida nuestra fuera un reflejo de ese ideal. Pero este mundo es el horror y entonces ese mundo exterior, que sigue creyendo en Platón y en que este mundo es un reflejo del de las ideas, todos esos creadores de lo bello, lo bueno y lo verdadero, están engañados. No nos creerán, si les contamos lo que de verdad es el mundo. Nos tomarán por aguafiestas o reaccionarios, vienen a pensar los prisioneros. Sólo ignorando Auschwitz se puede seguir hablando de una razón que funde su pretensión de universalidad en la abstracción sea procedimental o trascendental.

Bueno, pues lo paradójico del caso es que, pese a la indignidad que han abrazado y a la apropiación de la cultura por los verdugos, a sus ojos y a los de los demás, ellos se sentían miembros de la especie humana. No se trataba sólo de una pertenencia biológica. Ese plus lo capta bien Blanchot cuando, en su comentario al libro de Antelme, reconoce que esa piltrafa humana que era el hombre física y moralmente degradado, se erigía, ante cualquiera que no renun-

---

los pillos, los que tuvimos más suerte, los que éramos más jóvenes y capaces de adaptarnos, dispuestos, en definitiva, al compromiso con los verdugos», declara uno de los supervivientes, P. Steinberg (autor de *Crónicas del mundo oscuro*, Montesinos, Barcelona, 1999), al diario *El País*, 2 de octubre de 1999. Hay casos, como el del ya citado Trudi Birger, que obliga a matizar este juicio.

47. Analizando la reacción del intelectual judío durante la persecución nazi, Jean Améry, escribe lo siguiente: «El profundísimo respeto que el intelectual había tributado siempre al poder, explicable desde un punto de vista histórico y sociológico, lo paralizaba más que al camarada no intelectual en la vida del campo; de hecho, el hombre de espíritu ha mantenido siempre y por doquier una dependencia absoluta respecto al poder» (Améry, 2001, 67)

ciara a la humanidad del hombre, en una autoridad, en el principio de la humanidad, en *autrui*. El gran experimento de Auschwitz es que esos seres, expulsados de la dignidad y de la cultura, lejos de producir indiferencia —lejos de producirnos indiferencia— se convierten en la reserva de sentimientos e interrogaciones que nos pueden guiar en la conquista de un nuevo concepto de humanidad. Para sus contemporáneos y para nosotros, los nacidos después de Auschwitz, la humanidad pasa por las preguntas de ese resto humano. Sólo podemos ser hombres aceptando nuestra condición de supervivientes, de seres que se tienen que medir con la muerte, pero no con la muerte que está delante, como quería Heidegger, sino con la muerte que está detrás, ésa de la que somos contemporáneos[48].

Nos preguntábamos cómo la muerte de la humanidad afectaba a la víctima: muere la idea de hombre, basado en la dignidad; muere la cultura, que se había ubicado en el lado del verdugo; muere todo eso desde el momento en que el inocente termina por dar razón a sus verdugos, al dudar hasta de su inocencia[49]. Pero en ese preciso momento, el resto humano en que ha devenido el hombre del campo, se convierte en el referente de la humanidad futura.

b) El verdugo

El objetivo del victimario era no sólo organizar la muerte del prisionero, sino también su progresiva renuncia a la condición humana. Eso sólo podía lograrse a un precio que no escapaba a la víctima y cuyo conocimiento daba a esta última una inconmensurable superioridad en esa lucha a muerte por ser o no ser hombre. Para llevar a acabo su trabajo, el verdugo tenía él mismo que renunciar a la humanidad. Y siempre es más fácil autodestruirse que vencer la resistencia del otro. Jorge L. Borges ha captado ese momento capital en su relato *Deutsches Requiem* en el que narra los últimos momentos de un verdugo nazi condenado a muerte. Durante la noche que precede a la ejecución tiene tiempo para repasar su vida. Se siente a gusto consigo mismo pues siempre estuvo a la altura de las circunstancias. «El nazismo es intrínsecamente —dice Otto Dietrich zur Linde, que así se

---

48. «Celui qui a été contemporain des camps est à jamais un survivant: la mort ne le fera pas mourir» (Blanchot, 1980, 217).
49. Camus anota bien la importancia de este momento al escribir «quand l'idée d'innocence disparaît chez l'innocent lui-même, la valeur de puissance règne définitivement sur un monde désesperé» (A. Camus, *L'homme révolté*, Gallimard, Paris, 1951, p. 22; trad. española de L. Echávarri, *El hombre rebelde*, en *Obras* III, Alianza, Madrid, 1996).

llamaba el criminal— un hecho moral, un despojarse del viejo hombre, que está viciado, para vestir el nuevo.» Le ha cabido en suerte ser uno de esos escogidos para encarnar al hombre nuevo que anuncia un futuro feliz para toda la humanidad. Sólo reconoce un momento de debilidad, cuando tuvo que vérselas con Jerusalem. Era éste un hombre bueno, poeta él, de cincuenta años, pobre de bienes de este mundo, que había consagrado su genio a cantar la felicidad. Con Jerusalem estuvo a punto de caer en la «insidiosa piedad», estuvo a punto de sucumbir a la tentación. Pero resistió y cumplió con su deber de hombre nuevo. «Ignoro si Jerusalem comprendió que si yo lo destruí, fue para destruir mi piedad», se dice el verdugo nazi en ese momento cúlmen de su vida. «Ante mis ojos, no era un hombre, ni siquiera un judío; se había transformado en el símbolo de una detestable zona de mi alma. Yo agonicé con él, yo morí con él, yo de algún modo me he perdido con él; por eso, fui implacable»[50]. Para estar a la altura de las circunstancias del hombre nuevo, había que matar la humanidad del hombre viejo, simbolizada en la figura de la piedad. Quien visite el campo de Dachau podrá leer, de la mano de Himmler, el precio interior que el hombre nuevo, sobre todo el joven, tenía que pagar a modo de rito de iniciación:

> La mayor parte de vosotros debe saber qué significan 100 cadáveres, o 500 o 1.000. El haber soportado la situación y, al mismo tiempo, haber seguido siendo hombres honestos, a pesar de algunas excepciones debidas a la debilidad humana, nos ha endurecido. Es una página de gloria de nuestra historia que nunca ha sido escrita y que no lo será nunca[51].

Victor Klemperer, implacable detective filológico que persiguió todos los atropellos de los nazis en el lenguaje, certifica que los Rosenberg, Hitler o Goebbels sólo usaban el nombre de humanidad

---

50. J. L. Borges, *El Aleph*, Emecé, Buenos Aires, 1996, pp. 134-137. Si no fuera porque el escrito de Borges fue escrito en 1949, es decir, catorce años antes de que Arendt publicara su *Eichmann en Jerusalén*, bien pudiéramos decir que Otto Dietrich zur Linde estaba inspirado en Otto Adolf Eichmann. Porque también este hombre, que toda su vida quiso vivir kantianamente (*sic*), es decir, bajo el imperativo del deber, confesó en el juicio, ante sus jueces atónitos, que había tenido un par de momentos de debilidad: uno fue cuando salvó a un medio judío y otro, cuando salvó a una pareja de judíos. No supo resistir la tentación y por eso les ayudó. No lo traía a colación para conseguir la benevolencia del tribunal, sino para reconocer públicamente que no estuvo a la altura del deber, una debilidad que le pesaba como un cargo de conciencia (ver Arendt, 1967, 198-199).

51. El texto ha sido recogido y comentado por G. Agamben (2000, 81).

entre comillas, es decir, entre corchetes. El término sólo circulaba detenido y, eso sí, acompañado de epítetos infamantes (Klemperer, 2001, 208). Para poder destruir la humanidad del otro hombre había que comenzar por uno mismo. Para el nuevo hombre, propiciado por los nazis, el sufrimiento de los demás era la piedra de toque, como lo había sido para el hombre de la cultura occidental canónica. Ese sufrimiento ajeno al que la vieja filosofía había declarado insignificante debía ser vivido ahora por el hombre nuevo del fascismo impasiblemente. Lo realmente nuevo era el rigor lógico fascista: si el sufrimiento no significa nada para el individuo ¿por qué cultivar el sentimiento de la compasión? Víctimas y verdugos quedan así sometidas a un proceso de deshumanización, aunque de signo diferente. La víctima se siente deshumanizada y no tiene rubor en confesarlo. Así se expresa Trudi Birger, una superviviente del campo de exterminio de Stutthof:

> La forma en que nos habían maltratado durante los últimos años nos había deshumanizado tanto que no podíamos comportarnos como seres civilizados [...]. Muchas personas perdieron el contacto con su auténtica personalidad debido a la crueldad nazi. Ya no éramos seres humanos. Es natural que nos comportásemos de forma anormal después de sufrir todo lo que sufrimos (Birger, 2000, 140, 142).

Sus salvadores asistían atónitos al espectáculo de unos seres que, en los primeros momentos de la liberación, se peleaban por un mejor puesto en la fila del rancho. No se comportaban como seres civilizados. Quizá nada exprese mejor esta deshumanización que su reacción —o, mejor, su falta de reacción—, que la atrofia del instinto de supervivencia, como era el caso de aquellas mujeres que, ante el espectáculo, jamás imaginado, de unos gigantescos hornos alimentados con cuerpos vivos, ni gritaban, si se resistían a los guardianes que las empujaban vivas hasta el fuego[52]. El verdugo también se había deshumanizado, pero no lo puede reconocer. Hanna Arendt evoca, analizando esa ausencia en Eichmann, la anotación de Dostoievski en su *Diario* quien «nunca encontró, entre las decenas de asesinos, violadores y ladrones, un solo hombre que reconociera haber obrado mal» (Arendt, 1967, 81). Hay como un corte psicoló-

---

52. «No habría gritado ni me habría resistido cuando aquellas manos brutales me hubiesen empujado. Los despiadados criminales me habrían agarrado y arrojado al horno crematorio como a las otras mujeres, y yo ni siquiera hubiera sido capaz de esbozar un gesto para recordarles que era un ser humano» (Birger, 2000, 116).

gico entre las acciones que ellos no niegan y la responsabilidad moral que de ello se deriva, como si la responsabilidad hubiera que adjudicarla al sistema del que ellos sólo eran un engranaje y cuya bondad o maldad se jugara en clave de eficacia[53]. Si se ocultan no es porque se sientan culpables, sino incomprendidos. Claude Lanzmann ha levantado acta de este rechazo a confesarse culpables en su film cuando muestra en las raras entrevistas a los verdugos que sus declaraciones han sido arrancadas con engaño, dando a entender no sólo que se niegan a oficiar de testigos, sino también, a reconocer responsabilidad alguna[54].

Tenemos, pues, que el verdugo se aplica a la destrucción metafísica de la víctima. ¿Lo consigue? A primera vista parece que sí. No se sentían humanos, en el sentido de que sentían que no respondían a lo que convencionalmente entendemos por reacciones humanas. Pero esa conciencia desgraciada era la mejor prueba del fracaso del verdugo en su tarea de deshumanizar a la víctima. Así el prisionero Antelme, falto de esos rasgos convencionales, puede empero anunciar al nazi, cuyo cuerpo proclama las excelencias de una raza superior, el resultado de esta singular batalla:

> El nazi no tiene el poder de hacernos cambiar de especie. Sólo puede matarnos y ése es un poder humano: puede matar al hombre pero no puede cambiarnos en otra cosa (Antelme, 1957, 230).

No pueden por tanto expulsarles de la pertenencia a la especie humana, pero sí causar irreparables destrozos en la humanidad del hombre. No me refiero a la reacción casi salvaje por un trozo de pan, impensable en una situación normal y que el prisionero recuperará con la normalización de su vida[55], sino a algo paradójico que ha quedado como un estigma: ellos, que han hecho la experiencia de la resistencia humana a los programas nazis de deshumanización, saben ahora, a la vista del nazi, lo fácil que es el abandono de la condición humana. La fragilidad humana ha quedado al descubierto.

Para sobrevivir el prisionero tiene que renunciar en buena parte

---

53. Es lo que insinúa G. Bensoussan (1998, 137).
54. Ese guiño al espectador se hace al mostrar, en las cercanías del lugar en que tiene lugar la entrevista, una cámara oculta.
55. Éste es un punto que Kertesz señala con fuerza. Si en Auschwitz «el soldado se convirtió en asesino profesional; el capital, en una gran fábrica equipada con hornos crematorios y destinada a eliminar a seres humanos; la ley, en reglas de un juego sucio; la libertad universal, en una cárcel de los pueblos; el antisemitismo, en Auschwitz; el sentimiento nacional, en genocidio» (Kertesz, 1999, 41), es quizá porque nuestro tiempo es así.

a eso que llamamos cultura y que solíamos identificar con humanidad. Pero ese gesto vital que en el caso de la víctima es el fruto de la violencia del verdugo, lo que hace es revelar las reglas de juego de nuestra sociedad. Por mucho que nosotros, hombres de cultura, nos sorprendamos ante la visión de estos seres sin dignidad, no podemos impedirnos descubrir, gracias a la reflexión, que ése es nuestro mundo. La facilidad con la que el soldado se convertía en asesino, la fábrica en horno crematorio, el nacionalismo en genocidio y el antisemitismo en Auschwitz, sólo puede explicarse porque los tiempos estaban maduros para la barbarie. El destino del verdugo es quizá quien desvela el grado de postración en que quedó la cultura. Decía que el verdugo, a diferencia de la víctima, no estaba dispuesto a reconocer su inhumanidad. Pero esa no conciencia de su inhumanidad es la señal cainita de su destino: un *irás (hasta la inhumanidad que destruyes) pero no volverás*, un viaje sin retorno porque su buena conciencia le vela la posibilidad de reconocerse humanamente desnudo. Y los espectadores ¿qué hacían?

c) El espectador

El espectador, ya lo hemos dicho, es para la filosofía occidental una figura de la máxima responsabilidad pues se la ha elevado a la categoría del juez del carácter moral de los acontecimientos históricos. Su neutralidad —la propia de un observador imparcial— es garantía de objetividad y su entusiasmo o indignación —precisamente por expresar el sentimiento de una parte no implicada— es el termómetro de la calidad moral o inmoral del acontecimiento. La reacción del espectador es, por tanto, clave para la valoración moral del genocidio y también para su enjuiciamiento político. Este último aspecto, el político, es mucho más decisivo que el primero, el moral, porque afectará a las consecuencias políticas que haya que extraer del Holocausto.

Al hablar de espectador hay que pensar no sólo en el hombre de la calle, alemán o europeo, sino también en las instituciones, empezando por los Estados. Por lo que respecta a éstos, Hanna Arendt llega a la siguiente conclusión: los nazis «antes de enviarles [a los judíos] a las cámaras de gas habían tanteado cuidadosamente el terreno y descubierto que ningún país reclamaría a estas personas» (Arendt, 1987, II, 429). No es que los Estados miraran hacia otro lado porque no querían líos con el Tercer *Reich*, sino porque el genocidio de un pueblo como el judío no era un asunto político en el sentido de que no afectaba al nervio de lo político. Arendt llega a esa conclusión tras analizar cuidadosamente el sentido de los derechos humanos, como sustancia de lo político. ¿Cómo es posible afirmar que un genocidio no atenta a los derechos humanos? Mostrando que los derechos humanos son políticamente respetables cuando se forma parte de un Estado, pero el a-pátrida, el que no tiene más aval que la condición humana, no tiene otro lugar que el campo de concentración. Veamos.

Los derechos humanos, decía en el capítulo segundo, representan un gran logro de la humanidad pues, gracias a ellos, se mide la dignidad del hombre no por la cuna sino por el nacimiento, por el hecho de nacer hombres. Lo sorprendente (y trágico) de este planteamiento es que nacía con una gran ambigüedad, ya inscrita en el título de presentación ante la historia: *Droits de l'homme et du citoyen*. Ese título se podría entender de dos maneras opuestas: que se tienen los derechos políticos por el hecho de ser hombre; o que sólo si se tienen los derechos políticos se tienen los derechos humanos, con lo que estos derechos quedan reservados a los ciudadanos, de ahí que los indocumentados —sean apátridas, exiliados o desnaturalizados— se queden sin derechos humanos.

Lo que caracteriza al indocumentado, en cualquiera de sus variantes, es que no tiene más bagaje propio que la condición humana. Pero con eso no se iba muy lejos. Sin un Estado que les reconociera como ciudadano, esos derechos humanos eran inoperantes[56]. Mejor ser un delincuente que un apátrida pues aquel sentía no sólo el peso de la ley sino también su protección. La desgracia del apátrida no consiste en ser tratado como inferior o en ser explotado, sino el de carecer de ley, el de ser superfluo, el de estar de más. Para los Estados nada hay de sagrado bajo la abstracta desnudez humana.

Lo decisivo para la política moderna no es la dignidad humana sino el nacimiento en un territorio, de suerte que el Estado, figura política por excelencia, queda definitivamente atada al nacimiento y al territorio. La conciencia política moderna no se basa en la voluntad de los ciudadanos, ni en su disposición o capacidad de crear el bien común sino en el hecho material del nacimiento en un territorio. Lo importante es el cuerpo, la nuda vida, no la voluntad. ¿Y por qué es tan importante la nuda vida para la conformación de la comunidad política? Porque la sangre y la tierra garantizan la cohesión

---

56. Con razón decía un ministro español de Asuntos Exteriores, Abel Matutes, que «para el Estado los inmigrantes sin papeles no existen». Lo dijo a propósito del conflicto xenófobo en El Ejido (Almería) y no provocó ninguna reacción política porque, en el fondo, responde a la quintaesencia de la política.

grupal. Lo peligroso para la política son las diferencias, procedan éstas de la libertad o de la pertenencia a otra etnia. Por eso remite las primeras a la vida privada y persigue a las segundas, inventando para ellas el campo de concentración.

El destino del pueblo judío iba a depender de su ubicación o no en el epígrafe de minoría sin Estado. Una larga historia de antisemitismo, bien anclada en todos los Estados europeos, predisponía a esa localización. Los nazis comenzaron el exterminio del pueblo judío privándoles de todo *status* legal. Ese gesto político que colocaba al judío en la situación del indocumentado fue perfectamente entendido por los demás Estados porque para la cultura europea el judío quedaba fuera del Estado nación. La *cuestión judía* era consustancial al Estado moderno.

El indocumentado, una vez reducido a nuda vida, es tratado como una cosa. El filólogo Victor Klemperer anota puntualmente el proceso de deshumanización del lenguaje (Klemperer, 2001)[57]: las víctimas gaseadas no eran cadáveres sino *Figuren*, es decir, cosas; el proyecto de destrucción del judaísmo europeo era la *solución final*. Arrasar una ciudad era *coventrizarla* (como hicieron con Coventry); el organismo encargado de llevar a cabo el Holocausto se llamaba Sección Económico-Administrativa del *Reichsicherheithauptamt*. Esa deshumanización del lenguaje que afecta a la víctima contaminó con toda naturalidad a la población civil de suerte que les resultaba difícil imaginar tras ese lenguaje cosificado la tragedia personal.

La gran paradoja de la humanidad es la de haber descubierto la grandeza de los derechos humanos y, al tiempo, la de condenar a la inhumanidad a quien sólo disponga de la condición humana. Que este juicio no es mera ocurrencia filosófica, sino una convicción muy generalizada lo muestra la reacción tanto de la población civil como de los propios judíos. Los apátridas eran los primeros en reconocer, por propia experiencia, que la pérdida de derechos nacionales significaba la pérdida de derechos humanos, de ahí que, después de la guerra, las víctimas compartieran con las grandes potencias el desdén y la indiferencia por las soluciones humanitarias que reclamaban sociedades marginales, en nombre de los derechos humanos (cf. Arendt, 1987, III, 425). Y esa experiencia de las víctimas según la cual la mera condición humana es, para los demás, un clamoroso certificado de inhumanidad, era también la que tenía la población civil. Para el ciudadano alemán o polaco, es decir, para el entorno

---

57. Z. Baumann ha estudiado la burocratización del lenguaje en *Modernidad y Holocausto* (1998, 133 ss.).

inmediato del campo, el prisionero era un número. Robert Antelme cuenta la reacción de los espectadores cuando, en plena desbandada del ejército alemán, empujados por los cañones de los aliados, se obliga a los prisioneros a acompañarles en la huida. Los habitantes de los pueblos que atraviesan, convertidos en atónitos espectadores de una derrota con la que nunca habían contado, descubren por primera vez los restos de ese otro ejército de muertos vivientes que son los prisioneros de los campos. En uno de esos pueblos, Antelme se para a beber en una fuente. Cuando levanta la cabeza observa que una mujer quiere coger agua y él le dice a ella sencillamente «por favor», haciendo una breve inclinación de cabeza:

> Por un instante, ante esa mujer, yo me he comportado como un hombre *normal*. Yo no me veía. Pero comprendo que ha sido lo humano en mí lo que la ha hecho dar un paso hacia atrás. Un *por favor*, dicho por uno de nosotros, tenía que resonar diabólicamente (Antelme, 1957, 255).

El espectador se asusta al ver un resto de humanidad en aquellos cuerpos que no parecían humanos. Nos podemos preguntar por qué: ¿porque habían interiorizado que los del campo no eran hombres?, ¿acaso relacionaban humanidad con cuerpos alimentados y bien tratados? o ¿porque hacía tiempo que el gesto humano había desaparecido de su existencia? Si la señora se asustó al descubrir humanidad en el prisionero, fue sin duda porque creyó estar ante un espectro. Eso no podía ser un humano, sólo podía parecerlo, sólo podía ser una visión espectral. La humanidad real estaba del otro lado, de su lado. Esa acotación material de la humanidad a una determinada figura significa de hecho la liquidación metafísica del concepto del hombre. Negando la humanidad al muerto viviente que salía del *campo*, la espectadora alemana expresaba su propia inhumanidad. En el preciso momento en que dos miradas se cruzan, el hombre reacciona con la humanidad o inhumanidad que lleva dentro. Del cuerpo ario de aquella espectadora había huido su propia humanidad, por eso le era imposible reconocer la humanidad del gesto del prisionero Robert Antelme. Otro episodio igualmente significativo de la reacción del espectador lo encontramos en el film *Shoah*. Claude Lanzmann departe en Grabow (Polonia), ante el lugar en que estuvo ubicada la sinagoga, con ciudadanos polacos, algunos de los cuales habían sido testigos presenciales de los 400.000 asesinatos que allí tuvieron lugar. El diálogo pone de manifiesto la vigencia de antiguos prejuicios antisemitas y viejos rencores. A la pregunta de si hicieron algo por ellos, uno responde que no era fácil pues «había guardianes. De todas maneras, se prefería no tener nada que ver con eso» (Lanzmann, 1985, 136). *Eso* era la injusticia que se cometía con los vecinos de su barrio, privándoles de sus propiedades; *eso* era la tortura de seres que eran tratados como bestias; *eso* eran los gritos de dolor de quienes presentían la muerte inminente. Toda esa experiencia de dolor y muerte era el *eso*, esa cosa, con la que ellos preferían no tener que ver. Esa indiferencia no era indiferente para el destino de las víctimas. Con razón George Steiner habla de una «colaboración de la indiferencia» que practicaron nueve partes sobre diez de la población europea (Steiner, 1973, 46).

Decía hace un momento que la reacción del espectador no sólo es importante para calibrar el grado de inmoralidad del hecho, sino también el tipo de consecuencias políticas que hayan de sacarse en el futuro. Ya hemos visto que, globalmente hablando, el espectador de la *Shoah* no se indignó, sino que, en el mejor de los casos, mostró indiferencia, convencido de que ahí no se jugaba nada decisivo, ahí no se ponían en peligro sus valores fundamentales. Después de la guerra, a pesar de que los nazis fueron vencidos, no había razones para sacar las cosas de quicio. Bien es verdad que el conocimiento detallado de la barbarie causó estupor en el mundo entero y corrió de puerta en puerta el grito de «nunca más». Pero, eso ¿qué significaba? Los supervivientes captaron enseguida que la indiferencia del espectador, durante el genocidio, iba a determinar la reconstrucción política posterior, de ahí la reivindicación del resentimiento por parte de uno de ellos, Jean Améry.

El *resentimiento como actitud moral* nace cuando los supervivientes constatan que la historia se va a construir como siempre, a espaldas de los vencidos. La opinión pública les consideraba a ellos, que venían de la experiencia de la muerte, como héroes, y sus antiguos torturadores eran tratados como seres abyectos. Se hablaba de culpa colectiva de los alemanes y a ellos eso les parecía justo pues lo que cada cual había sufrido individualmente era resultado de un plan colectivo del que formaban parte los camisas pardas y, también, los espectadores indiferentes en cuyos «rostros petrificados no vio una sola expresión de horror» (Améry, 2001, 143). Pero pronto los vencedores hicieron causa común con los vencidos por intereses extraños que disolvieron la responsabilidad política. Los vencedores comenzaron a cortejar a los vencidos, por mor de la guerra fría, y éstos cambiaron de actitud respecto a sus antiguas víctimas. Los alemanes veían ahora a los judíos como reencarnaciones de Shylock, reclamando su onza de carne. Y lo menos malo que llegaban a decir de los judíos era «que no les guardaban ningún rencor» (*ibid.*, 146). A pesar de que quienes no querían olvidar los doce años de régimen hitleriano eran vistos como unos rencorosos, Améry reivindica el resentimiento como «expresión de una humanidad con un rango moral superior a lo políticamente correcto» (*ibid.*, 148). Este resentimiento nada tiene que ver con venganza, pues no se trata de que el verdugo sufra lo que padeció la víctima, sino de que «el delito adquiera realidad moral para el criminal, con el objeto de que se vea obligado a enfrentar la verdad de su crimen» (*ibid.*, 151). Se trata por tanto de que el criminal no pierda de vista su crimen, es decir, que no organice su vida particular y colectiva como si aquí no hubiera pasado nada. Ese enfrentamiento con su propia acción se sustancia, según Améry, en que el verdugo capte la soledad total, como otrora la víctima, consistente en querer cancelar los hechos, en desear que no hubieran ocurrido. Sólo entonces, cuando el verdugo ha experimentado que se las tiene que ver con una experiencia que contamina mortalmente toda su vida y que por eso desea que ojalá nunca hubiera tenido lugar, sólo entonces se produce la reconciliación pues el verdugo «deja de ser enemigo para convertirse en prójimo» (*ibid.*, 151). Lo que la víctima plantea no es que el verdugo sea sometido a una tortura semejante a la que él tuvo[58], sino que viva conscientemente el acto que cometió, como desgraciadamente tiene que vivirlo la víctima: como algo que mejor nunca hubiera sido cometido. El resentimiento personal protesta contra esa cicatrización del tiempo que convierte al olvido en una segunda naturaleza, como si la sociedad amnésica fuera lo natural y el recuerdo una agresión a la naturaleza. Si la historia se distingue de la naturaleza es por la presencia del hombre, por la presencia de su impronta, aunque haya que lamentarla. Lamentar aquel tiempo no es sólo maldecir a los nazis, sino tomar conciencia de su contaminación. Thomas Mann se expresaba así:

> Tal vez sea superstición, pero ante mis ojos los libros que de algún modo pasaron la censura entre 1933 y 1945 se me antojan carentes de todo valor e incluso indignos siquiera de tenerles entre las manos (cit. por Améry, 2001, 163).

En eso se resuelve el resentimiento, en la denuncia hoy de la complicidad, una denuncia que incomoda el anonimato de los antiguos verdugos o sus cómplices, convertidos hoy en honorables ciudadanos con sus honorables fortunas. En un mundo normalizado,

---

58. En esto se equivoca Todorov cuando desacredita el resentimiento como un «abuso de la memoria», dándole un contenido que poco tiene que ver con Améry, aunque no falten casos que le den la razón (cf. Todorov, 1994, 252).

en el que el desarrollo homogéneo es como una ley natural y el recuerdo rompedor, una artificialidad de mal gusto, se entiende el disgusto resignado de Améry:

> Nosotros, las víctimas, quedaremos como los realmente incorregibles, los implacables, como los reaccionarios hostiles a la historia en el sentido literal de la palabra, y, en última instancia, aparecerá como avería del sistema el hecho de que algunos de nosotros hayamos sobrevivido (Améry, 2001, 164-165).

Hay una relación entre la apatía del espectador y el continuísmo histórico. Si entonces no hubo razón para indignarse porque lo fundamental quedaba a salvo ¿por qué cambiar la oferta civilizada a los indocumentados? No debería sorprendernos que, tras la guerra y una vez vencidos los alemanes, los campos de concentración, bajo supervisión aliada, siguieran funcionando para muchos judíos, mientras se decidía su destino[59].

El problema de la estrategia del espectador, que es también la de la historia posterior y, por tanto, la nuestra, es la de imaginar un lugar exterior al campo desde el que poder juzgar imparcial y objetivamente los hechos. Ese lugar no existe pues en él no habita la víctima, ni el verdugo, ni tampoco el espectador. La inhumanidad ha alcanzado a la víctima, al verdugo y ha contaminado al espectador porque ese crimen masivo hubiera sido imposible sin la complicidad del espectador. Esa complicidad es un hecho pero, lo que es mucho más grave, estaba anticipada en las claves de nuestra cultura. La filosofía se había, en efecto, instalado en la confianza de que la esencia de la humanidad era una idea inalcanzable por la barbarie. Desde el momento en que el lugar de la esencia de la humanidad era la abstracción, los atentados concretos contra la humanidad del hombre eran insignificantes. Esa humanidad está adornada por supuesto con todos los atributos de la bondad y de la verdad, pero al precio, eso sí, de la inhumanidad concreta, esto es, de la irrelevancia humana de lo inhumano concreto. Para poder tomarse en serio a la inhumanidad concreta habría que llamar crimen a la muerte del campo, e injusticia a la desigualdad. Habría, en una palabra, que conceder valor teórico al sufrimiento de la víctima. Eso no ocurrió porque para ello el espectador imparcial debería estar dotado de una sensibilidad que se juzgaba incompatible con su imparcialidad. La objetividad es impasible. Adorno ha traducido acertadamente la presunta

---

59. Elocuente es el relato de Grete Buber-Neumann (1988) y el de Rhoda Henelde Abecassis «El retorno a la tierra natal»: *Isegoría* 25 (2001), pp. 281-287.

objetividad del espectador por «frialdad burguesa»[60], esto es, por impasibilidad moral e insignificancia teórica del sufrimiento humano. La gran lección de Auschwitz es que todo es campo. No hay un lugar neutro, por eso el espectador no posee un juicio objetivamente inapelable. El juicio, el necesario juicio, capaz de discriminar entre muerte y crimen, sólo puede venir desde dentro.

IV. EL «ERA AQUÍ» DEL TESTIGO

La pregunta ¿dónde estaba el hombre? puede tener dos sentidos. Podemos preguntar, en primer lugar, por los hombres o las instituciones que se han hecho un nombre defendiendo al hombre. Me refiero a los intelectuales, a los hombres virtuosos, a las iglesias cristianas, es decir, a representantes de la humanidad. ¿Había ahí alguien? De esto hemos hablado hasta ahora, de su clamoroso silencio.

Pero también podemos, al preguntar ¿dónde estaba el hombre?, interesarnos por el estado en que se encontraba el hombre, tras ese ataque a la humanidad del hombre. Si en el primer caso se pone el acento en la reacción de la especie humana ante la destrucción de algunos ejemplares, en el segundo nos interesa el estado de salud espiritual de esa especie tras la brutal experiencia del horror. El acento se desplaza, en este caso, de la situación de la especie humana, al estado de la humanidad del hombre[61]. De lo primero se ha hablado mucho[62]; por eso podemos afirmar que de diez europeos nueve callaron. De lo segundo apenas se habla, seguramente porque se entiende que el crimen daña la humanidad del criminal, su compasión, sociabilidad, sentido de la justicia, del respeto o de la dignidad, pero sólo a él. Al margen e independientemente del criminal seguirá habiendo seres virtuosos porque el crimen de unos en nada empece la capacidad de bondad y de verdad de la especie humana. Esta convicción es precisamente la que queda profundamente cuestionada tras el atentado al hombre que supuso Auschwitz; de ahí que tengamos que volver a plantearnos la pregunta ¿dónde estaba el hombre?,

---

60. La expresión «frialdad burguesa» es una expresión recurrente en *Mínima moralia*. En *Dialéctica negativa*, habla de «la frialdad, el principio fundamental de la subjetividad burguesa sin el que Auschwitz no habría sido posible» (Adorno, GS 6, 356-357 / DN 363).

61. No tenemos en castellano dos palabras distintas para expresar lo que afecta al hombre como especie y al ser espiritual del hombre. El alemán distingue entre *Menschheit* y *Menschlichkeit*.

62. Enzo Traverso estudia, por ejemplo, la reacción de los intelectuales en *L'histoire dechirée. Essai sur Asuchwitz et les intellectuels* (1997).

¿cómo afectó el crimen a las facultades más nobles del hombre? ¿en qué situación se encuentra la humanidad del hombre?

La respuesta a estas preguntas la tenemos en un *topos*, pensado y manejado para otros propósitos, pero capaz también de abrirnos camino en este proceloso asunto. Me refiero a la expresión «crimen contra la humanidad». Para conocer el estado de postración de la humanidad del hombre tenemos que partir de que no estamos ante un crimen cualquiera, sino ante un «crimen contra la humanidad». Esta expresión también tiene dos sentidos: un sentido *jurídico* (crimen contra *die Menschheit*) y un sentido *moral* (crimen contra *die Menschlichkeit*).

1. *Sentido jurídico*

La monstruosa novedad que supuso el exterminio de los judíos europeos durante el nazismo exigió crear una nueva figura jurídica que respondiera, de alguna manera, a la novedad del hecho. El Estatuto del Tribunal Militar Internacional de Núrenberg, redactado el 8 de agosto de 1945, en el artículo 6 del párrafo c, reconoce por primera vez esa figura jurídica[63].

Lo que lo caracteriza es, en primer lugar, que es una violación de los derechos elementales del individuo. Lo específico es su carácter inhumano puesto que causa sufrimientos que atentan contra la integridad física y mental de la víctima. Se le puede aplicar la definición que Eugenio Arenoanu da del crimen contra la persona humana:

> Atentado, por pertenencia racial, nacional, religiosa o política, a la libertad, a los derechos o a la vida de una persona o de un grupo de personas inocentes en derecho común o, en caso de infracción, que supere la pena prevista[64].

La segunda característica es que el crimen sea perpetrado por un Estado, el cual, en lugar de velar por los derechos de los ciudadanos, se permite la arbitrariedad de decidir quién es ciudadano y quién no,

---

63. La llamada Carta de Londres define el crimen contra la humanidad como «el asesinato, la exterminación, la reducción a la esclavitud, la deportación, y cualquier otro acto inhumano cometido contra cualquier población civil, antes o durante la guerra; también [hay que entender por ello] las persecuciones por motivos políticos, raciales o religiosos, cuando esos actos o persecuciones, que hayan constituido o no una violación del derecho propio de cada país, hayan sido cometidos como consecuencia de cualquier crimen que caiga bajo la competencia del Tribunal, o esté en relación con ese crimen».

64. Y. Ternon, «Le sens des mots. De mal en pis», en Coquio, 1999, 100.

quién es sujeto de derechos y quién no. El triunfo del poder sobre la existencia humana es el triunfo de la biopolítica sobre la política[65].

«Crimen contra la humanidad» designa, en sentido jurídico, un crimen de una magnitud especial, incontenible en los conceptos legales hasta ahora forjados[66]. Cuando el poder niega con hechos y dichos la pertenencia de un ser humano a la especie humana, se atenta contra toda la comunidad humana porque se la priva de una parte de su riqueza o de su diversidad. La humanidad no es sólo derechos abstractos sino pluralidad de sujetos en los que esos derechos se encarnan. Cuando se niegan esos derechos en un ser humano, la humanidad en su conjunto queda afectada. Por eso son crímenes no contra una etnia o un pueblo, sino contra la humanidad. Para dejar bien sentada la novedad del crimen contra la humanidad, Arendt distingue entre tres tipos de delitos. Está, por un lado, el crimen que supuso la promulgación de las leyes de Nurenberg, de 1935. En ese caso la nación alemana, utilizando un derecho internacional, declaró minoría nacional a los judíos. El crimen se produce cuando esa misma nación no respeta los derechos y garantías reconocidos por la Convención de Ginebra para esas minorías. Estaríamos ante un *crimen nacional*, dado que supone una violación de derechos y libertades nacionales y constitucionales. Otro tipo de criminalidad es la que representa la política oficial de 1938 en virtud de la cual se aprueba la «emigración forzada» o la expulsión pura y simple de los judíos alemanes. Ahí podemos hablar de un *crimen contra la comunidad de naciones*, pues la medida del Estado nazi afecta inmediatamente a los vecinos. Estos dos tipos de crímenes no eran nuevos: eran una práctica conocida por y en los países balcánicos. El salto cualitativo se produce cuando el régimen nazi declara que no pretende expulsar a los judíos de su territorio sino hacerlos desaparecer de la faz de la tierra:

> Fue entonces cuando apareció un nuevo crimen, el *crimen contra la humanidad*, en el sentido de crimen contra la *status* del ser humano, contra la esencia misma de la humanidad. La expulsión y el genocidio, crímenes internacionales, deben quedar diferenciados: el pri-

---

65. Sobre este punto véase Bensoussan, 1998, 138 ss.
66. Algunos autores —tal V. Jankelevitch (1986)— colocan, como primera característica del crimen contra la humanidad, su imprescriptibilidad, pero no se ve muy bien por qué deba prescribir el asesinato de un inocente en cualquier ciudad moderna, y el genocidio, no. Independientemente de lo que digan los códigos legales, la injusticia del crimen dura mientras no se haga justicia a la víctima. Que los códigos legales hayan introducido la provocadora figura de la prescripción del crimen más tiene que ver con la prudencia política que con la exigencia moral.

mero es un crimen contra las naciones-hermanas; el segundo constituye un ataque contra la diversidad humana en cuanto tal, o más bien, contra un aspecto del *«status* del ser humano», sin el que la palabra misma de humanidad no tendría ningún sentido (Arendt, 1967, 387).

La humanidad no tiene sentido si a uno de los seres humanos que la componen, un poder humano se permite el abuso de negar el *status* humano. Lo que se produce cuando un poder niega esas exigencias no es un crimen contra esa persona o contra su etnia, sino contra toda la humanidad. Esta universalidad explica que el juicio de Núrenberg no tuviera que estar necesariamente compuesto por jueces judíos, a pesar de que las víctimas eran fundamentalmente judías. Era un tribunal internacional porque el crimen era universal[67].

2. *La dimensión moral*

La dimensión moral del crimen contra la humanidad (*Menschlickeit*) aparece cuando tenemos presente que ese crimen no sólo afecta a la humanidad de la especie, es decir, a la integridad de la especie humana, tal y como hemos visto (atentando contra la diversidad de la misma y contra el *status* humano de cada miembro de la misma), sino a la humanidad del hombre, a la conformación cultural que el hombre se ha ido labrando a lo largo de los siglos. Bien podemos decir entonces que el crimen contra la humanidad no sólo mata sino que deshumaniza. Adorno lo ha expresado con toda la claridad deseable cuando dice que el hecho de que en los campos de concentración murieran no sólo individuos aislados sino una especie del género humano afecta a toda la humanidad. ¿Que por qué? Porque el genocidio revela un proceso político mucho más amplio, obsesionado con la búsqueda de la pura identidad, que tiende a homogeneizar la existencia humana, puliendo literalmente la existencia humana, declarando como anomalía inaguantable la singularidad de cada existencia. Eso es reducir la política a muerte. «Auschwitz confirma», nos dice, «la teoría filosófica que equipara la pura identidad con la muerte» (Adorno, GS 6, 355 / DN 362). La muerte es el final de una política indiferente a la vida individual.

El hecho de que la especie humana a exterminar fuera el pueblo judío no es un dato accidental. El judaísmo está íntimamente ligado

---

67. De ahí que H. Arendt se sumara a las críticas que se alzaron contra el juicio a Eichmann, exclusivamente «judío» (Arendt, 1967, 388).

con el monoteísmo y el monoteísmo provoca una herida en la humanidad que no ha cicatrizado. La humanidad tiende a pensar instintivamente que la libertad del espíritu humano reside en el politeísmo, como bien vio Nietzsche y ahora repiten los modernos polimitistas. Lo realmente provocador del monoteísmo para esa humanidad no es tanto la creencia religiosa cuanto el ideal de perfección y la figura de la conciencia que de él deriva. El Sinaí, el Sermón del Monte o los contenidos políticos del socialismo mesiánico serían los momentos estelares de una tradición que pone al hombre frente a sus instintos y limitaciones. El Holocausto sería así la respuesta de una sensibilidad natural a unas exigencias que niegan frontalmente legitimidad a las tendencias naturales. Steiner resume así su argumento:

> Por tres veces el mundo judío ha convocado al mundo para que abrace la perfección; por tres veces ha querido imponerle por la fuerza en el mercado de la vida occidental[68].

Un odio profundo, unos rencores asesinos, se han ido amasando en el subconsciente colectivo. El mecanismo es simple pero fundamental: nada odiamos tanto como a quienes nos colocan delante un objetivo, un ideal, una promesa encantadora que nosotros no podemos conseguir, aunque nos esforcemos al máximo, que se nos escapa por entre los dedos, pero que conserva pese a todo, y eso es lo definitivo, todo su encanto, encanto que nosotros no podemos despreciar pues conocemos su valor supremo. El judío, defendiendo un tipo ideal de humanidad, se había convertido en la «mala conciencia» de la historia occidental. El genocidio judío acaba siendo efectivamente un crimen contra la humanidad del hombre, contra el ideal de humanidad soportado en una desmesurada exigencia moral que reservaba el reino a los desheredados, que prometía la vida a quien la perdía y que colocaba la humanidad del hombre no en el desarrollo de sus querencias naturales sino en un re-nacimiento que renunciara al hombre viejo. Cuando Hitler decía que «la conciencia es un invento judío», invento con el que había que acabar, respiraba por una vieja herida nunca cicatrizada. Esa humanidad es la que es asesinada en los campos de exterminación. Y pasa con la humanidad como con las especies naturales: que no se las ataca impunemente, sino que se las extingue, de suerte que el futuro de la especie, natural o humana, será

---

68. Este argumento lo desarrolla el autor en G. Steiner, *Dans le château de Barbe-Bleu* (1973, 56 ss.)

más pobre. El genocidio no sólo atenta contra la pluralidad de la especie sino que mata determinadas cualidades o disposiciones del hombre, es decir, priva a todos los hombres de aquellas manifestaciones del espíritu que mueren o son sacrificadas en el crimen.

La autoridad del testigo queda resumida con el «era aquí» de Simon Srebknik. No señala un hecho, sino que abre un hueco en la realidad visible, tal esos vaciados que hace Eduardo Chillida en la materia opaca de sus esculturas. Gracias a esas aberturas la realidad adquiere una nueva dimensión. Esa apertura o nueva dimensión es muy exigente, pues consiste, por un lado, en traer a la presencia de la realidad algo que ocurrió y que ha sido sepultado por la naturaleza que ha nacido sobre sus cenizas, mientras que, por otro, trastorna profundamente a quienes escuchan su testimonio. El testigo no pide que se le crea, sino que nos convirtamos en jueces, que hagamos justicia actualizando las injusticias pasadas y reconociendo su vigencia.

Imre Kertesz expresa esta doble exigencia haciendo de Auschwitz «el espíritu de la narración», es decir, el lugar en el que el hombre asesinó la humanidad que había ido forjando, al separar la dignidad humana de la existencia en el campo. El testigo, sin embargo, tiene el poder de convertir esa negación epocal en reserva de sentido al declarar ante nosotros que ahí yacen sepultadas las preguntas que permitirán al hombre seguir erguido.

Si no fuera por el testigo, el campo —y no olvidemos que toda Europa era campo— sería el lugar de la muerte de un tipo de humanidad a manos del hombre nuevo representado por el hitlerismo y que consistía en desplegar una humanidad «más allá del mal y del bien». Nosotros, los nacidos después de Auschwitz, sólo tendríamos la opción o bien de apostar por la humanidad ilustrada que remitía el ser hombre a la dignidad humana o bien de adoptar la humanidad del hombre nuevo nazi. El precio de la primera opción es dejar fuera del concepto de hombre al «musulmán», por ejemplo, y el de la segunda, identificarnos con una humanidad salvaje puesto que ponía el ser hombre en la activación del poder ilimitado del ser humano, poder que se manifiesta ejemplarmente en la negación de la vida del otro hombre. El testigo inaugura una nueva humanidad pues él nos revela que ese «musulmán», sin apariencia humana, es capaz de convertirnos en testigo. La víctima del campo, en efecto, tiene el enorme poder de plantearnos preguntas que nos llevan a la justicia, que nos hacen justos en tanto en cuanto nos convertimos en memorias vivas de las injusticias que a ellos les hicieron y que siguen pendientes.

5

EL TESTIGO, ENTRE LA PALABRA
Y EL SILENCIO

Si Auschwitz es «el espíritu de la narración», importa saber qué entendemos por testigo ya que el relato del hombre y del mundo actual arranca de su testimonio.

El testigo ve el mundo con la mirada de la víctima. Es una mirada invertida, como la de los judíos condenados en la Edad Media que eran colocados cabeza abajo. Se trata de ver la realidad como esas víctimas hayan podido ver la superficie de la tierra en las infinitas horas de su agonía (Adorno, GS 10, 284). O, si se prefiere la imagen del Ángel de la Historia, creada por Benjamin, la novedad filosófica consistiría en ver el mundo con la mirada del ángel y no con la nuestra (Benjamin, 1989). Deberíamos saber, en efecto, que nosotros no vemos lo mismo que el ángel, por más que miremos en la misma dirección: «Donde a nosotros se nos manifiesta una cadena de datos», dice Benjamin en la Tesis novena, «él ve una catástrofe única que amontona incansablemente ruina sobre ruina, arrojándolas a sus pies». Se trata de ver la historia con la mirada del ángel o, lo que es lo mismo, con los ojos de los vencidos.

La historia es, para las víctimas, una cadena de sufrimientos. Para ellas, recordemos, el estado de excepción, la reducción a nuda vida, es la regla (Tesis octava). Si consideramos la historia como progreso, entonces el sufrimiento es una excepción, un pago provisional, mientras que para la víctima es una constante. Para ella el progreso es nulo. Auschwitz deja así de ser un relato aislado para convertirse en metáfora de la violencia inscrita en la Modernidad. Eso lo sabe el ángel, por eso su memoria neutraliza la euforia de la filosofía ilustrada de la historia. Que el ángel y el hombre moderno aprecien diferentemente la realidad, se debe a una sutil operación puesta en marcha por la Modernidad ilustrada, consistente en considerar como una especie de *naturaleza* lo que ha tenido lugar, ya sea el imperio victorioso o las ruinas de los vencidos. Lo que queda del pasado es el arco del triunfo y las ruinas. Al desaparecer la memoria de la razón, lo que es tiene carta de naturaleza. Las desigualdades sociales, fruto de la libertad y de la razón del hombre, son presentadas como pura facticidad, como un hecho natural que no plantea ni exige responsabilidades. El carácter de «presente» de la razón moderna desacredita toda intervención de la memoria, con lo que no hay manera de establecer una cadena de responsabilidades en el pasado que llega hasta nosotros.

I. CONTRA LA FRIALDAD BURGUESA

La memoria o visión de los vencidos es la única mirada capaz de descubrir tras la apariencia de *naturaleza*, la historia real y, por tanto, la responsabilidad histórica. Benjamin recurre a la figura barroca del alegorista para explicar cómo se lleva a caso ese descubrimiento. Para el alegorista la historia se presenta, de entrada, como un enigma pues éste pone la mirada en los aspectos fracasados de la historia y esos aspectos toman una forma natural. El desafío del enigma consiste en descubrir, tras formas naturales y petrificadas, la mano del hombre. Esa indistinción entre naturaleza e historia, condensada en las ruinas del pasado, es la sustancia del drama barroco. El alegorista tiene que enfrentarse a esas ruinas como el exégeta a un texto desconocido. Es decir, tiene que descifrar una escritura misteriosa. Pero con un matiz: ese texto es una ruina, un fragmento del pasado que encierra en su interior «todo lo que la historia tiene de intempestivo, de doloroso, de fallido»[1]. Lo que el alegorista va a descubrir realmente, descifrando ese texto, no es una nueva significación, sino la

---

1. Benjamin precisa el sentido de la alegoría por contraste con el símbolo: «Mientras que en el símbolo, con la tranfiguración de la decadencia, el rostro transformado de la naturaleza se revela fugazmente a la luz de la redención, en la alegoría la facies hipocrática de la historia se ofrece a los ojos del observador como paisaje primordial petrificado. Todo lo que la historia desde el principio tiene de intempestivo, de doloroso, de fallido, se plasma en un rostro; o, mejor, en una calavera [...]. Tal es el núcleo de la visión alegórica, de la exposición barroca y secular de la historia en cuanto historia de los padecimientos del mundo, el cual sólo es significativo en las fases de su decadencia» (Benjamin, 1990, 159).

vida misma, como si lo que ésta tiene de fracasado y frustrado le diera ese marchamo de realidad que oculta el éxito[2].

La mirada compasiva del autor alegórico es la de quien, a la vista de las ruinas de la historia, se declara en duelo por las ansias de felicidad de tantos muertos abandonados en la cuneta de la historia. Ese estado de duelo o compasión es inexplicable sin el deseo de felicidad, aunque éste haya quedado frustrado. Las ruinas, en Benjamin y Adorno, como el abandono, en Kafka, expresan negativamente un mundo de felicidad deseada. Y algo más. Si esas ruinas no son, a fin de cuentas, *naturaleza,* sino historia viviente, lo que está planteando la actualización de la esperanza frustrada es un deseo de redención[3]. Para llegar a esta extrema afirmación hay que sacudirse el hechizo mítico que tiene hipnotizado al hombre moderno y que está tan bien expresado por Antígona cuando dice que «nunca sufrió el inocente». Si el que sufre no es inocente, todo sufrimiento es culpable. La mirada compasiva del alegorista, por el contrario, descubre, bajo la frialdad de los muertos, sus legítimos deseos de felicidad. Los descubre, los acoge y plantea la actualidad de sus demandas. La vigencia histórica de la visión de los vencidos es *su* memoria, es decir, nuestro recuerdo de ellos. La memoria no salva al hombre pues no responde; sólo salva a la pregunta, haciéndola actual, rescatándola de la indiferencia natural:

> Así como los muertos están entregados inermes a nuestro recuerdo, así también es nuestro recuerdo la única ayuda que les ha quedado; en él expiraron, y si todo muerto se asemeja a alguien que fue liquidado por los vivos, así también a alguien que éstos han de salvar, sin saber si alguna vez lo conseguirán. El recuerdo apunta a la salvación de lo posible, que aún no ha sido realizado (Adorno, GS 18, 235).

Sin nuestro recuerdo las ruinas de la historia, esto es, los fracasados y las víctimas, serían un fósil natural. Sólo el recuerdo de los vivos puede hacer entender que allí se cometió una injusticia que

---

2. José Antonio Zamora resume la investigación benjaminiana diciendo que «la alegoría abre pues los ojos para la dimensión catastrófica de la historia y de la vida individual tal y como de hecho ambas transcurren» (Zamora, 1997, 271).

3. Scholem y Benjamin creían ver, tras la escritura de Kafka, las huellas de una teología negativa. Scholem lo expresaba poéticamente de esta suerte: «... sólo así irradia la Revelación / en tiempos que Te han abandonado / Tu nada es la única experiencia / que de Ti le sea permitida». El comentario que le hacía Benjamin: «He intentado mostrar cómo en el reverso de esa "nada", en su dobladillo, como si dijéramos, es donde Kafka ha intentado tocar, con las llemas de los dedos, la redención». Textos citados por Löwy (1988, 101).

sigue clamando por lo suyo. La memoria tiene esa función vital, que es muy modesta, en cualquier caso, pues puede actualizar la pregunta sin que esté de su mano la respuesta. Claro que sin la pregunta tampoco cabe esperar respuesta. Dos miradas, pues, sobre la misma historia: la del hombre moderno que endosa el sufrimiento humano, costo del progreso, al capítulo de la fatalidad natural, y la del ángel de la historia o la del alegorista que ve en ello una responsabilidad del hombre. Pensamiento mítico, en el primer caso, e histórico, en el segundo.

La visión de los vencedores se prolonga en aquellos sistemas o interpretaciones que consideran Auschwitz un mero accidente de la historia que hay que corregir, por supuesto, para que la historia siga su camino. Como ha habido gran consenso en interpretar el fascismo como un capítulo del totalitarismo, la respuesta política ha sido más liberalismo[4]. La estrategia liberal contra el totalitarismo se explica si recordamos que, en la historia de las ideas, liberalismo y totalitarismo se nos presentan como antagónicos. Un lugar clásico de este enemiga es la introducción a la segunda edición alemana de *El concepto de política* (1975), de Carl Schmitt. Para las concepciones totalitarias del Estado, liberalismo son «las ideas de 1789». Y ahí meten todo lo que odian: humanismo, pacifismo, intelectualismo occidental, individualismo, igualitarismo, laicismo o sistema de partidos. Hoy sabemos que las ideas de 1789 no siempre han sido bandera del liberalismo; a veces incluso lo contrario. Es igual. Lo importante no era una descripción exacta de lo que el liberalismo ha sido sino hacer de éste una concepción del mundo. Pero ¿por qué ese empeño en desfigurar el liberalismo histórico, en reducir unos contenidos precisos a una vaga estructura?

No es un lapsus, ni ignorancia histórica, sino meditada estrategia. Ese desplazamiento de acentos, ese ocultamiento de la esencia bajo la hojarasca de las formas, revela quizá la esencia del totalitarismo que se presenta como oposición formal al liberalismo pero, también, como su consumación material[5]. Si lo constante del liberalismo, en sus diferentes encarnaciones, es «la libertad del sujeto económico individual para disponer de la propiedad privada y la garantía jurídico-estatal de esta libertad» (Marcuse, 1968, 19), ha-

---

4. Esta respuesta liberal no tiene nada que ver con la exigencia de un «ejercicio riguroso e indesmayable de la razón práctica y democrática» que reclama Jorge Semprún (1990, 60).

5. Es la tesis que mantiene H. Marcuse en «La lucha contra el liberalismo en la concepción totalitaria del Estado» (Marcuse, 1968, 15-44).

bría que concluir que, con la lógica y la historia en la mano, el liberalismo puede casar con dictadura y seguridad, es decir, con totalitarismo. Si se salva lo esencial, lo secundario puede negociarse. Típico de esta ductilidad del liberalismo es la carta de un liberal de pro, como Gentile, al mismísimo Duce. Dice así:

> Como liberal convencido me he dado cuenta durante los meses en que tuve el honor de colaborar con su obra de gobierno y observar de cerca el desarrollo de los principios que determinan su política, que el liberalismo, tal como yo lo entiendo, el liberalismo de la libertad en la ley y, por tanto, en un Estado fuerte, en un Estado en tanto realidad ética, no está representado hoy en Italia por los liberales, que son sus adversarios más o menos encubiertos, sino por el contrario, por usted mismo. Por consiguiente, me he convencido de que frente a la elección entre liberalismo actual y los fascistas conscientes de su fe, un liberal auténtico que desprecia la ambigüedad y quiere permanecer en su puesto tiene que enrolarse en las filas de sus partidarios[6].

Si el antagonismo entre totalitarismo y liberalismo es más bien formal, puesto que no hay incompatibilidad en el plano económico, difícilmente el liberalismo iba a suponer un freno, en casos extremos, a la amenaza totalitaria.

Además de esta argumentación que ha sido seguida con perseverancia por la tradición marxista, apoyada, bien es cierto, en conocidos episodios históricos, empezando por el propio fascismo, me interesa subrayar una razón de más calado que ya ha sido anteriormente apuntada. Me refiero a la tesis de Rosenzweig que ve al totalitarismo como un derivado del idealismo, de suerte que el genocidio o la negación física de la vida del judío sería una consecuencia de la sentencia metafísica que expulsa de la humanidad todo tipo de hombre concreto que escape al prototipo abstracto de ser humano[7]. Los conceptos de libertad e igualdad que el liberalismo aplica al sujeto humano son impensables fuera de un contexto idealista.

Si el problema que plantea Auschwitz es el del significado del sufrimiento y de la muerte, difícilmente puede satisfacer la respuesta

---

6. Citado por Marcuse (1968, 21), quien remite a la revista *Aufbau*, editada por F. Karsen, IV (1931), p. 233.
7. «Pues el idealismo, con su negación de cuanto separa a lo aislado del Todo, es la herramienta con la que la filosofía trabaja la rebelde materia hasta que ya no opone resistencia a dejarse envolver en la niebla del concepto Uno-Todo» (Rosenzweig, SE 4 [ER, 44]).

de la democracia liberal que basa toda su fuerza en arreglos procedimentales: bajo esas figuras, abstractamente universales, se esconde la *frialdad burguesa* del idealismo. El secreto de la respuesta lo tiene la experiencia de sufrimiento y de muerte, es decir, está en el campo.

II. EL «MUSULMÁN», TESTIGO INTEGRAL

Los testigos del campo han dejado testimonios que nos permiten aproximarnos a esa experiencia de la humanidad. Pero, además de esos testimonios y preguntas, está la propia figura del testigo, más allá de lo que diga o calle. Mérito de Giorgio Agamben es haberse detenido con inteligencia ante esta enigmática figura[8], descubriendo una significación que trasciende los muros del campo de concentración. Pues bien, Agamben parte de una reflexión de Primo Levi, que ejerce de testigo principal en todo este proceso intelectual en torno a la significación moral y política de Auschwitz, que a él le sirve de declaración de principios:

> Los sobrevivientes somos una minoría anómala además de exigua: somos aquellos que por sus prevaricaciones, o su habilidad no han tocado fondo. Quien lo ha hecho, quien ha visto a la Gorgona, no ha vuelto para contarlo, o ha vuelto mudo; son ellos, los «musulmanes», los verdaderos testigos, aquellos cuya declaración hubiera podido tener un significado general (Levi, 1989, 73).

Los sobrevivientes son los que han escrito y han hablado, aquellos, pues, mediante los cuales hemos sabido lo que ocurrió dentro, es decir, los que nos han dado los testimonios que conocemos. Pues bien, ellos no son los verdaderos testigos pues por suerte, habilidad o astucia, se ahorraron apurar el cáliz del sufrimiento[9]. Eso fue, sin embargo, lo que sí tuvieron que experimentar un tipo determinado de prisioneros, los llamados «musulmanes». Esos han visto a la Gor-

---

8. Su libro *Lo que queda de Auschwitz* (2000), lleva por subtítulo *El archivo y el testigo*.
9. Declaraciones de Paul Steinberg al diario *El País*, 2 de octubre de 1999. Steinberg es el duro «Henri», descrito por P. Levi en *Si esto es un hombre*, autor de *Crónicas del mundo oscuro* (Montesinos, Barcelona, 1999). Jean Améry se aplica con particular crudeza a desmitificar al superviviente: «En Auschwitz no nos hemos hecho más sabios... tampoco en el *campo* hemos llegado a ser más profundos... ni siquiera nos hemos hecho mejores, más humanos, más *filántrópicos* ni más maduros moralmente... Del *campo* salimos desnudos, expoliados, vacíos, desorientados —y tuvo que pasar mucho tiempo antes de que reaprendiéramos el lenguaje cotidiano de la libertad» (Améry, 2000, 79).

gona, figura mítica provista de una horrible cara femenina que provocaba la muerte en quien la miraba. Quien ha visto a la Gorgona no vuelve para contarlo. Ésos son los verdaderos testigos.

El término «musulmán» pertenece a la jerga concentracionaria y no hay unanimidad sobre su origen y sentido. La *Encyclopedia Judaica* dice que se usaba en Auschwitz y de ahí pasó a otros lugares. Su origen pudiera deberse a esa forma de «estar acurrucados en el suelo, con las piernas replegadas al modo oriental, con la cara rígida como una máscara»[10]. Si se puede discutir sobre el origen de la palabra, donde sí hay unanimidad es en el rechazo que su visión provocaba entre los propios prisioneros. «Basta verles para perder las ganas de vivir», decía Imre Kertesz (1998, 191). Y es que todo el mundo les evitaba como quien trata de evitar el fatal destino que le espera.

El «musulmán» representa el último grado de deterioro físico y psíquico del ser humano. En los estudios realizados por Zdzislaw Ryn y Stanislaw Klodzinski sobre la evolución del prisionero hasta llegar a ese momento, distinguen una primera fase de adelgazamiento general, con astenia muscular y pérdida progresiva de energía, aunque sin daños psíquicos. Pero una vez que se ha perdido un tercio del peso el aspecto físico cambia radicalmente, visible en la cara y en la piel que queda a merced de cualquier infección. En ese momento el enfermo se hace indiferente a la vida y a la muerte (cit. por Mesnard y Kahan, 2001, 45). Llegados a ese punto de abandono «no poseía ya un resquicio de conciencia donde bien y mal, nobleza y vulgaridad, espiritualidad y no espiritualidad se pudieran confrontar. Era un cadáver ambulante, un haz de funciones físicas en agonía» (Améry, 2001, 63). Un agotamiento del cuerpo que acarreaba la degradación moral pues el prisionero alcanzaba un grado de sufrimiento allende el cual «pierden todo su sentido (no sólo) categorías como dignidad y respeto, sino incluso la propia idea de un límite ético» (Agamben, 2000, 64). Primo Levi lo define con su precisión y sobriedad habitual:

> Su vida es breve pero su número desmesurado; son ellos los *müselmänner*, los hundidos, los cimientos del campo; ellos, la masa anónima, continuamente renovada y siempre idéntica, de no-hombres que marchan y trabajan en silencio, apagada en ellos la llama divi-

---

10. El nombre ha dado pie a multiples especulaciones: que si del alemán *Muschel* (concha), que si del yiddish *Mozlmener*, que podría traducirse por «hombre infectado por la rubeola». Sofski resume, sin embargo, el sentir más generalizado al decir que «el origen de la palabra es desconocido» (Sofski, 1995, 400).

na, demasiado vacíos ya para sufrir verdaderamente. Se duda en llamarles vivos: se duda en llamar muerte a su muerte, ante la que no temen porque están demasiados cansados para comprenderla (Levi, 1988, 96).

Aceptaban su suerte porque todas sus fuerzas interiores estaban paralizadas o habían sido ya destruidas; indiferente a la vida y a la muerte, como si el experimento de deshumanización no pudiera ir más lejos; despreciados por los verdugos a quienes su sola vista ofendía, evitados por los mismos prisioneros pues veían en ellos su propio fatal destino, eran vivos murientes o muertos vivientes que habían traspasado la frontera de la dignidad y del respeto de sí; un deshecho humano que quedaba fuera, según Jean Améry, de cualquier consideración ética o racional.

Pero ese gesto con el que Améry se los quita de encima (en ese momento está analizando la reacción del intelectual en el campo), no significa que no cuenten a la hora de decidir sobre los asuntos o problemas que ocupan al intelectual. Primo Levi considera al «musulmán» «testigo integral», un concepto harto paradójico. La vida en el campo es, en efecto, tan extrema y excepcional, que sólo alguien que venga de allá puede convencernos de su existencia. Lugares programados para la lenta deshumanización del hombre; espacios de exterminio sistemático y gratuito del hombre o bien son conocidos por alguien que lo ha experimentado o es fruto de una fantasía febril. Pero si son lugares de exterminio, no hay testimonio válido pues el posible testigo ha debido desaparecer en el campo. La única prueba válida de una cámara de gas es la muerte del hombre. Pero si el hombre está muerto, no hay testimonio que pruebe que ha muerto por la cámara de gas. No por casualidad los nazis querían producir un gran acontecimiento pero sin testigos. El «testigo integral» es el que realmente sabe pero no nos lo puede comunicar[11]. Ésa es la

---

11. El relato quizá más sobrecogedor del «musulmán» lo ofrece Trudi Birger que compartió su suerte hasta un segundo antes del fin: «Estábamos en un inmenso hangar; hacía calor. Había tenido tanto frío durante tantos meses que casi no reconocía la sensación de calor. Podía ver de dónde provenía aquel calor. En un extremo de quel almacén había unos hornos enormes. Entre los hornos y el lugar en que yo estaba se amontonaban una multitud apática de *Mussulmen*. Estaban completamente acabadas, sin la menor chispa de esperanza de vida. Iban a ser mis últimas compañeras en la tierra. Pero yo todavía tenía voluntad. Estaba completamente consciente, aunque no veía ninguna salida a mi situación. Podía ver a los presos comunes delante de las bocas de los hornos crematorios, podía ver cómo arrojaban al fuelo a los *Mussulmen*. Y ellas estaban ya tan cerca de la muerte que no oponían ninguna resistencia. Los

gran paradoja del «testigo integral»: que siendo él quien ha apurado la experiencia del campo, no puede dar testimonio porque ha perdido la palabra y hasta el soporte del habla.

Si comparamos al «musulmán» con la mayoría de las víctimas de la «solución final», hay que reconocer que era un superviviente, pero entendiendo por ello no subjetividades lúcidas y potentes, como las de Levi, Antelme, Améry, Rousset o Semprún, sino la supervivencia de un enfermo terminal a quien se le mantienen las constantes vegetativas, allende cualquier asomo de subjetividad; la supervivencia es ahí la del encefalograma plano. Ése es el «testigo integral», dice Levi y tematiza Agamben.

III. LA NECESIDAD DEL TESTIMONIO

¿Pero por qué el superviviente del encefalograma plano y no el de la subjetividad lúcida es el testigo verdadero? Agamben privilegia la figura del testigo a su testimonio porque «el testimonio no garantiza la verdad factual del enunciado»[12], es decir, porque no se fía. No se limita a constatar algo tan obvio como que un testimonio es siempre parcial e insuficiente, sino que apunta hacia algo mucho más problemático: la falta de credibilidad de todo testimonio. El libro, dedicado al estudio del testigo, se abre con esta reflexión:

> En un campo, una de las razones que pueden impulsar a un deportado a sobrevivir, es convertirse en un testigo (Agamben, 2000, 13).

---

nazis no se molestaban en matarlas en la cámara de gas antes de quemarlas. Las arrojaban vivas a los hornos, donde las *Mussulmen* morían enseguida en aquel intenso calor» (Birger, 2000, 115).

12. Lugares en los que Agamben desacredita sea la veracidad de los testigos, sea la capacidad veritativa del testimonio, son varios. «El testimonio no garantiza la verdad factual del enunciado [...]. Por eso mismo —porque se testimonia sólo allí donde se da una imposibilidad de decir y porque hay un testigo sólo cuando ha habido desubjetivación— el musulmán es verdaderamente el testigo integral» (2000, 165). Y antes, en las páginas introductorias, ha lanzado una carga de profundidad contra los testimonios recibidos: «Muchos de los testimonios, tanto de los verdugos como de las víctimas, proceden de hombres comunes, y "gente oscura" era obviamente la gran mayoría de los que se encontraban en el campo» (*ibid.*, 9). Del contexto se deduce que el problema de los testimonios de estas gentes es «la no coincidencia entre hechos y verdad» (*ibid.*). Por más que Agamben endose esa no coincidencia a todo conocimiento histórico, lo que queda claro es que eso es así con los supervivientes. Choca este tipo de afirmaciones con el respeto y autoridad que Agamben otorgo a las palabras de Primo Levi, un superviviente que pasó toda su vida dando testimonio.

Esta simple frase puede tener dos sentidos, diametralmente opuestos. Puede querer decir que el deportado está dispuesto a aguantar lo que sea con tal de poder dar testimonio de lo nunca visto. Conocemos muchos casos en los que ese objetivo testimonial permitió encajar torturas y sufrimientos, impensables en otras circunstancias en las que la víctima sólo se pensara en relación a sí misma. También podemos darle un sentido opuesto: con tal de sobrevivir la víctima está dispuesta a todo, incluso a apañar el testimonio en función de la propia supervivencia. Agamben sospecha que todo testimonio que apele a la supervivencia busca justificar lo injustificable, es decir, quiere hacernos creer que las artes, muchas veces de dudosa moralidad, que utilizó para sobrevivir, no afectan a la calidad del testimonio pues recurría a ellas para poder testimoniar[13]. Sin que llegue a decirlo en negro sobre blanco, Agamben da a entender que un testimonio dictado por la supervivencia no es de fiar pues cabe esperar que su testimonio piense más en la justificación de la supervivencia que en dar razón de los hechos. En apoyo de sus sospechas cita literalmente algunos testimonios que hablan de una «firme resolución a no morir voluntariamente, pase lo que pase» o de querer vivir «a toda costa»[14], sin que le interese mucho enterarse de qué entienden los testigos por sobrevivir a cualquier precio.

Esta contaminación del testimonio por el instinto de conservación, con la secuela de bajezas morales que podemos imaginar, le lleva a privilegiar precisamente la figura del prisionero que no lucha por sobrevivir. Es una extraña argumentación, sobre todo si tenemos en cuenta el respeto con el que él acoge las palabras de Primo Levi. ¿En qué se basa Agamben para decir que el testimonio auténtico no es el de quien quiere decir algo de lo que ha vivido, sino el de quien nada puede decir; y que aquel a quien le ha sido retirada la posibilidad de dar testimonio es el verdadero testigo?

Agamben deforma el pensamiento de Levi cuando éste habla de que no son ellos, sino los que no pueden hablar, los verdaderos testigos. Lo que quiere decir es los que «han tocado fondo», los que «han visto a la Gorgona» (Levi, 2000, 173), es decir, los que han

---

13. «Justificar la propia supervivencia no es fácil, y menos en un campo» (Agamben, 2000, 14).

14. El libro de Philippe Mesnard y Claudine Kahan *Giorgio Agamben, à l'épreuve d'Auschwitz* (2001), analiza de forma implacable esta desconsideración de Agamben por el testimonio real de los testigos. Llegan a recurrir al concepto sartriano de «mala fe» para poder explicarse por qué Agamben priva de autenticidad el testimonio de los testigos: desde el momento en que todo se subordina a la supervivencia la preocupación por la verdad sólo es un autoengaño, «mala fe» (*ibid.*, 27).

experimentado hasta el final el horror del campo, ésos no están ya ahí para contarlo. Pero eso no significa que haya que desconfiar de los testimonios recibidos. Por supuesto que no todos merecen la misma credibilidad, para eso está la crítica del texto, pero no se les puede descalificar por principio bajo la sospecha de que son intentos de justificar el hecho de estar vivos. Un claro ejemplo de este retorcimiento de la argumentación de Levi por Agamben lo tenemos en la particular re-interpretación que da éste de la referencia de aquél a la Gorgona. En *Los hundidos y los salvados*, Levi hace una referencia de pasada a la Gorgona para señalar que el «musulmán» es quien ha visto a la Gorgona y le ha pasado a él lo que pasa a cualquiera que la mire: «que o no ha vuelto para contarlo, o ha vuelto mudo» (Levi, 1989, 73). Agamben da una vuelta de tuerca al significado pretendido por Levi con el fin de reducir a silencio todo testimonio. Es sabido que la Gorgona, en la mitología griega, se representaba mediante una cabeza femenina que tenía el poder de hacer morir a quien la mirara. Ella no podía ver pues carecía de cara. Pues bien, Agamben entiende que el testimonio es una mirada en la que coinciden el «musulmán», el testigo y la Gorgona en la imposibilidad de ver. De repente la Gorgona tiene mirada, ha adquirido cara y ojos para (no) poder ver; y se da a esa visión de una cabeza sin facciones, con la que se tienen que identificar los testigos, el mismo poder que la mitología adjudica a la mirada sobre la Gorgona. Ha pasado de ser lo-visto-que paraliza, propio de la antigüedad, a la mirada-enmudecida de hoy. La intención es clara: ya no se trata, como en el caso de Levi, de explicar que el silencio del «musulmán» se debía a que había apurado el cáliz del sufrimiento y que eso era inexpresable, eso escapaba a la capacidad de decir, si no de reducir el verdadero testimonio al silencio, lo que deja en mal lugar a la palabra del superviviente.

Pero ¿por qué ese empeño en rebajar hasta la insignificancia el valor de la experiencia vivida y contada por quien volvió del campo? Es difícil sacudirse la impresión de que Agamben trabaja con una teoría sobre el hombre que busca su confirmación en Auschwitz. Recordemos que en el primer capítulo hablábamos de la biopolítica como modelo de la política contemporánea. Pues bien, la supervivencia en sentido biológico es el ideal de la biopolítica, esto es, la reducción del ciudadano a nuda vida y, de la política, a cuidado del cuerpo. Agamben recuerda a Foucault (Agamben, 2000, 162-163) quien estilizaba el ideal político de los antiguos en el dicho «hacer morir y dejar vivir», dando a entender que el poder se expresaba entonces como control de la muerte; el de los modernos consistiría, por el contrario, en «hacer vivir y dejar morir», desplazando el acento hacia el interés por la vida. Pues bien, el ideal político de los contemporáneos sería «hacer sobrevivir» en el sentido biológico; lo que con ese aforismo se quiere decir es que el ideal político consiste en separar radicalmente, en un primer momento, la vida consciente de la vida animal, lo humano de lo inhumano, para, en un segundo momento, identificar la política con lo animal, presentando, finalmente, esa escisión como algo natural, como lo propio de la política[15]. Así se conseguiría hacer de la supervivencia biológica la quintaesencia de la política, y el «musulmán» sería el modelo de esa forma de supervivencia.

Esta idea cuenta con el apoyo de una teoría lingüística, inspirada en Benveniste, y que Agamben hace suya. «El testimonio no garantiza la verdad factual del enunciado [...]. Por eso mismo —porque se testimonia sólo allí donde se da una imposibilidad de decir y porque hay un testigo sólo cuando ha habido desubjetivación— el "musulmán" es verdaderamente el testigo integral» (Agamben, 2000, 165[16]), dice Agamben, exponiendo con claridad desde dónde él habla o, mejor, desde dónde interpreta los hechos. El testigo no está en condiciones de decir la verdad; el testimonio sólo vale la pena cuando hablar no es una necesidad ineludible; por eso el testigo de verdad es un momento previo a la subjetivación o desubjetivación. El autor está evocando una teoría del enunciado que toma de Benveniste y de Foucault. Según éstos, el enunciado no es algo que esté dotado de propiedades reales definidas, no es un discurso o una frase que suponga un sujeto, sino algo anterior a la actividad lingüística del sujeto; es el lenguaje como pura facticidad. Significa, por tanto, dejar de pensar el lenguaje en términos de comunicación de un sentido o de afirmación de una verdad. Todo eso connota presencia de un sujeto y lo que el enunciado quiere señalar es ese momento anterior, vacío de sujeto y en el que el sujeto puede o no puede aparecer.

El enunciado tiene, pues, posibilidades de decir, si son activadas por el sujeto. Ahora bien, si son posibilidades de decir es porque no están ahí necesariamente, es decir, porque el enunciado connota también la imposibilidad de decir. Sólo así podemos calificar al decir del sujeto como contingente. El habla humana no es prisionera ni

---

15. «La ambición suprema del biopoder es producir en un cuerpo humano la separación absoluta del viviente y del hablante, de la *zoè* y el *bíos*, del no-hombre y del hombre: la supervivencia» (Agamben, 2000, 163).

16. Agamben desarrolla su teoría del enunciado en pp. 150-155.

de la necesidad de decir, ni de la imposibilidad de hablar, pero en ella hay momentos de lo uno y de lo otro: el in-fante no puede hablar y el testigo debe hablar, pero nunca la palabra agotará el silencio, ni el silencio hará superflua la palabra. Si el niño, en un momento determinado de su vida no habla, es porque el lenguaje está en el hombre como posibilidad; y esa posibilidad jamás quedará superada cuando el niño llegue a adulto y hable. Del adulto es la palabra y el silencio.

Esto es importante para precisar el testimonio. Éste no es una necesidad sino una posibilidad, lo que supone por tanto que puede no ser posible: «El testimonio —dice Agamben— es una potencia que adquiere realidad mediante una impotencia de decir, y una imposibilidad que cobra existencia a través de una posibilidad de hablar» (Agamben, 2000, 153). El testimonio supone la activación de la posibilidad de decir, pero sin que lo dicho agote la posibilidad de decir, esto es, sin que lo dicho anule la imposibilidad de decir.

Este doble movimiento característico de todo testimonio se hace, sin embargo, inviable en Auschwitz. Ahí lo fáctico se apodera de lo imposible. La muerte, que es la imposibilidad de lo posible, se convierte en lo necesario, haciendo imposible el juego de la posibilidad y de la contingencia, es decir, del decir. Esa catástrofe lingüística se produce porque en política se ha producido una alianza entre necesidad y posibilidad: se ha decidido hacer necesariamente todo lo que el poder del hombre pueda dar de sí. «El arte de hacer posible lo que parece imposible», santo y seña de la política nazi, según Goebbels, anula el nicho del testimonio, que era la contingencia. Ahí si se habla es por necesidad, y, si se calla, el silencio será total. La mudez del «musulmán» es la expresión más correcta de la imposibilidad de hablar.

En el supuesto de que su teoría del enunciado lograra explicar teóricamente las pretensiones veritativas del testimonio, lo que se deduce de sus palabras es que la catástrofe histórica (la existencia del campo) sería la causa de la catástrofe lingüística. Ahora bien, el gesto con el que Agamben decreta el «derrumbamiento histórico de estos procesos», es decir, la destrucción de los dos movimientos sincronizados, a los que nos hemos referido, no hace justicia a las pretensiones veritativas de los testimonios que nos han dejado los supervivientes del campo. No es que Agamben proyecte sin más sobre Auschwitz la teoría del enunciado de Benveniste, pues en ese caso el testigo tendría la posibilidad de hablar o callar; lo que añade Auschwitz a esta teoría es que allí se hace imposible el hablar (entiéndase: con garantías) con lo que lo único verdadero que queda es el silencio. La consecuencia de esta catástrofe lingüística es que ningún testimonio merecería la pena, ni el de los Antelme, Kertesz, Grawoski, ni, en buena lógica, el de Levi.

Según este planteamiento la figura del testigo no se sustancia en testimonios, sino que es una provocación hermenéutica ya que recoge toda su significación en un silencio cuya interpretación estaría en las manos de Agamben, es decir, de todos nosotros.

IV. DE LA PALABRA DEL TESTIGO AL SILENCIO DEL «MUSULMÁN»

También cabe otra visión del testigo, vinculada precisamente al testimonio. La figura del «musulmán» sigue siendo capital porque el objetivo del nazi no era sólo matar, sino expulsar a las víctimas de la condición humana, como bien recuerda Robert Antelme. Esa estrategia de deshumanización progresiva, es decir, la conversión de un ser humano en «musulmán», era todo un triunfo pues los demás prisioneros podían ver con sus ojos que el programa de deshumanización era inevitable y acabaría alcanzándoles a todos ellos. Pero la existencia concentracionaria era más compleja que lo que esta visión, polarizada en el «musulmán», pudiera dar a entender. No es evidente, para empezar, que el «musulmán» fuera el *nervio* de Auschwitz. Auschwitz es una sinécdoque con la que designar la existencia concentracionaria. Pero no deberíamos olvidar que había tres campos muy distintos bajo esa misma denominación: Auschwitz I, abierto en 1940 como campo de concentración; Auschwitz II, también llamado «Auschwitz-Birkenau», que era un campo de exterminio; y Auschwitz III, llamado Buna-Monowitz, campo de trabajo para la IG-Farben, Siemens, Philips, etc., en el que estuvo, por ejemplo, Primo Levi. El «musulmán» era una figura casi desconocida en el campo de exterminio pues ahí no se disponía de ese tiempo imprescindible para operar la susodicha transformación. Los *seleccionados* sabían que su muerte era inmediata, de ahí que lamentaran no poder entrar en el campo, pues eso significaba de momento vida. Para la inmensa mayoría de las víctimas del Holocausto el centro, el nervio del campo, era la cámara de gas y el horno crematorio.

Eso lo ha captado perfectamente Claude Lanzmann en su film *Shoah*. «La acción comienza en Chelmo» son las primeras palabras del film y tienen valor estratégico. Chelmo, Belzec, Sobibor son plazas de exterminio de las que hoy no queda ni rastro. La cámara cinematográfica va a buscar insistentemente ese punto neurálgico, la cámara de gas, siguiendo en esto la mirada angustiada de las víctimas, e invitando al espectador a sumarse a la misma visión. Y es que, como decía el fiscal general del juicio de Treblinca, M. Spiess, «las cámaras de gas eran el corazón del campo: era lo primero que se construía, ya sea en un bosque, o en medio del campo, como en Treblinca. Las cámaras de gas eran los únicos edificios en piedra; el resto eran barracas de madera: no estaban hechos para durar» (Lanzmann, 1985, 100).

Todo estaba pensado para que de ese lugar central y de ese momento de la verdad no hubiera testimonio alguno. Nadie podía salir vivo de esos lugares de muerte: ni los recién llegados, ni los *obreros de la muerte* cuyo trabajo era servir al genocidio. Pero el sistema falló por dos lados: tenemos diarios de autores que sabían que no sobrevivirían[17], y palabras de algunos supervivientes, integrantes de los *Sonderkomandos* (Escuadras Especiales), la mayoría judíos, brigadas encargadas de las fases previas y posteriores al gaseamiento, de la incineración y de la trituración de los huesos no calcinados y de aventar el polvo residual[18]. Lo que caracteriza a este tipo de testigos es que escriben sabiendo que no sobrevivirán o no sobrevivirían. Y dado que esos testimonios tienen por horizonte una muerte cierta, no hay razón alguna para no tomarles en serio a la hora de entender la naturaleza del testigo de Auschwitz.

Primo Levi les ha dedicado unas de las páginas más sobrecogedoras de su postrera reflexión sobre los campos bajo un título que ha hecho fortuna: *la zona gris* (Levi, 1989, 31-62). Hacer a las propias víctimas cómplices del asesinato, tratando de descargar en ellas la culpabilidad ante el crimen y privándolas para su desconsuelo de la conciencia de saberse inocentes, marca, sin duda, el punto más extremo de la perversión moral del nazismo. De estos *Sonderkomandos* sabemos que tenían la tarea de recibir a las víctimas en la antesala de las cámaras de gas, de tranquilizarlas con engaños no para ahorrarles sufrimientos sino para mantener el orden; que eran castigados con severas penas si les decían la verdad; que vivían en la abundancia de comida y bebida; que eran liquidados periódicamente, cada cuatro meses, para que nadie pudiera testificar. Y que la mayoría eran judíos.

Sobre ellos ha caído toda suerte de juicios condenatorios. Desde el momento en que esta gente está dispuesta a todo con tal de sobre-

---

17. Cf. Gradowski, 2001.
18. Tal el del checo Filip Müller, que sobrevivió a cinco liquidaciones de su *Sonderkomando*. Su testimonio constituye uno de los momentos fuertes del film de Lanzmann, *Shoah*.

vivir, podemos pensar que no hay barrera moral que les pare. Si tenemos en cuenta que una de las condiciones de la supervivencia consistía en no mostrar disgusto por el trabajo que hacían, difícil será distinguir lo que había de estrategia y lo que había de convicción en su externa impasibilidad. La *zona gris* es clima de indiferenciación moral entre víctimas y verdugos, lo que es tanto como decir la ruina total de la moralidad. Nada visualiza esa perversa complicidad como la historia contada a Primo Levi por el médico judío húngaro Miklos Nyiszli, adscrito al laboratorio del médico-jefe de las SS de Birkenau, Mengele. Un buen día y en un descanso del trabajo, agentes de las SS y miembros de los *Sonderkomandos* organizaron un partido de fútbol teniendo como espectadores a otros carceleros y compañeros de trabajo que hacían apuestas, animaban y aplaudían «como si en lugar de estar ante las puertas del infierno, el partido se estuviese jugando en el campo de una aldea» (Levi, 1989, 48). Esta entrega aparente al trabajo que realizaban lleva a muchos al siguiente juicio moral: «víctimas y verdugos son igualmente innobles; la lección del campo es la fraternidad en la abyección»[19].

El propio Levi, tan prudente en sus juicios, llega a reconocer que «hay en ello algo verdadero», aunque quiere dejar las cosas claras pues «nadie está autorizado a juzgarlos... por eso pido que la historia de los *cuervos del crematorio* sea meditada con compasión y rigor, pero que no se pronuncie un juicio sobre ellos» (Levi, 1989, 52-53). Ante la contundencia de indicios que apuntan a un colaboracionismo entusiasta, resultado de esa decisión previa de «sobrevivir a cualquier precio», bien pudiera parecer que la demanda compasiva de Levi se debe más a su altura moral que a la realidad de los hechos, de ahí que otros, más pendientes de extraer rigurosamente la significación moral y política del campo, como Agamben, vean en los *Sonderkomando* «la fraternidad en la abyección» y tomen ese esperpéntico partido de fútbol por «el verdadero horror de los campos» (Agamben, 2000, 25). Y eso ¿por qué? Porque en ese partido amistoso la conciencia de la víctima —que es su gran capital— queda reducida a la inconsciencia del verdugo. La única reserva que le queda entonces a la humanidad es la mudez y la impotencia del «musulmán».

La realidad es, sin embargo, mucho más compleja. Que «hay algo de cierto en ello», como decía Levi, es indiscutible; pero también lo contrario. No perdamos de vista que eran reclutados a la

---

19. La frase es de Marco Vigevani y a ella se refiere Levi para matizar la sentencia condenatoria (cf. Mesnard y Kahn, 2001, 34).

fuerza a su llegada, es decir, en un momento en el que estaban lejos de haberse situado mentalmente en un cuadro tan excepcional. Se podrían multiplicar los testimonios que hablan del sufrimiento moral que suponía este trabajo forzado, que no era gente cruel sino los seres más desgraciados del mundo, que estaban obligados a llorar sin lágrimas pero que su vida era un llanto. Pero ya que las críticas provienen de su deseo de sobrevivir a cualquier precio, intentemos comprender en qué cifraban la supervivencia. En primer lugar, sobrevivir para testimoniar. El testimonio era el sentido de su vida hasta el punto de que testificaban por escrito, ocultando sus documentos con la esperanza de que se encontraran después de su muerte, a sabiendas de que se jugaban la vida (o, mejor, la aceleración de la muerte). El escrito de Zalmen Gradowski es revelador:

> Escribo con el propósito de que una ínfima parte de esta realidad llegue al mundo [...]. Tal es el único objetivo, el único sentido de mi existencia. Aquí vivo con esta idea, con esta esperanza, que quizá lleguen hasta ti mis escritos y que así se realice en la vida una parte de aquello a lo que nosotros aspiramos, yo y todos los que aún estamos aquí con vida y que fue la voluntad de los hermanos y hermanas asesinados de mi pueblo (Gradowski, 2001, 39).

Por supuesto que no todos tendrían ese planteamiento, pero a nosotros nos interesa examinar sus testimonios y, a la vista de lo que sabemos, bien podemos decir que no testificaban para sobrevivir, sino que sobrevivían para dar testimonio. Eran conscientes de la importancia de su testimonio pues los historiadores podrían reconstruir de alguna manera lo que allí ocurrió, pero no lo que ellos experimentaron:

> Se podrá reconstruir sin nuestra ayuda la historia de Auschwitz. Sobre cómo se moría en Auschwitz: habrá muchas imágenes, testigos, documentos que lo cuenten. Pero nosotros queremos aquí crear el marco de cómo se «vivía». A qué se parecía un día normal, un día de trabajo ordinario en el campo. Un día entremezclado de vida y muerte, de terror y de esperanza, de resignación y de voluntad de vivir [...]. Tenemos que hablar de nosotros mismos en cuanto concernidos [...]. Que nuestra escritura no sea medida en una balanza literaria. Tenemos mucho que decir aunque en el plan literario seamos torpes. Hablamos como podemos, en nuestra lengua (cit. por Mesnard y Kahan, 2001, 21).

Su testimonio desvela el por qué de actitudes que tenían que parecer inexplicables o inhumanas a los demás, por ejemplo, la ausencia de lágrimas. Cuando Gradowski confía a un papel que le sobrevivirá la esperanza de que un día «tenga la gracia de poder llorar» (Gradowski, 2001, 40), entendemos el sufrimiento que puede significar sufrir sin poder llorar. Lo que este tipo de documentos revela es, por oposición al llamado testigo integral, es decir, al «musulmán», es la vitalidad de la conciencia, la existencia de una subjetividad que conscientemente se dirige a nosotros. Importa la información que nos dan de ellos mismos y de las víctimas. Su existencia se movía entre dos condiciones absolutas e irreconciliables: la muerte y la vida, la muerte de los otros y de sí mismo si no hacían bien su trabajo; la vida de los demás que ellos contemplaban por última vez y, provisionalmente, la de sí mismos, si hacían bien su trabajo. ¿Cómo mediar entre ellas? Con sentimientos fraternos de solidaridad que se expresan en algo tan modesto como es demorar los movimientos de las víctimas, al quitarse sus ropas, porque «los vestidos que ellas llevan son como la coraza, el manto en el que todavía se recoge su vida». Y prosigue:

> En el momento en que se despojen de sus vestidos y se queden desnudas perderán sus últimas defensas, su último apoyo, el último punto de anclaje del que pende su vida. Ésa es la razón por la que nosotros no tenemos valor para decirles que se desvistan más rápidamente. Que sigan todavía un instante, un momento, en esa coraza, en ese manto de vida (*ibid.*, 84).

Si importante es el conocimiento de ese particular testigo, no lo es menos la información sobre el común de las víctimas de las cámaras de gas: llegan llenas de vida. El duro viaje, a veces durante semanas, hacinados en vagones de mercancías, no podía borrar el hecho de que hasta ese momento llevaban una vida normal. Son llevados al matadero con todo su mundo material y espiritual presente y fresco. Esa presencia se traduce en ganas de vivir, tanto más expresiva cuanto más desesperanzada es. De Zalmen Gradowski son estas desconcertantes palabras escritas a la puerta del infierno:

> Ese joven cuerpo, todo él palpitante de vida [...], ellas quieren que la mano de un hombre, un extranjero, ahora el más cercano y el más querido, las toque, las acaricie. Así tendrán la sensación de que es la mano de su amante, de su marido, la que acaricia y mima su cuerpo consumido por la pasión [...]. Sus labios ardientes se nos ofrecen con amor, con besos apasionados, mientras los labios sigan vivos (Grabowski 2001, 85).

Estas víctimas no son los seres desobjetivados a los que se refería Agamben, a propósito de los «musulmanes»; son seres humanos, en la plenitud de vida, arrancados de su medio y proyectados fulminantemente hasta la antesala de la cámara de gas. Decía Elie Wiesel que para hablar de dignidad no hay que sobrepasar un determinado grado de sufrimiento. Él quería explicar por qué en el campo no había dignidad, pero lo que nos dice el testimonio de los *Sonderkomandos* es que incluso en esos momentos no muere la chispa de humanidad. Hay que revisar la teoría de la *zona gris* como lugar de la abyección, para verla como centro del máximo horror y margen de humanidad en forma de gestos. Allí hubo piedad, resistencia, solidaridad y esperanza.

Tenemos, pues, dos tipos de testigo: por un lado, el que no puede hablar porque ha bajado a los infiernos; de él sólo tenemos su silencio y la figura de la pura impotencia. Por otro, el que da testimonio —a veces desde el mismo infierno—, consciente de que es limitado, pero buscando convertir al oyente en testigo. Lo que les distingue es, en primer lugar, el cuerpo, el soporte físico, que en un caso ha dimitido y en el otro sustenta. A ese primer rasgo hay que añadir este otro: la *zona gris* nos enseña que piedad y brutalidad pueden coexistir en el mismo sujeto. Los mismos que trajinan mecánicamente con millares de cadáveres recién asesinados, se conmueven cuando descubren entre tanto deshecho a una joven con vida que se aprestan a salvar, aunque inútilmente, pues ya ha visto a la Gorgona y tiene que morir, igual que ellos, para que nadie nunca sepa qué pasó allí dentro[20]. Conviven por tanto un trabajo objetivamente inhumano con gestos banales o heroicos de humanidad. ¿Son formas complementarias, son reductibles uno a otro?, ¿caracteriza al testigo de Auschwitz el silencio o la palabra?, ¿es la verdad un asunto de enunciación o de contemplación? Agamben lo tiene claro:

> El espacio del *campo* (al menos en aquellos *Lager*, como Auschwitz, en que campo de concentración y campo de exterminio coinciden) puede, pues, ser representado eficazmente como una serie de círculos concéntricos que, similares a olas, rozan sin cesar un no-lugar central en el que habita el «musulmán». El límite extremo de este no-lugar se llama en la jerga del *campo*, Selektion, la operación de escoger a los destinados a la cámara de gas (Agamben, 2000, 53).

Para el filósofo italiano el centro del campo es un espacio ocupado por el «musulmán», siendo la cámara de gas el punto extremo,

---

20. Este episodio lo toma Levi del ya citado médico judío húngaro Nyiszli, el colaborador del doctor Mengele. Cf. Levi, 1989, 48-49.

la estación final de ese lugar. Que eso fuera cierto en muchos casos está fuera de toda duda, pero no parece que eso fuera lo habitual para la inmensa mayoría de los asesinados. Lo habitual era un destino marcado por tres conceptos: *Selektion, Schlauch, Gaskamer,* esto es, condena a muerte sin ningún juicio, experiencia de bajada a los infiernos en el breve camino que iba desde la rampa hasta la cámara de gas, momento en el que se consumaba el destino. La carga humana desembarcada en las rampas de selección eran inmediatamente encaminadas a las cámaras de gas, allí donde se encontraban, esperándoles, los obreros de la muerte. Estos datos parecen indiscutibles desde el punto de vista histórico[21] por lo que hay que preguntarse por qué Agamben insiste en la centralidad y exclusividad del «musulmán».

Si ambos tipos de testigo se dieron en el campo, lo suyo sería reconocerlos como complementarios. Si Agamben se opone es porque eso anula toda su estrategia teórica que basa la respuesta a Auschwitz en la figura única y radical del «musulmán». Bajo su forma inhumana se esconde una humanidad reducida a pura potencia, en sentido aristotélico. Esa pura potencia, sin embargo, no está esperando un sujeto exterior que la ponga en acto, porque todo es campo o biopolítica. Es esa misma pura potencia la que puede convertirse en potencia absoluta. Para explicarlo Agamben recurre a la figura bíblica del «resto»[22] que no evoca un substrato o *sub-iectum* que sería la plataforma de despegue de una historia individual, de suerte que en el momento culminante, aquel en el que el *telos* realizaría la *physis*, el substrato desaparecería o quedaría integrado en el *telos*. Lo inhumano sería lo natural, el *status naturae*, que quedaría supe-

---

21. «Los centros de exterminio funcionaban rápido y bien. El recién llegado descendía del tren por la mañana, por la tarde su cadáver ya había sido quemado y sus ropas empaquetadas, almacenadas y expedidas a Alemania» (Hilberg, 1988, II, 748).

22. En la Biblia el resto está constituido por los *pobres*, tal y como reconoce el Primer Isaías (Is 14, 2) y, sobre todo, el profeta Sofonías: «Dejaré en ti un pueblo pobre y humilde, un resto de Israel que se acogerá al Señor, que no cometerá crímenes ni dirá mentiras, ni tendrá en la boca una lengua embustera» (Sof 3, 12). Pues bien, ese resto fiel tiene encargada una misión que afecta a todo el pueblo de Israel. En el Segundo Isaías, el resto se encarna en la figura del Servidor. Se le encarga la tarea de redimir a su pueblo mediante el sacrificio de su vida: «Lo vimos sin aspecto atrayente / despreciado y evitado de los hombres / como un hombre de dolores acostumbrado a sufrimientos / ante el cual se ocultan los rostros, despreciado y desestimado. / Él soportó nuestros sufrimientos y aguantó nuestros dolores; / nosotros lo estimamos leproso, herido de Dios y humillado; / pero él fue traspasado por nuestras rebeliones / triturado por nuestros crímenes. / Nuestro castigo saludable cayó sobre él, / sus cicatrices nos curaron» (Is 53, 3-5).

rado por la política de la sociedad civil. Este planteamiento apunta hacia una filosofía de la historia que imagina en el punto de llegada la reconciliación entre lo inhumano y lo humano, concediendo a lo inhumano ser el precio del logro histórico. El «resto» bíblico, aquí evocado, nada tiene que ver con una historia que al final absorbe la inhumanidad de partida, sino que apunta la idea contraria de que quien sufre la suprema infamia se convierte en el salvador. Agamben parece secularizar o vaciar el concepto bíblico de un «resto» que sufre y redime en el de una pura potencia que se transforma desde sí misma en potencia absoluta.

El testigo que da testimonio valora, por el contrario, la palabra y el silencio. Sabe que su testimonio es propio de un privilegiado en el campo o, en cualquier caso, de alguien que no recorrió todo el camino de inhumanidad que sí hizo la mayoría de los deportados. Por eso habla en su nombre y quiere que su palabra remita al silencio de aquéllos. No deben callar pero no pueden decir todo lo que ocurrió. El concepto de «resto» puede ser ahora de gran ayuda si cambia el sentido y se convierte en un plus significativo que está en el testigo y en el «musulmán». Ese plus desborda el silencio de la víctima que no habla para cargar de sentido al testigo. ¿Cómo? Presentando su hálito de vida, su pertenencia a la especie, como el principio de toda humanidad. La humanidad es un punto de llegada que se inaugura en la inhumanidad del «musulmán». Y ese «resto» también está en el testigo como un plus que relativiza su propio discurso al remitirle al silencio insondable del que ha visto a la Gorgona. Gracias al «resto» la inhumanidad anima la humanidad del testigo, convirtiéndose en su fuente y su posibilidad, al tiempo que cuestiona todas las humanidades aparentes, incluso la del testigo. Esta dialéctica entre palabra y silencio permite que el oyente, lector o espectador pueda a su vez convertirse en testigo pues hay un elemento de mediación que falla precisamente en la figura anterior de testigo.

El «resto» hace inalcanzable la respuesta a la palabra del testigo pues éste se reviste de un silencio creativo. El silencio de la víctima es una invitación a no archivar la palabra, es decir, a no fijar el pasado en un determinado repertorio de haberes y deberes, sino que es, como enseguida veremos, la exigencia de una responsabilidad absoluta. No olvidemos, en efecto, que la verdad que persigue el testigo no se contenta con desvelar los hechos —«aquí, bajo este bello bosque, hubo una cámara de gas»; ni siquiera, añadir a la información del historiador la experiencia de algo tan intransferible como el olor a carne quemada—, sino que se haga justicia. La verdad como justicia es algo distinto a la verdad objetiva que interesa al espectador distanciado; distinta también de la verdad impasible de la que se ocupa el idealismo filosófico. Es, como hemos visto, actualización de las injusticias pasadas gracias a la memoria de los testigos que se van sucediendo.

V. LA RESPONSABILIDAD ABSOLUTA

La relación entre el «resto», esto es, la plusvalía de significado que anida entre la palabra-silencio de las víctimas, y la responsabilidad que recae sobre el hombre que nace después de Auschwitz, ha sido establecida intuitivamente por Etty Hillesum, autora de un diario y unas cartas escritas desde el campo de concentración de Westerbork (Holanda)[23].

Para Hillesum todo es campo. No hay un lugar neutro, moralmente no contaminado, en el que poder refugiarse para escapar a la inhumanidad[24]. Todo está afectado por la barbarie, hasta los mejores libros, si han sido publicados con el visto bueno de la autoridad nazi[25]. El campo de exterminio es como el vórtice al que apunta la cultura existente y que devora los valores vigentes. Pero si eso es así ¿qué salida cabe, qué esperanza? No hay escapatoria en el sentido de que la solución no está en evadirse del campo, sino en desarrollar dentro del campo una superioridad espiritual, en «soportar el trago de historia que estamos viviendo sin sucumbir espiritualmente»[26]. Recordemos que también Himmler pedía a los jóvenes nazis que soportaran el sufrimiento ajeno sin pestañear. Ahora se trata de lo contrario, de metabolizar en madurez espiritual esa experiencia de

---

23. Etty Hillesum es una joven judía que acepta voluntariamente la deportación y es asesinada en Auschwitz, a los 29 años. Se han publicado sus cartas y su diario (Hillesum, 1985; 2001). Sobre su vida e ideas se han multiplicado los estudios. Ver en particlar, Gaeta, 1999.

24. «Toda Europa se va transformando gradualmente en un gigantesco campo de concentración. Toda Europa tendrá en común el mismo tipo de experiencia amarga. Sería demasiado monótono resumir los hechos en sí, aludiendo sólo a las familias dispersadas, a los bienes saqueados y a las libertades. Y como las alambradas y el ronroneo cotidiano no ofrecen muchas anécdotas picantes para la gente del exterior, yo me pregunto cuánta gente quedará fuera del campo si la historia sigue por los derroteros por donde actualmente discurre» (Hillesum, 2001, 47-48).

25. «También es verdad que la mayoría de libros no valen gran cosa; habrá que escribirlos» (Hillesum, 2001, 134). Esta idea coincide con la ya expresada de Thomás Mann que se prohibía así mismo leer, por sentido moral, cualquier libro que hubiera pasado la censura nazi.

26. Así resume Giancarlo Gaeta la idea de Hillesum. Cf Gaeta, 1999, 42.

muerte[27]. No es un camino fácil pues Europa, reconoce ella, ya no sabe de eso[28] pues hace tiempo, en efecto, que desvinculó la razón de la compasión. Ella, sin embargo, se presenta como un claro ejemplo de lo que da de sí esa escuela de la vida. Subraya dos rasgos de ese duro aprendizaje. En primer lugar, su calado temporal y espacial: ahí se madura deprisa, un día es como una vida[29]; puedes por la tarde haber integrado totalmente el hecho de la muerte en tu vida aunque hasta ese mismo día tú no hubieras visto un solo muerto. No sólo se avanza en el tiempo, también en el espacio: la mirada del testigo va más allá de lo que le ocurre a ella, a su familia, a su pueblo. Le interesa Europa porque siente que lo que está en juego es la humanidad.

¿Y qué futuro político le aguarda a Europa? Hillesum no se adentra en análisis geopolíticos de altos vuelos. Su propuesta estratégica es casi apolítica: sólo nosotros podemos salvarnos si salvamos lo mejor que hay en nosotros (Hillesum, 1985, 175). Habrá que convenir que ella está hablando de otra salvación, no de la que supone la derrota del totalitarismo y la vuelta de la libertad a Europa. Esperemos, sin embargo, hasta la penúltima estación de su reflexión. El sentido de esa pretenciosa propuesta estratégica —la de que la salvación depende de los propios *habitantes* del campo— se desvela en referencia a una experiencia casi mística: la de la impotencia de Dios. Para Hillesum[30], como para Hans Jonas o Paul Celan, nada

---

27. «Si todos esos sufrimientos no conducen a una ampliación del horizonte, a una humanidad más grande, haciendo caer mezquindades y pequeñeces de la vida, todo habrá sido en vano» (Hillesum, 1985, 190).

28. «Occidente no acepta el sufrimiento como inherente a esta vida, de ahí que sea incapaz de extraer las fuerzas positivias que laten en el sufrimiento» (Hillesum, 1985, 178-179). Hillesum no sólo vincula vida con sufrimiento, sino sufrimiento con razón, por eso se presentaba a sí misma como «el corazón pensante de los barracones» (*ibid.*, 202).

29. La experiencia de que el sufrimiento hace transparente el sentido o sinsentido de toda una vida es una de las reflexiones más frencuentes entre los testigos: «He envejecido desde ayer. De repente ha caído sobre mi un montón de años y siento mi fin próximo» (Hillesum, 1985, 148). Del mismo parecer es I. Kertesz quien empieza citando a Wittegenstein: «Basta un solo día para vivir los horrores del infierno; hay tiempo suficiente para ello», para comentar a continuación: «Yo los viví en media hora» (Kertesz, 1997, 138).

30. «Si Dios deja de ayudarme (y todo da a entender que Dios les ha abandonado), tendré que ser yo quien le ayude [...] no eres tú quien puedes ayudarnos sino nosotros a ti y haciendo eso, nos ayudamos a nosotros mismos» (Hillesum, 1985, 169). También Paul Celan reflexiona sobre la debilidad divina. El poema *Tenebrae* tiene por trasfondo la muerte en los campos. Los muertos aparecen enracimados, enroscados en un *continuum* del que forma parte el propio Dios. En la tercera estrofa

hay que esperar de la omnipotencia divina. El campo de concentración certifica la muerte de esa imagen infantil de Dios. Lo que ocurre es que esa constatación no les lleva a la desesperación, ni siquiera al desencanto, sino a la reivindicación humana de la responsabilidad absoluta.

La responsabilidad absoluta es una figura teológica. Propio de la tradición bíblica es la afirmación de que el justo será recompensado porque la injusticia no tiene la última palabra. El Sermón del Monte detalla esa visión del mundo en la que Dios se hará cargo de los que lloran, de los que sufren, de los que padecen injusticia. Más allá de la justicia humana, la figura de un Dios bueno y todopoderoso asume la responsabilidad absoluta para que no haya un daño que no sea reparado, un bien que no sea premiado y un mal que no sea castigado (o perdonado). Lo que nos dice Hillesum es que esa figura de la responsabilidad absoluta no puede recaer sobre la imagen de un Dios inexistente, sino que tiene que ser asumida por el hombre. El testigo del campo levanta acta de la debilidad de Dios y la de la injusticia del sufrimiento. De esos dos momentos surge la conciencia de la responsabilidad absoluta. No se puede privar, en efecto, al que sufre ni de la esperanza, ni del derecho a la justicia; el filósofo o el espectador fuera del campo pueden permitirse el lujo de encogerse de hombros y decir que la vida es absurda o que qué le vamos a hacer. El testigo no está por esas: una vez que ha visto la injusticia del sufrimiento, se plantea radicalmente la exigencia de justicia. Pero es el hombre el que tiene que hacerse cargo de esa justicia pues él ha experimentado el silencio de Dios.

El testigo no viene a hablarnos de sí mismo, sino del que no puede hablar. Lo que nos quiere decir de ese silencio mortal es que clama al cielo pidiendo justicia. Como él sabe demasiado bien que el cielo no responde directamente, coloca en las manos del hombre la responsabilidad de hacerse cargo de las injusticias del mundo. El hombre de después de Auschwitz es el que asume esa responsabilidad. El silencio que alberga la palabra del testigo coloca ante la justicia humana una nueva dimensión. No se trata ya de recordar para que no se repita, se trata de responder de la injusticia causada. Del silencio nace la responsabilidad absoluta.

dice algo sosprendente «ruega, Señor / ruéganos, / estamos cerca» («Bete, Herr, bete zu uns, wir sind nah»). Dios deja de ser el *adressat* de la súplica para convertirse o convertirlo en sujeto suplicante. En lugar de desentenderse de ese Dios bueno, sí, pero impotente, estos textos se plantean salvar a Dios; por eso el poeta recomienda a Dios que ruegue al hombre (cf. Paul Celan, *Obras completas*, traduccción de J. L. Reina Palazón, Trotta, Madrid, ³2002, p. 125).

6

POR UNA JUSTICIA DE LAS VÍCTIMAS

«Los jueces sois vosotros.»

(Primo Levi, *Si esto es un hombre*)

En castellano el término «justicia» puede entenderse como una virtud o como sinónimo de verdugo: «el justicia» es el que ajusticia. Pese a esta lejanía semántica hay algo en común entre ambas significaciones si recordamos que la justicia tiene que ver más con el castigo al culpable que con la reparación del daño causado a la víctima[1]. Un somero repaso al derecho penal nos muestra que la justicia se ha vertebrado en torno a los siguientes ejes: la autoridad de la ley, la seguridad de la sociedad o la educación del culpable.

Según el antropólogo M. Mauss (cit. Gross, Garapon y Pech, 2001, 17), la justicia empieza siendo la sanción aplicada a quien transgrede una prohibición sagrada y acabará siendo la sanción por la transgresión de una ley. La ley es el trasunto secular del tabú y la justicia consistirá en uno y otro caso en restaurar la autoridad del tabú o de la ley. Otro eje explicativo es el discurso político-económico que se articula en torno a los intereses inmanentes de una comunidad amenazada. La justicia (y el castigo) tienen que ver con la defensa de la sociedad. Hacer justicia significará neutralizar al peligroso con la cárcel o el internamiento psiquiátrico. El tercer eje es de tipo psicopedagógico y pretenderá la recuperación social del

---

1. Paul Ricoeur ha visto en esa tendencia un resto de venganza a la que el famoso garantismo trataría de darle un aire de civilidad (Ricoeur, 2001, 257-266).

condenado mediante la pena. La justicia y el castigo están en función de la educación o regeneración del individuo. Autoridad de la ley, defensa de la sociedad, educación del individuo serían los conceptos vertebradores de la justicia subyacente al derecho penal occidental[2].

De estos tres sistemas explicativos están ausentes las víctimas, es decir, los afectados por la injusticia. Cuando reaccionamos espontáneamente ante un atropello con un «no hay derecho» apuntamos en la dirección de la víctima, hasta que llega el juez y la hace invisible.

I. EL INTERÉS POR LA VÍCTIMA

Hay que decir de entrada que algo está cambiando en este orden de cosas. Si hasta hace poco tiempo la víctima era una figura con la que sólo cabían, además de alguna condecoración, condolencias y compensaciones económicas, ahora, sin embargo, se habla también de la justicia a las víctimas. Si se plantea, por ejemplo, la necesidad de recordar la guerra civil, se dice que es para que la historia no se repita y para hacer justicia. Los delitos sexuales, las Comisiones de la Verdad y de la Reconciliación, la implicación entre testimonio e historia, han puesto en primer plano a las víctimas. Cuando, en las Comisiones de la Verdad y de la Reconciliación, el autor de un crimen, una violación o una tortura, deja de ser considerado como objeto de reeducación para ser visto como el autor de una decisión con capacidad de acción y negociación, es con la víctima directamente con quien tiene que vérselas y no con un representante de la ley.

Este interés por la víctima resulta de la confluencia de dos culturas: la de la memoria y la reconstructiva.

a) La cultura reconstructiva se llama así porque la injusticia es vista como una acción que destruye una relación, que la justicia debe reconstruir. Esta cultura o sensibilidad tiene múltiples manifestaciones no necesariamente vertebradas. Existe, por un lado, una ética reconstructiva que se presenta como una síntesis de narración y argumentación o, si se prefiere, de aproximación del ideal universal y abstracto de la justicia discursiva a la solidaridad real con sujetos individualizados (Ferry, 2001). Pero quizá sea el derecho, sobre todo

---

2. Remito para todo este tema a la obra de Garapon, Gross y Pech, 2001.

el penal, el campo en el que más se ha desarrollado[3]. Lo que caracterizaría al derecho animado por esta cultura sería la sustitución del vínculo entre justicia y castigo por el de justicia y reparación de las víctimas. Ahí se produce un desplazamiento de acentos que va de la intencionalidad del acto al perjuicio objetivo, como en la justicia de los antiguos. Es éste un punto que ha servido para que algunos se pregunten si no estamos ante un cierto retroceso ético[4]. La prueba de este retroceso sería la presencia de la cultura de la venganza caracterizada precisamente por el reequilibrio natural de un orden alterado por la injusticia[5]. Una manifestación reciente de esta nueva sensibilidad la encontramos en lo que Kymlicka llama «teoría feminista de la justicia», definida por el cuidado (*Sorge*) y atención a lo concreto, a los daños causados en el individuo concreto, más que en la defensa de principios; más sensible a la respuesta imaginativa ante situaciones concretas que a aplicaciones más o menos mecánicas de la norma (Kymlicka, 1992).

b) La cultura de la memoria es un fenómeno relativamente nuevo, al menos en sus expresiones públicas. En la actualidad, sin embargo, se ha hecho presente en el arte (filmes sobre Auschwitz[6]), en museos, en la irrupción del testigo en la elaboración de la historia, etc. Pero es en el orden del pensar en el que la cultura de la memoria tiene su cita más importante. Re-pensar Auschwitz significa, en primer lugar, como ya hemos dicho, recuperar la tradición de los «anunciadores del fuego», ya que fue la centralidad de la memoria lo que les permitió perforar la costra de la lógica dominante y llegar a ver, bajo la mansedumbre del progreso, los vientos de la catástrofe; y, además de eso, tomarse a Auschwitz como lo impensado que da que pensar.

---

3. Cf. A. Garapon «La justice reconstructive», en Garapon, Gros y Pech, 2001, 251-325.
4. Si Hegel decía que «los antiguos eran éticos pero no morales», la ética reconstructiva supondría desandar lo andado, regresando a una ética en la que la autonomía del sujeto pasa a segundo plano.
5. Aunque el término «venganza» evoca en la actualidad sentimientos primarios de ajuste de cuentas, remite, sin embargo, a un auténtico momento fundador de la justicia, muy alejado de lo que hoy da a entender.
6. Desde 1945 a 1969 se fabrican en los Estados Unidos unas quinientas películas de las que sólo una, *El diario de Anna Frank*, está dedicada a la memoria del Holocausto. La cosa ha cambiado en los últimos años: el archivo de Spielberg —*Survivors oft he Shoah Visual History Foundation*—, fundado en 1994, había filmado en seis años más de 300.000 testimonios y sigue. Cf. Wieviorka, 1998, 143 ss.

Estamos, pues, en presencia de dos sensibilidades complementarias: una que pone el acento en la singularidad de la víctima (reconstruccionismo), y la otra en la memoria de la misma. Ambas se complementan en el sentido de que se reconoce la interpelación de la víctima pasada. La conjunción de esas dos culturas empieza a tener carácter de normalidad en la conciencia contemporánea. Ya no es infrecuente relacionar justicia con pasado. Cuando un historiador dice que hay que recordar no sólo para evitar que la historia se repita sino además para «hacer justicia a las víctimas»[7], está recogiendo esa confluencia de culturas de las que estamos hablando. Por supuesto que esa declaración es un importante paso adelante. Si resulta que sólo recordamos para que la historia no se repita, estaríamos como sacando el último jugo a los muertos en beneficio de los vivos. Bajo el señuelo de una reflexión responsable lo único que se oculta es nuestra propia supervivencia. Sólo pensamos entonces en nosotros mismos. Recordar, además, para hacer justicia a las víctimas es salir de nosotros mismos, alcanzando así un nivel de reflexión inhabitual en la moral y en la justicia.

Los problemas empiezan cuando hay que responder a la pregunta: ¿qué significa eso? ¿Qué significa hacer justicia a las víctimas pasadas? Las respuestas habituales, las que acompañan a ese interés nuevo y casi automático por las víctimas, que acabamos de ponderar, es de los más decepcionante: se trata de honrar a los muertos, sacándoles de las cunetas o «corralillos»[8] para enterrarles dignamente y que así descansen en paz. Como esa respuesta no satisface, de ahí la pertinencia de la pregunta: ¿qué significa eso?

II. LA JUSTICIA DE LOS ANTIGUOS Y LA JUSTICIA DE LOS MODERNOS

Antes de intentar una respuesta a esa pregunta hay que detenerse en ese continente significado bajo el término «justicia». Es un continente porque no sólo cuenta con una larga historia, sino que además ocupa el lugar central de la moderna filosofía política. Rawls dice que es la piedra angular de la política, es decir, ya no ocupa un lugar

---

7. Me refiero a la entrevista de Carmen Iglesias en El Semanal de *El País*, domingo 17 de noviembre del 2002.

8. No se trata de minimizar la importancia que tiene la figura del «corralillo» o muladar en el que eran enterrados los que no merecían descansar en sagrado. Cf. J. Jiménez Lozano, *Los cementerios civiles*, Taurus, Madrid, 1978.

acotado (ser una virtud), sino que es el centro, el fundamento moral de la sociedad. Ante un continente tan vasto en tiempo, espacio y profundidad, lo que aquí podemos hacer tiene que resultar de una desmesurada simplificación. Algo hay que decir, sin embargo, para poder responder a la pregunta que hemos dejado en el aire.

Desde el punto de vista filosófico la justicia es un concepto que ha sufrido una profunda transformación. Sin pretender hacer una larga historia, séame permitido al menos señalar los rasgos que diferencian la justicia de los antiguos de la de los modernos.

Para los antiguos[9], la justicia era algo material y tenía como referente al otro. Tenía que ver, en efecto, con talentos o cosas, y el sujeto de la justicia radicaba en quién había padecido injusticia, es decir, en el otro. La justicia, decía, por ejemplo, santo Tomás, consiste en que se restituya al otro lo que es suyo, y lo de menos es que esté o no de acuerdo el que tiene que restituir: lo importante es la injusticia objetiva y el otro. La virtud de la justicia no tiene que ver con el sentimiento o la voluntad del deudor, sino con la reparación del daño. En ese acto objetivo y no en la disposición subjetiva acontece la virtud de la justicia. Este mismo autor, en la estela de Aristóteles, hablaba de una *justicia general* que no tendría que ver con la distribución de bienes sino con la creación del bien común mediante el desarrollo de los talentos de cada cual. La justicia general no tiene que ver con el Producto Interior Bruto sino más bien con la riqueza en humanidad de una comunidad. Sólo después de haber establecido la *justicia general* como derecho de cada ser humano a conformar el bien común —y por tanto, el derecho a desplegar todas sus virtualidades— se hablaba de la *justicia particular*, ya sea la distributiva o la conmutativa.

Para los modernos, por el contrario, el sujeto de la justicia no es el otro, sino nosotros. Nosotros, en efecto o, como diría Habermas, la comunidad ideal de diálogo, es la que establece qué es lo justo y qué lo injusto, lo bueno y lo malo. Y el contenido de esa operación es la libertad: lo que permite que una decisión sea justa es que quienes deciden lo hagan con el mismo grado de libertad. El objetivo de la justicia no es la respuesta al daño causado, sino la imparcialidad del procedimiento de decisión. Pensemos, por ejemplo, en las teorías discursivas de la justicia: el sujeto de la justicia es el nosotros que tiene que decidir lo que es justo o injusto; pero lo justo o injusto se juega en el procedimiento con que se decide: lo justo es decidir con

---

9. Para Aristóteles véase el libro III de *Política*; para santo Tomás, *Summa Theologica* II-II, 57, 58 y 68.

criterio imparcial —libre, pues, de toda la presión que signifique el interés o la experiencia de injusticia—; de ahí que el filósofo del derecho argentino, Santiago Nino (1996, 478), llegara a la conclusión de que la justicia moderna sería un reparto equitativo de la libertad, y no del pan, añado por mi cuenta, como era la justicia de los antiguos.

Este trueque sustancial se nos presenta bajo el manto erudito y mundialmente celebrado del «paso de lo bueno a lo justo», dando a entender que la justicia de los antiguos (subsumida bajo el epígrafe de «lo bueno») era una justicia para andar por casa, mientras que la nueva justicia (la sugerida en la rúbrica de «lo justo») sí tiene en cuenta la complejidad de la vida moderna y por eso puede ser universal. Este enfoque, que se suele presentar como un progreso, conlleva una grave pérdida: ahora resulta que no podemos hablar de injusticia hasta que no hayamos decidido entre todos qué es justicia (ni habrá pobres hasta que no hayamos decidido los demás qué sea la pobreza). Lo que se pierde con este planteamiento es que la justicia nace como respuesta a la injusticia. El sujeto de la justicia es quien padece la injusticia.

Hay que despedir la concepción platónica de que la justicia hay que importarla del mundo de las ideas. La humanidad no tuvo que esperar a la definición de la idea de justicia para saber lo que era la injusticia. La injusticia es una experiencia de sufrimiento y la justicia es la respuesta a esa experiencia. Preguntar por la justicia de la víctima es reconocer que la injusticia de la víctima es el lugar de la justicia. No los espectadores del crimen —y todo el procedimentalismo convierte a los potenciales participantes en el proceso de decisión en espectadores, es decir, en observadores imparciales de un acontecimiento— sino quien padece la injusticia tiene la palabra que desencadena el proceso de la justicia[10].

---

10. Quien ha captado la relegación de la víctima en un planteamiento como éste, en el que lo justo se decide al margen de la experiencia de la vítama, es Jean Améry con su idea del resentimiento. Cuando Améry advierte, después de la guerra, que las democracias occidentales se construyen sobre la base de valores cuyo denominador común es la la significación general —lo que vale para todos— reivindica el resentimiento como figura moral. Lo que pretende entonces es que «el delito adquiera realidad moral para el criminal, con el objeto de que se vea obligado a enfrentar la verdad de su crimen». El resentido quiere compartir con el verdugo el carácter inmoral del crimen. Eso significa, ante todo, compartir la soledad de una experiencia fundamental que tiene la víctima pero desconoce el verdugo: la de llegar a desear que aquello nunca hubiera ocurrido. Le duele que sólo él viva con ese deseo y aspira a que el verdugo llegue a la misma experiencia. No busca la venganza, sino que el asesino experimente

III. IGUALDAD A CAMBIO DE AMNESIA

Con todo, el rasgo más significativo de la justicia moderna —rasgo que comparte con la justicia de los antiguos— es la alergia al pasado. La introducción de la dimensión temporal en la teoría de la justicia provoca vivo rechazo, pues no es éste un asunto que les pille de nuevas, sino algo que tienen bien reflexionado. McIntyre dice, por ejemplo, a propósito de Rawls, que «la justicia es asunto de modelos presentes de distribución para los que el pasado es irrelevante». Lo que sea justo lo decide la teoría de la justicia y antes de la teoría no hay justicia y, por tanto, tampoco injusticia (McIntyre, 1987, 305-306). Otro tanto ocurre con quienes, valorando la condición temporal para toda reflexión teórica, intuyen que bajo el manto de la memoria se camufle el veneno del resentimiento. Tal es el caso de Todorov. Se abusa, en efecto, de la memoria cuando se recuerda para mantener vivo el odio ancestral, como les ocurrió a los serbios en su reciente confrontación con los otros pueblos de la ex-Yugoslavia (Todorov, 1998, 26)[11]. Fue la memoria la que les llevó a la barbarie. Por eso Todorov da la razón a Plutarco que definía la política como el arte de robar al odio su eternización.

El carácter amnésico de la justicia no es coyuntural, ni obedece a los peligros de la memoria, sino que se inserta en el corazón mismo

---

la maldad de su acción, es decir, que llegue a desear que aquello no hubiera ocurrido ni para él, ni para el otro. Para ilustrar su idea cuenta la ejecución de un torturador nazi en Amberes, un tal Wajs, quien ya en el patíbulo, sintió que también él estaba deseando que aquello no hubiera ocurrido; entonces «dejó de ser enemigo para convertirse de nuevo en prójimo», dice Jean Améry (cf. Améry, 2001, 151).

Es evidente que el resentimiento es un concepto límite, expuesto a muchos peligros. Puede encubrir un sentimiento de venganza o la idea de que todo vale —hasta la pena de muerte— con tal de que el criminal llegue a la conclusión de que mejor que «aquello no hubiera tenido lugar». El mismo Primo Levi aconsejaba a Améry que «intentara filtrar su angustia, que no la echara en la cara del lector así, con tanta crudeza y aspereza, pues corría el riesgo de contaminar a los demás, sin librarse de ella» (P. Levy, «L'altrui mestiere», en *Opere* III, 615-618). Pero no hay que perder de vista lo que se quiere decir aquí. Lo que se pretende es que el criminal descubra la inmoralidad de su acción pues de lo contrario no hay reconciliación posible. Por eso, nada más lejos de este resentimiento que la pena de muerte que es precisamente la negación de la reconciliación social. Es una exigencia moral para la reconciliación política. Améry ha entendido que una sociedad justa —si entiende lo justo como la decisión libre de los vivos— tratará a las víctimas que osen presentar la factura de la injusticia como aguafiestas de mal gusto: «Yo y la gente como yo somos los Shylocks, no sólo moralmente condenables a los ojos de los pueblos, sino también estafados en nuestra libra de carne» (p. 158).

11. No se puede aceptar de ninguna manera que se identifique esta idea del resentimiento como venganza con la idea que del mismo tiene Jean Améry.

de la Modernidad. Cuando Michel Foucault dice que el pensamiento es «de presente»[12], y cuando Habermas subraya sin desmayo el carácter postradicional de la Modernidad, están tocando el nervio vertebrador del gran mito moderno: la utopía de la igualdad. Habría que analizar igualmente hasta qué punto figuras jurídicas como la prescripción o la amnistía no responden a esta cultura del olvido. Es, sin embargo, en Rousseau, es decir, en el momento fundante de la moderna teoría de la igualdad, donde más clara y aporéticamente aparece la amnesia de la Modernidad.

Rousseau, para explicar las injusticias y las miserias derivadas de la injusticia que caracterizan a las sociedades modernas, recurrió a la ficción de un *estado natural*[13], que le va a permitir elaborar una serie de rasgos característicos del ser humano que, al perderse en el camino de la constitución del *estado o sociedad civil*, echarán luz sobre la profundidad de los problemas que plantea la sociedad moderna así como el sentido en el que deben dirigirse las soluciones. El objetivo del constructo *estado natural* es explicar la naturaleza de la sociedad civil. Desde aquel horizonte se perciben con exactitud los problemas de legitimación que tiene el orden civil y se puede, por consiguiente, dar una respuesta adecuada.

Pues bien, el *estado natural*, en cuanto contrapuesto al *estado civil*, no se caracteriza tanto por su aislamiento o soledad como por ser un *estado de igualdad e independencia*: los hombres son tan radicalmente iguales en el estado natural que cualquier sombra de sometimiento es inimaginable. Los hombres son tan iguales entre sí como lo fueran los animales de la misma especie antes de que se produjeran las variantes que ahora conocemos[14]. Aunque nada hay en el

---

12. «Creo que lo que aparece en el texto de Kant [se refiere a ¿*Qué es la Ilustración?*] es la cuestión del presente como acontecimiento filosófico del cual forma parte la filosofía que se lo plantea» (M. Foucault, *Magazine Littéraire* [mayo, 1984], p. 35). Las referencias de Habermas sobre el particular son constantes.

13. J.-J. Rousseau, *Du Contrat Social* (1ère. version), liv. I, chap. V («je cherche le droit et la raison et ne dispute pas de faits»), en *Oeuvres complètes* III, Pléyade, Paris, 1964, p. 297; trad. española, *El contrato social*, trad. de F. de los Ríos, Espasa-Calpe, Madrid, 1998.

14. «Il est aisé de voir que c'est dans ces changements successifs de la constitución qu'il faut chercher la première origine des différences qui distinguent les hommes; lesquels, d'un commun aveu, sont naturellement aussi égaux entre eux que l'étaient les animaux de chaque espèce avant que diverses causes physiques eussent introduit dans quelquel-unes les variétés que nous y remarquons» (*Discours sur l'origine de l'inégalité*, en J.-J. Rousseau, *Oeuvres complètes* III, cit., p. 128; trad. española de S. Cano, *Discurso sobre el origen de la desigualdad entre los hombres*, Alba, Madrid, 1996).

hombre natural que permita divisar algo así como una inclinación natural hacia la vida en sociedad, lo cierto es que ésta se produce debida a factores externos que obligan a los hombres a vivir próximos y luego en sociedad. Y es la sociedad la que «deprava y pervierte al hombre», es decir, es la sociedad la que acaba con aquella igualdad de la que disfrutaban aquellos seres naturales. El tono de Rousseau no deja lugar a dudas:

> El primero que al vallar un terreno, se apresuró a decir *esto es mío* y se encontró con gentes lo bastante simples para creerle, fue el primer fundador de la sociedad civil. Cuántos crímenes, cuántas guerras, cuántas muertes, cuántas miserias y cuántos horrores habría ahorrado al género humano aquel que, arrancando los postes o rellenando el foso, hubiese gritado a sus semejantes: guardaos de escuchar a este impostor; estáis perdidos si olvidáis que los frutos son de todos y que la tierra no pertenece a nadie[15].

Las desigualdades que encontramos en la sociedad civil son violaciones o perversiones de la situación igualitaria del *estado natural*. Ahora se ve el interés de la laboriosa descripción que ha hecho Rousseau del estado original: poder juzgar la profundidad del mal presente, a saber, que la desigualdad presente es una injusticia. La desigualdad social, vista desde las perspectiva de una igualdad originaria, ha sido causada por el hombre. No es algo natural, ni tampoco una decisión de los dioses: es, pese a tantas opiniones difundidas, empezando por la de Hobbes, un producto de la sociedad ya constituida[16]. Si hay que poner en el activo de la sociedad civil el desarrollo de la razón y de la moral, como dice en el *Discours sur l'origine de l'inégalité,* que sólo estaban en potencia en el *estado natural,* lo primero que tiene que hacer el hombre adulto es hacerse responsable de los males presentes, frutos del uso de la libertad y de la razón[17].

---

15. J.-J. Rousseau, *Discours sur l'origine de l'inégalité,* cit., p. 164.

16. «Si je me suis étendu si longtemps sur la supposition de cette condition primitive, c'est qu'ayant d'anciennes erreurs et des préjugés invétérés à détruire j'ai cru devoir creuser jusqu'à la racine, et montrer, dans le tableau du véritable état de nature, combien l'inégalité, même naturelle, est loin d'avoir dans cet état autant de réalité et d'influence que le prétendent nos écrivains» (*ibid.,* p. 160).

17. Derathé insiste en la continuidad entre el *Discours sur l'origine de l'inégalité* y el *Contrat Social* de tal suerte que éste es la respuesta moral a los problemas que aquél plantea. Y cita al propio Rousseau: «tout ce qu'il y a de hardi dans le Contrat Social était auparavant dans le Discours sur l'inégalité» (*Confessions,* liv. IX, [VIII]; trad. española *Las confesiones,* trad. de M. Armiño, Alianza, Madrid, 1997). Cf. Derathé, *Jean-Jacques Rousseau et la science politique de son temps,* Vrin, Paris, 1995, p. 131. De esa responsabilidad se hace cargo el *Contrat Social.*

La «caída», el mal radical histórico, es el de la desigualdad, resultado de la apropiación particular de bienes comunes. Y eso se produce en la sociedad civil, es decir, cuando el hombre se decide a hacerse con las riendas de la historia. De esa manera concreta Rousseau el viejo relato bíblico según el cual la historia de la libertad supone la expulsión del Paraíso. Lo que está prefigurado en el mito es lo que la humanidad tiene almacenado en su experiencia: que el uso de la libertad acarrea el asentamiento de la injusticia.

¿Qué hacer? No cabe una vuelta al origen no sólo porque ese tal nunca existió sino porque la ficción acaba cuando al hombre se le abren los ojos al decidirse por el «conocimiento del bien y del mal». Y aunque el hombre se descubra desnudo no hay manera de volver a cerrar los ojos. Lo que ahora se le plantea al hombre moderno es reconquistar aquella condición de igualdad e independencia, pero desde la sociedad civil, esto es, desde la situación de dominio y sometimiento en que se encuentra, utilizando, empero, lo que esa misma sociedad le brinda: el uso de la razón y de la libertad. Y ésa es la tarea del *Contrat Social*. Ahora bien, no cualquier contrato vale, por muy libre que sea: sólo es válido aquel contrato que reconstruya la autonomía e igualdad originarias, destruidas por la sociedad civil, recurriendo a unas armas que no estaban en el momento de la infancia de la humanidad, pero sí en la fase de madurez ilustrada en la que nos encontramos, a saber, la razón y la libertad. El contrato tiene que llevarse a cabo desde la libertad: libertad en el procedimiento y libertad como finalidad. Sólo así puede ser un contrato entre iguales[18].

Si nos fijamos bien, lo que Rousseau ofrece es cambiar justicia por igualdad. Viene a decir lo siguiente: no podemos construir una sociedad que consista en pagar facturas pasadas; hay que olvidar el pasado, y para impedir que eso se repita, tenemos que construir entre todos una sociedad en pie de igualdad. La utopía de la igualdad tiene como condición la amnistía general respecto al pasado que ha movido toda la reflexión.

La gran paradoja de la Modernidad es haber descubierto la presencia del tiempo en el análisis del presente (haber comprendido que las desigualdades presentes son herencias de injusticias pasadas

---

18. En *Lettres écrites de la Montagne* (Lettre VI) escribe Rousseau: «Par cette condition de la liberté, qui en renferme d'autres, toutes sortes d'engagements ne sont pas valides, même devant les tribunaux humains. Ainsi, pour déterminer celui-ci (es decir, el Pacto Social), l'on doit en expliquer la nature; on doit en trouver l'usage et la fin; on doit prouver qu'il est convenable à des hommes, et qu'il n'a rien de contraire aux lois naturelles» (Rousseau, *Oeuvres complètes* III, cit., p. 807).

que comprometen a la generación actual), y haber sacrificado su significación provocadora a una estrategia igualitarista.

¿En qué situación quedan las víctimas, los que no quieren olvidar la injusticia que se les ha hecho? En la de tener que recurrir a una expresión privada de su protesta, al resentimiento del que hablaba Jean Améry, que no es sólo una protesta, un gesto de indignación, sino también la exigencia de que el criminal o delincuente reconozca el mal que ha hecho.

IV. LA JUSTICIA COMO RESPUESTA A LA INJUSTICIA

¿Cabe una respuesta política distinta a la del recurso al mito de la igualdad? Si nos tomamos en serio el punto de partida de Rousseau, esto es, que las desigualdades existentes son injusticias, podríamos imaginar una política entendida como justicia, es decir, como respuesta a las injusticias presentes y pasadas. Y éste es el camino que inaugura Auschwitz. Cuando decimos que Auschwitz es lo impensado que da que pensar, lo que se está planteando de hecho es una revisión de la utopía moderna de la igualdad en favor de la justicia. Auschwitz, que fue un proyecto no sólo de destrucción física, sino también de negación de la destrucción («negación del crimen dentro del crimen mismo», como dice Vidal-Naquet), cancela todo intento de responder a la injusticia desde la amnistía.

La pauta la da Primo Levi cuando al presentarse ante sus lectores, en *Si esto es un hombre*, como un testigo que habla en nombre de los que no tienen voz, escribe estas sorprendentes palabras: «los jueces sois vosotros» (Levi, 1988, 185). Pero ¿qué justicia podemos impartir nosotros, los oyentes de los testigos? ¿Sabemos acaso nosotros más que ellos para decidir lo que es justo o injusto? ¿a qué justicia se está refiriendo Primo Levi? ¿por qué la justicia depende de un lector contagiado por el testigo y no ya de un juez imparcial? Porque hacer justicia a la víctima tiene como condición necesaria el reconocimiento de la vigencia de la injusticia pasada. Para eso es fundamental la figura del testigo y la del oyente del testigo. No es, pues, una afirmación retórica. Cuando Edelman Marek, el dirigente superviviente de la rebelión del gueto de Varsovia, escribe en el posfacio a sus memorias y dirigiéndose a sus contemporáneos, que «indiferencia y crimen son lo mismo» (Edelman, 2002, 116), está apuntando a la misma responsabilidad del testigo y del oyente del testigo.

Cuando hablamos de víctimas, en el contexto de Auschwitz, no hablamos sólo de violaciones (que es el delito-tipo de la cultura reconstructora), sino de muerte, es decir, de la víctima inocente reducida al máximo grado de impotencia. Pues bien, frente a esa víctima ¿qué significa reconocerle que sus derechos no han sido saldados?

a) La clave de bóveda de una justicia que declare la vigencia de la injusticia pasada es la memoria, por eso hablamos de una justicia anamnética. La particularidad de la memoria, a diferencia del *lógos*, es que abre expedientes que la razón (el derecho o la ciencia) dan por clausurados. Horkheimer lo expresa de una forma que deja traslucir todo el dramatismo de este planteamiento:

> El crimen que cometo y el sufrimiento que causo a otro sólo sobreviven, una vez que han sido perpetrados, dentro de la conciencia humana que los recuerda, y se extinguen con el olvido. Entonces ya no tiene sentido decir que son aún verdad. Ya no son, ya no son verdaderos: ambas cosas son lo mismo (Horkheimer, 1976, 16).

Quizá captemos mejor la originalidad de esa memoria —que se ocupa de lo olvidado— si la comparamos con el conocimiento hegeliano para quien *das Wesen ist das Ge-wesene*, es decir, la esencia es lo que ha llegado a ser, aquello que teniendo una historia llega hasta el presente y no se queda en el camino. La memoria rompe las limitaciones temporales (declara vigente una injusticia independientemente del tiempo transcurrido) y espaciales (no se atiene a los límites geográficos del Estado), así como las que tiene el causante del daño (el que el deudor no sea solvente en nada empece la vigencia de la injusticia).

b) Si resulta que la memoria es lo que permite que una injusticia pasada siga vigente, tomarse en serio la justicia significa tener que recordar todo. Ahora bien, ¿quién puede recordar todo si no es una «memoria divina», como dice Horkheimer?[19].

El problema que se le plantea a la memoria humana —a esta memoria que olvida incluso cuando recuerda— es que o recurre a la memoria divina (que no debería olvidar) para poder seguir hablando de justicia, o renuncia a la justicia. Ése es el gran dilema de la filosofía, según Horkheimer: o desborda los límites humanos para

---

19. El texto completo de Horkheimer dice así: «El crimen que cometo y el sufrimiento que causo a otro sólo sobreviven, una vez que han sido perpetrados, dentro de la conciencia humana que los recuerda, y se extinguen con el olvido. Entonces ya no tiene sentido decir que son aún verdad. Ya no son, ya no son verdaderos: ambas cosas son lo mismo. A no ser que sean conservados... en Dios. ¿Puede admitirse esto y no obstante llevar una vida sin Dios? Tal es la pregunta de la filosofía» (Horkheimer, 1976, 16).

hablar de justicia o renuncia a ella. La responsabilidad de la memoria consiste en que sin ella no hay justicia en este mundo porque perdemos la noción de las injusticias realmente vigentes. Adorno lo formula en los siguientes términos:

> Así como los muertos están entregados inermes a nuestro recuerdo, así también es nuestro recuerdo la única ayuda que les ha quedado; en él expiraron, y si todo muerto se asemeja a uno que fue exterminado por los vivos, así ciertamente también se asemeja a uno que ellos han de salvar, sin saber si alguna vez lo conseguirán. El recuerdo apunta a la salvación de lo posible pero que no ha llegado a realizarse («Marginalien zu Mahler», GS 18, 235).

Está claro, por tanto, que la memoria de la que habla la justicia no es la conmemoración de una efemérides pasada (hace un año el juez José María Lidón fue asesinado; hace quinientos años, el imperio español esclavizó en Chiapas a la población indígena, etc.), sino la que hace presente una felicidad que fue posible hasta que el criminal impidió su realización. La memoria trae a nuestra presencia esa injusticia pasada y declara que sigue vigente. Pero, entonces, o nuestra memoria es proporcional al mal causado por el hombre en el mundo («memoria divina») o no hay justicia que valga. Tal es la pregunta de la filosofía, dice Horkheimer.

El hombre no ha cesado de buscar respuestas a ese dilema. Dostoievski abrió una vía cuando planteó la responsabilidad absoluta de cada hombre por el mal existente. Si el mal lo causa el hombre, el hombre que somos cada uno de nosotros tiene que responder de ello. Benjamin arriesga el pensamiento más extremo cuando coloca en el horizonte de la política la *restitutio in integrum*, es decir, la idea de que «nada se pierda»[20]. Esta tarea, que Benjamin coloca como la propia de la política (aunque no deja de llamarla mesiánica), podríamos entenderla como el horizonte o el principio regulador de la política. Lo que sería propio de esta política, a diferencia de la moderna, es que no se encaminaría tanto hacia una sociedad de iguales (utopía latente en el concepto de justicia distributiva), cuanto hacia la realización de las esperanzas frustradas (sería la utopía propia del concepto de justicia general).

c) La vigencia de la injusticia pasada es posible gracias a la memoria. Y ese reconocimiento ¿qué contenido tiene?

---

20. El concepto de «juicio final» se resuelve en la idea de que «nada se pierda» («Tesis de filosofía de la historia», en Benjamin, 1989, Tesis tercera).

Ese reconocimiento tiene, en primer lugar, un contenido teórico: la posibilidad de ver, gracias a la memoria de la víctima, una dimensión de la realidad que escapa al *lógos*. La realidad de un país —por ejemplo, la del País Vasco— no es la misma con víctimas que sin ellas. No es la misma realidad ontológica porque el asesinato introduce en la realidad la figura de la ausencia. Hay una presencia ausente. Y dentro de esa extraña realidad, no es lo mismo un asesinato que 806[21]: cada asesinato carga a la realidad presente de una particular ausencia. De la realidad que queda o sobrevive al asesinato forma parte una ausencia, que afecta a la presencia de dos maneras: negativamente, como una herida que tiene la parte superviviente (no sólo la familia queda herida, sino toda la sociedad); y positivamente, como una mirada específica que forma parte de la realidad, de suerte que si no se tiene en cuenta no podemos conocer la realidad en su totalidad[22].

21. Desde 1976 hasta enero del 2002 ETA ha cometido 806 asesinatos y 77 secuestros, según A. Beristain «El papel de la universidad, la justicia y las iglesias ante las víctimas del terrorismo en España»: *Actualidad penal* 4 (2002), pp. 63-81.
22. Que la realidad no es sólo lo que está presente es algo que la ideología del progreso, que es la ideología dominante, se lo sabe muy bien. El progresismo sabe que el progreso tiene un costo humano y personal: hay quienes quedan marginados (el costo de la mundialización es la pobreza del Tercer Mundo), eliminados (los que por edad o debilidad no se adaptan a las nuevas exigencias) o desaparecen como efecto colateral (las muertes en la carretera como resultado de máquinas excesivas). Lo que ocurre es que declara eso como costo insignificante: no cuenta para la realidad. Y de la misma manera que la ciencia tiene que atenerse a la realidad que hay, la política tiene que atender a la realidad presente. Del margen ya se ocuparán las ONG; de los muertos, las religiones, y, de los accidentados, las compañías de seguros.
El progreso no desconoce esa parte oculta. Lo que pasa es que, por un lado, la declara in-significante ya que lo realmente significativo es lo que afecta a los presentes, a los vivos, a los que votan, a los que tienen poder; y, por otro, la descalifica por irreal, ajena a la realidad: la construcción de la realidad lleva consigo materiales de desechos o ruinas, que no forman parte de la realidad conseguida.
Lo que hace la memoria es hacer valer la significación y la realidad de esos desechos. Y lo hace valer incluso contra figuras tan respetables como los derechos humanos. La *Déclaration du droit de l'homme et du citoyen*, de 1789, establece que el hombre, por el mero hecho de serlo, tiene una serie de derechos, por ejemplo, a la igualdad. Pero, ¿cómo podemos decir que todos los hombres somos iguales cuando no lo somos de hecho? Sólo lo podemos decir si privamos a la realidad de significación y ésta la hacemos depender de un hombre abstracto, de un sujeto transcendental, es decir, de una concepción abstracta de humanidad. Benjamin denuncia esa sutil operación así: «Para dotar al colectivo [se refiere al concepto abstracto de humanidad] de rasgos humanos, el individuo tiene que cargar con los [rasgos] inhumanos. Hay que despreciar a la humanidad en el plano de la existencia individual, para que resplandezca en el plano del ser colectivo». Las grandes palabras de la Modernidad, tales como igualdad, fraternidad, libertad, sólo son verdad si la aplicamos a una

Para entender lo que significa esta metáfora de la mirada, evoco dos imágenes complementarias. Dice Adorno que esa mirada debe parecerse a la de aquellos condenados en la Edad Media que eran crucificados cabeza abajo, «tal como la superficie de la tierra tiene que haberse presentado a esas víctimas en las infinitas horas de su agonía» (cit. por Zamora, 1997, 264). Veían al mundo de otra manera, con otra perspectiva, con otra lógica. Su perspectiva era diferente de quienes caminaban de pie. El protagonista de la novela de Elie Wiesel, *El día,* que yace inmóvil en una cama del hospital, dice: «He aprendido que el hombre vive diferentemente según que se encuentre en posición vertical u horizontal. La sombras sobre la pared y sobre los rostros no son las mismas» (Wiesel, 1961, 131). ¡Cuán diferente tiene que ser la visión de quienes agonizaban cabeza abajo! Veían, en efecto, que la justicia o la libertad no estaba del lado de los que la disfrutaban, sino que tenía que ver con los que estaban privados de ella. Y lo veían así porque ellos mismos habían sido acallados violentamente y entendían que ese silencio contaminaba todas las bellas palabras que pretendieran ignorarlos.

La otra imagen la tomo de Walter Benjamin, de su Tesis novena (Benjamin, 1989, 183), en la que habla del ángel de la historia que lleva las alas desplegadas y que es impulsado con fuerza irresistible hacia adelante. El ángel representa el progreso. Pero Benjamin nos llama la atención sobre el rostro de ese ángel que nosotros festejamos como el símbolo del progreso: es un rostro desencajado, horrorizado por los escombros y los cadáveres que jalonan la marcha triunfal. El rostro da a entender que quisiera detenerse, echar una mano a los caídos y detener tanto desastre. Pero es inútil; el progreso le arrastra hacia adelante. El ángel no ve lo que vemos nosotros: nosotros vemos el progreso, y el ángel, cadáveres y escombros. La mirada de la víctima es otra mirada porque ve lo que oculta el progreso, la normalización, el «hay que seguir adelante», «hay que seguir vi-

---

entidad abstracta llamada humanidad que no es la suma de los hombres reales, sino una entidad que tiene el inconveniente de no existir. Sólo podemos decir que somos iguales si pesa más, a la hora de decir lo que es el hombre, lo que pongamos idealmente en el hombre abstracto, que lo que encontramos en el hombre real. Eso es lo que se quiere decir con lo de declarar in-significante a la realidad. Otro tanto ocurre con las ruinas o los costos históricos. Tendemos a ver lo ruinoso de la historia como algo que fue vivo en un momento que ha pasado a ser una parte muerta, inerte: una segunda naturaleza. La memoria se revela contra esa operación intelectual y se plantea lo que la humanidad sea a partir de todos esos «seres sacrificados en el altar de la historia», como dice Hegel, pero que él reduce «a florecillas pisoteadas en el camino».

viendo». Dos miradas, pues, sobre la realidad: la del ángel y la de la normalidad.

Lo que se quiere decir con estas imágenes es que las víctimas ven las cosas de otro modo porque ven aquello en lo que nosotros no reparamos. Ahora bien, tomarnos en serio la figura de la víctima es aceptar que lo que ve forma parte de la realidad. Las víctimas no están de paso, no son pasado, sino que se quedan y transforman toda la realidad. No se puede hablar de verdad al margen de ellas ya que ellas desvelan la parte silenciada de la realidad, pero que forma parte de esa realidad. Como hemos recordado anteriormente, el film *Shoah* de Claude Lanzmann se abre con una secuencia en la que un superviviente, Simon Srebnik, avanza por la vereda de un pacífico bosque hasta que se detiene en un punto y dice: «Sí, éste es el lugar». El superviviente ve lo que nuestros ojos no adivinan. Nosotros vemos árboles y verdes prados y él descubre debajo de todo ese olvido lo que hubo en un tiempo, un campo de exterminio; si nuestros oídos sólo alcanzan a escuchar trinos de pájaros, el superviviente se ve asaltado por el terrible silencio que acompañaba al asesinato: «Cuando se quemaba a 2.000 personas por día... nadie gritaba. Cada cual hacía su trabajo. Era silencioso, apacible, como ahora». Como ahora, pero con la diferencia de que el silencio actual a nosotros no nos dice nada, mientras que el suyo está lleno de experiencia del horror[23]. El sufrimiento, declarado por la razón in-significante, se constituye en condición de toda verdad. La verdad no es impasible, ni imparcial, sino una aprehensión de la realidad en su totalidad que arranca precisamente de la venida a presencia de la parte ausente. Ahora bien, si para construir una teoría de la verdad hay que tener en cuenta esa mirada de lo oculto, no habrá derecho, ni moral, ni política que valga al margen de ella.

También tiene una dimensión práctica: quiere hacer algo, quiere responder al grito de protesta de «¡No hay derecho!». ¿Cómo? La memoria descubre que lo oculto u olvidado no es algo tan volátil como el ser heideggeriano, sino una *historia passionis*: proyectos de vida frustrados, ilusiones segadas de raíz, sueños de un mundo mejor abortados, etc. Frente a todas esas negaciones lo que la memoria no puede hacer es impedir que el mal haya sido hecho. Los muertos, muertos están. Lo que sí puede es convertir esos sueños de felicidad, esas utopías no realizadas, esos sueños insatisfechos, en el horizonte

---

23. Lo que tiene de propio la mirada invertida se resume en la ya citada sentencia de Adorno: «Dejar hablar al sufrimiento es la condición de toda verdad» (Adorno, 1984, 27).

del presente. De esa manera el futuro no será la prolongación del presente (aunque sea bajo una forma embellecida y sublimada, como hace la utopía), sino algo nuevo, pues supone precisamente la ruptura de la lógica del presente.

Propio de esta memoria no es la recepción neutra o «científica» del pasado, sino su peligrosidad. Es una apropiación del pasado «tal y como relumbra en el instante de un peligro» (Benjamin, 1989, Tesis sexta). La memoria es peligrosa, de entrada, para el presente pues desvela que éste se asienta sobre un olvido compuesto de ruinas y cadáveres; de ahí que la obsesión de los que mandan sea definir «las políticas de la memoria». Pero también es un peligro para el que recuerda, pues se expone a un nuevo sufrimiento. No olvidemos, en efecto, que la memoria no sólo se refiere a un hecho del pasado (en eso coincide con el historiador), sino también y sobre todo a su significación. Sobre la significación de un crimen pasado, por ejemplo, se libra una dura batalla entre el asesino de antaño y quienes hoy sacan partido de aquella muerte, por un lado, y los herederos de la víctima, por otro. Tenemos dos bandos: por un lado, el de quienes trivializan esa significación ya sea declarando la muerte como el costo inevitable de la historia del progreso, ya sea clasificándolo como una contingencia, algo excepcional y provisional; y, por otro, el de quienes interpretan esa trivialización o silenciamiento como el resultado de la estrategia del asesino de antaño, de suerte que ese silencio es la mejor prueba de que el enemigo anda suelto y sigue amenazando. El sujeto que recuerda se expone a perder la batalla hermenéutica. Los suicidios de tantos supervivientes (Celan, Borowski, Améry, posiblemente Levi, etc.) ilustran lo que se juegan en ese empeño. El sentirse en peligro es el resultado de una memoria vigilante[24].

---

24. Esto vale para Auschwitz, pero se puede aplicar a todo tipo de terror, por ejemplo, al terrorismo del País Vasco. El triunfo mayor de las pistolas no es el miedo que han metido en el cuerpo de los no nacionalistas (obligados, si se expresan públicamente, a ir con escoltas), sino la dejadez o distancia con la que los nacionalistas demócratas juzgan ese peligro a la hora de diseñar su propia política. No hay ninguna duda de que nacionalistas y no nacionalistas condenan los asesinatos. Las diferencias surgen en su interpretación (batalla hermenéutica) respecto a la política presente y futura: mientras los nacionalistas tienden a separar cuidadosamente el asesinato pasado de la política del futuro, los no nacionalistas lo relacionan porque entienden que plantear el futuro de espaldas a esa realidad lleva a la repetición del crimen, pues el criminal sabe que en ese futuro él siempre tendrá un lugar asegurado. Basta con que deje de matar.

V. JUSTICIA A Y DESDE LAS VÍCTIMAS

Termino recogiendo el hilo conductor de estas reflexiones. La justicia de la víctima puede entenderse de dos maneras: como justicia que se debe a la víctima (genitivo ablativo) y como justicia que emana de la víctima (genitivo posesivo).

En el primer sentido, la justicia de la víctima consiste en reconocer la actualidad de la injusticia cometida. No importa el tiempo transcurrido, ni que el deudor sea insolvente. Aunque el asesino no pueda devolver la vida a la víctima la injusticia sigue vigente. La memoria que actualiza la injusticia pasada no salda la deuda, sólo la hace presente, y tiene como consecuencia interpretar la política como duelo. El progreso moral de la humanidad se mide por la conciencia de la responsabilidad que tiene la generación presente con el pasado. Como hemos visto, Benjamin hablaba de una responsabilidad mesiánica[25]. Eso es lo que significa el duelo político: conciencia de la responsabilidad de los presentes respecto a los ausentes.

En el segundo sentido, la justicia de la víctima consiste en reconocer que posee una mirada singular de la realidad y que lo que es así visto forma parte de la realidad. Es una mirada invertida, distinta, diferente. La inversión de la mirada quiere decir que la víctima ve algo que escapa al verdugo o al espectador, a saber, el significado del sufrimiento declarado insignificante por la cultura dominante. La razón tiende a imitar a la ciencia —considerada analogado principal de la racionalidad— para la que sólo importa la realidad que ha llegado a ser. De acuerdo con esa mentalidad, los caídos en el camino son declarados irreales porque no forman parte de la realidad; y el sufrimiento, insignificante, pues la historia se mide por la fuerza de su *conatus* y no por el precio que hay que pagar. La mirada de la víctima protesta contra esa injusticia y declara decididamente que «el sufrimiento es la condición de toda verdad» porque forma parte de la realidad.

Esta afirmación puede parecer excesiva pues traslada el sufrimiento del sentimiento a la ontología. Quizá convenga, para poder entender lo razonable de este planteamiento, pensar en cómo queda una realidad golpeada una y otra vez por el terror o la violencia: queda disminuida en sus funciones vitales. La piel de la sociedad se hace dura para protegerse de tanta violencia, lo que lleva consigo

---

25. «Y como a cada generación que vivió antes que nosotros, nos ha sido dada una débil fuerza mesiánica sobre la que el pasado exige derechos» («Sobre el concepto de historia», en Benjamin, 1989, 178, Tesis segunda).

debilitamiento de la sensibilidad y pérdida de cualidades de la *humanitas,* conseguidas laboriosamente por el hombre a lo largo de los siglos: la compasión, la solidaridad o la memoria. ¿No tendrá que ver tanto olvido con el hecho de que en los campos de exterminio muriera el pueblo de la memoria? Cuando hablamos de «crimen contra la humanidad» deberíamos pensar no sólo en el genocidio, que es una mutilación biológica de la pluralidad y diversidad de la especie humana, sino también en deshumanización, en atentado contra el proceso civilizatorio de la humanidad que ha ido generando virtudes y cualidades humanizadoras de la especie. Tanta violencia contra el hombre ha acabado por vacunarnos contra la compasión, la memoria o la justicia. La mirada de las víctimas es como el último cabo al que puede agarrarse el hombre que no ha renunciado al proyecto de humanizar la vida del hombre en el mundo.

Por eso hay que reconocer que de la misma realidad se pueden hacer dos lecturas: la que hacen los vencedores o sus herederos bajo el señuelo de la normalidad, y la que hacen los oprimidos. Ya hemos visto cómo, para Benjamin, los oprimidos viven en permanente estado de excepción. Aunque el estado de excepción no esté declarado formalmente, los hay que nunca salieron de él porque han vivido sin más derechos, en el mejor de los casos, que los que el poder les concedía gratuitamente; han construido el progreso sin recibir nada a cambio. Y esa situación no ha sido algo provisional sino que es permanente, porque el progreso no consigue reciclar los desechos de su marcha triunfal por la historia, sino que éstos crecen exponencialmente. La mirada de la víctima es la de la solidaridad con quienes siempre fueron privados de sus derechos, invitación a una mirada fraterna con las nuevas víctimas de la historia.

La justicia de la víctima no agota, evidentemente, todas las posibilidades de este continente llamado justicia[26], pero sí supone un enfoque singular que debería afectar al rumbo de todo el continente.

---

26. Me refiero particularmente a la temática que subyace bajo la figura levinasiana del *tiers* en la que vuelve a aparecer la importancia de la justicia como imparcialidad.

BIBLIOGRAFÍA

AA.VV., *Usages de l'oubli. Colloque de Royaumont*, Seuil, Paris.
Abensour, M. (1997), *La démocratie contre l'Etat*, PUF, Paris.
Abensour, M. (1998), «Le contre-Hobbes d'Enmanuel Lévinas», en AA.VV., *Difficile liberté. Colloque des intellectuels juifs*, pp. 120-132.
Abensour, M. (2000), *L'utopie de Thomas More à Walter Benjamin*, Sens-Tonka, Paris.
Adorno, Th. W. (1962), *Prismas. La crítica de la cultura y de la sociedad*, Ariel, Barcelona.
Adorno, Th. W. (1973), *Gesammelte Schriften*, Suhrkamp, Frankfurt a.M.
Adorno, Th. W. (1984), *Dialéctica negativa*, trad. de J. M. Ripalda, Taurus, Madrid.
Adorno, Th. W. (1988), *Educación para la emancipación*, Morata, Madrid.
Adorno, Th. W. (1999), *Minima moralia*, Taurus, Madrid.
Adriaanse, H. J. (1994), «Rosenzweigs Offenbarungsverständnis», en M. M. Olivetti (ed.), *Filosofia della rivelazione*, Cedam, Milano, 1994.
Agamben, G. (1998), *Homo sacer*, Pre-textos, Valencia,
Agamben, G. (2000), *Lo que queda de Auschwitz*, trad. de A. Gimeno, Pre-textos, Valencia.
Améry, J. (2001), *Más allá de la culpa y de la expiación*, traducción de E. Ocaña, Pre-textos, Valencia.
Antelme, R. (1957), *L'Espèce humaine*, Gallimard, Paris.
Arendt, H. (1967), *Eichmann en Jerusalén*, Lumen, Barcelona.
Arendt, H. (1987), *Los orígenes del totalitarismo*, 3 vols., Alianza, Madrid.
Arendt, A. (1990), «Projet de recherche sur les camps de concentration», en *La nature du totalitarisme*, Payot, Paris.
Arendt, H. (1995), *De la historia a la acción*, Paidós, Barcelona.
Badiou, A. (1989), *Manifeste pour la philosophie*, Seuil, Paris.
Badiou, A. (1999), *San Pablo. La fundación del universalismo*, Anthropos, Barcelona.

Badiou, A. (2002), *Breve tratado de la ontología transitoria*, Gedisa, Barcelona.
Bauman, Z. (1998), *Modernidad y Holocausto*, Sequitur, Madrid.
Beltrán, M., Mardones, J. M. y Mate, R. (eds.), (1998), *Judaísmo y límites de la Modernidad*, Ríopiedras, Barcelona.
Benjamin, W. (1985), *Gesammelte Schriften*, Suhrkamp, Frankfurt a. M.
Benjamin, W. (1989), «Sobre el concepto de historia», en *Discursos interrumpidos* I, trad. de J. Aguirre, Taurus, Madrid.
Benjamin, W. (1990), *El origen del drama barroco alemán*, Taurus, Madrid.
Bensoussan, G. (1998), *Auschwitz en héritage. D'un bon usage de la mémoire*, Mille et Une Nuit, Paris.
Bernstein, R. J. (2000), «¿Cambió Hanna Arendt de opinión? Del mal radical a la banalidad del mal», en F. Birulés (ed.), *Hanna Arendt. El orgullo de pensar*, Gedisa, Barcelona.
Bernstein, R. J. (2001), «La responsabilidad, el juicio y el mal», en AA. VV., *Hanna Arendt. El legado de una mirada*, Sequitur, Madrid.
Birger, T. (2000), *Ante el fuego. Una memoria del Holocausto*, Aguilar, Madrid.
Blanchot, M. (1980), *L'écriture du desastre*, Gallimard, Paris.
Boschki, R. (1997), «Das Schweigen Gottes in Auschwitz», en R. Boschki y F.-M. Konrad (eds.), *Ist die Vergangenheit noch ein Argument?*, Attempto, Tübingen, 1997.
Buber-Neumann, G. (1988), *Deportée à Ravensbruck*, Seuil, Paris.
Buck-Morss, S. (1981), *Origen de la dialéctica negativa*, Siglo XXI, México.
Celan, P. (1999, ³2002), *Obras completas*, trad. de J. L. Reina Palazón, Trotta, Madrid.
Celan, P. (2003), *Poesía póstuma*, trad. de J. L. Reina Palazón, Trotta, Madrid.
Cogon, E. y Metz, J. B. (1979), *Gott nach Auschwitz*, Herder, Freiburg Br.
Cohen, H. (1988), *Die Religion der Vernunft aus den Quellen des Judentums*, Fourier, Wiesbaden.
Coquio, C. (ed.) (1999), *Parler des camps, penser les génocides*, Albin Michel, Paris.
Derrida, J. (1994), *Force de loi,* Galilée, Paris; trad. española de A. Barberá y P. Peñalver, *Fuerza de ley*, Tecnos, Madrid, 1997.
Derrida, J. (1998), *Políticas de la amistad*, trad. de P. Peñalver y P. Vidarte, Trotta, Madrid.
Díaz, E. (1996), «Estado de Derecho», en E. Díaz y A. Ruiz Miguel (eds.), (1996), *Filosofía Política* II. *Teoría del Estado*, Trotta, Madrid.
Edelman, M. (2002), *Mémoires du ghetto de Varsovie*, Liana Levi, Lonrai.
Fachenheim, E. (1986), *Penser après Auschwitz*, La Nuit Surveillée, Paris.
Fernández-Castañeda Belda, L. (1999), *Experiencia y lenguaje en Walter Benjamin*, tesis doctoral, Universidad Autónoma de Madrid.
Ferry, J.-M. (2001), *La ética reconstructiva*, Siglo del Hombre, Bogotá.
Foucault, M. (1999), «Naissance de la biopolitique»: *Le Monde*, 7 de mayo de 1999 (Supplément), publicado posteriormente en *Dits et écrits*,

1954-1988. II, *1876-1988*, Gallimard, Paris, 2001, pp. 818-825; trad. castellana en *Archipielago* 30, pp. 119-124.
Gaeta, G. (1999), *Religione del nostro tempo*, Edizioni E/O, Roma.
Garapon, A., Gross, F. y Pech, Th. (2001), *Et ce sera justice. Punir en démocratie*, Odile Jacob, Paris.
Gradowski, Z. (2001), *Au coeur de l'enfer*, ed. de Ph. Mesnard y C. Saletti, Kimé, Paris.
Habermas, J. (1986), «Vuelve Schmitt. De legitimador del nazismo a inspirador de la posmodernidad»: *El País*, 6 de noviembre de 1986 (Suplemento de libros).
Habermas, J. (1991), «Justicia y solidaridad», en K.-O. Apel (ed.), *Ética comunicativa y democracia*, Crítica, Barcelona, 1991.
Halbwachs, M. (1997), *La mémoire collective*, Albin Michel, Paris.
Heidegger, M. (1989), *La autoafirmación de la universidad alemana. El rectorado, 1933-1934*, estudio preliminar, trad. y notas de R. Rodríguez, Tecnos, Madrid.
Heidegger, M. (2003), *Ser y tiempo* [1963], trad. de J. E. Rivera, Trotta, Madrid.
Heller, A. (1995), *Biopolítica*, Península, Barcelona.
Hilberg, R. (1988), *La destruction des juifs d'Europe* II, Folio/Gallimard, Paris.
Hillesum, E. (1985), *Une vie bouleversée*, Seuil, Paris.
Hillesum, E. (2001), *El corazón pensante de los barracones. Cartas*, Anthropos, Barcelona.
Horkheimer, M. (1976), *Apuntes. 1950-1969*, Monte Ávila, Caracas.
Horkheimer, M. (1999), *Materialismo, metafísica y moral*, Tecnos, Madrid.
Horkheimer, M. (1998), *Teoría crítica*, Amorrortu, Buenos Aires.
Horkheimer, M. (2000), *Anhelo de justicia. Teoría crítioca y religión*, trad. y ed. de J. J. Sánchez, Trotta, Madrid.
Horkheimer, M. (2003), *Crítica de la razón instrumental*, trad. de J. Muñoz, prólogo de J. J. Sánchez, Trotta, Madrid.
Horkheimer, M. y Adorno, Th. W. (1994, ⁵2003), *Dialéctica de la Ilustración*, trad. de J. Muñoz, prólogo de J. J. Sánchez, Trotta, Madrid.
Jäckel, E. (1987), *Historikerstreit*, Piper, München.
Jankelevitch, V. (1986), *L'imprescriptible*, Seuil, Paris.
Jonas, H. (1984), *Der Gottesbegriff nach Auschwitz. Eine jüdische Stimme*, Frankfurt a.M.
Juliá, S. (2002), «¿Falange liberal o intelectuales fascistas»: *Claves de la Razón Práctica*, 121.
Jünger, E. (1995), *Sobre el dolor. La movilización total. Fuego y movimiento*, Tusquets, Barcelona.
Kertsz, I. (1998) *Etre sans destin*, Actes Sud, Arles.
Kertesz, I. (1999), *Un instante de silencio en el paredón*, Herder, Barcelona.
Klemperer, V. (2002), *La lengua del III Reich. Apuntes de un filólogo*, Minúscula, Madrid.
Kymlicka, W. (1992), *Contemporary Political Philosophy: an Introduction*, OUP, Oxford.

Kolitz, Z. (1998), *Iosl Rákover habla a Dios,* FCE, Buenos Aires.
Kovadloff, S. (1996), *Lo irremediable. Moisés y el espíritu trágico del judaísmo,* Emecé, Buenos Aires.
Lanzmann, C. (1985), *Shoah,* Gallimard, Paris.
Levi, P. (1987), *Si esto es un hombre,* trad. de P. Gómez Bedate, El Aleph, Barcelona.
Levi, P. (1989), *Los hundidos y los salvados,* trad. de P. Gómez Bedate, Muchnik, Barcelona.
Levi, P. (1997), *La tregua,* Muchnik, Barcelona.
Lévinas, E. (1976), *Difficile Liberté,* Albin Michel, Paris.
Lévinas, E. (1982) *De l'évasion,* Fata Morgana, Paris. Introducción y anotaciones de J. Rolland; trad. española, *De la evasión,* Arena, Madrid, 1999.
Lévinas, E. (1979), *Le temps et l'autre,* PUF, Paris; trad. española de J. L. Pardo *El tiempo y el otro,* Paidós, Barcelona, 1993.
Lévinas, E. (1987), *Totalidad e Infinito,* trad. de D. E. Guillot, Salamanca, Sígueme.
Lévinas, E. (1987) *De otro modo que ser, o más allá de la esencia,* Sígueme, Salamanca.
Lévinas, E. (1992), *Ethique comme philosophie première.* Prefacio de J. Rolland, Rivages, Paris.
Lévinas, E. (1998), «Algunas reflexiones sobre la filosofía del hitlerismo», en M. Beltrán, J. M. Mardones y R. Mate (eds.), *Judaísmo y límites de la modernidad,* trad. de J. R. Iraeta, Ríopiedras, Barcelona, pp. 65-75.
Loraux, N. (1988), «De l'amnistie et de son contraire», en M. Löwy, *Rédemption et utopie,* PUF, Paris, 1988.
Marcuse, H. (1968), «La lucha contra el liberalismo en la concepción totalitaria del Estado», en *Cultura y sociedad,* Sur, Buenos Aires.
Mate, R. (1990), *Mística y política,* VD, Estella.
Mate, R. (1991) *La razón de los vencidos,* Anthropos, Barcelona.
Mate, R. (ed.) (1993), *Filosofía de la Historia,* Trotta, Madrid.
Mate, R. (1994), «Ein natürlicher Naturbegriff», en R. Mate y F. Niewöhner, *Spaniens Beitrag zum politischen Denken in Europa um 1500,* Harrassowitz Verlag, Wiesbaden, pp. 7-15.
Mate, R. (1997), *Memoria de Occidente,* Anthropos, Barcelona.
Mate, R. (2000), «Paz o reconciliación», en P. Ortega (ed.), *Educación para la paz,* Cajamurcia, Murcia, 2000.
Mayorga, J. (1997), *Revolución conservadora y conservación revolucionaria. Política y memoria en Walter Benjamin,* Anthropos, Barcelona.
McIntyre, A. (1987), *Tras la virtud,* Crítica, Barcelona.
Mesnard, Ph. y Kahan, Cl. (2001), *Giorgio Agamben à l'épreuve d'Auschwitz,* Kime, Paris.
Metz, J. B. (1979), *La fe en la historia y en la sociedad,* Cristiandad, Madrid.
Metz, J. B. (1999) *Por una cultura anamnética,* Anthropos, Barcelona.
Metz, J. B. (2002), *Dios y tiempo. Nueva teología política,* trad. de D. Romero, Trotta, Madrid.

Metz, J. B. y Wiesel, E. (1996), *Esperar a pesar de todo*, trad. de C. Gauger, Trotta, Madrid.
Moses, S. (1982), *Système et Révélation*, Seuil, Paris.
Moses, S. (1992), *L'Ange de l'histoire*, Seuil, Paris.
Nancy, J. L. (1983), *L'imperatif catégorique*, Flammarion, Paris.
Nino, S. (1996), «Justicia», en E. Garzón Valdés y F. Laporta (eds.), *Justicia y derecho*, Trotta, Madrid.
Peñalver, P. (2001), *Argumento de alteridad*, Caparrós, Madrid.
Peters, T. (1998), *Johann Baptist Metz. Theologie des vermissten Gottes*, Grünewald, Mainz.
Rancière, J. (1990), *Au bord du politique*, Osiris, Paris.
Rancière, J. (1995), *La mésentente*, Galilée, Paris.
Ricoeur, P. (1998), «Histoire et mémoire», en AA.VV., *De l'histoire du cinéma*, Complexe, Paris.
Ricoeur, P. (2001), «Justice et vengeance», en *Le Juste* II, Esprit, Paris, pp. 257-266.
Ricoeur, P. (2003), *La memoria, la historia, el olvido*, trad. de A. Neira, Trotta, Madrid.
Rosenzweig, F. (1920), *Hegel und der Staat*, R. Öldenbourg, München/Berlin.
Rosenzweig F. (1989), *El nuevo pensamiento*, Visor, Madrid.
Rosenzweig, F. (1990), *Der Stern der Erlössung*, Suhrkamp, Frankfurt a.M.; trad. española de M. García Baró, *La estrella de la redención*, Sígueme, Salamanca, 1997.
Rubenstein, R. L. (1966), *After Auschwitz. Radical Theology and Contemporary Judaism*, Indianapolis.
Sánchez, J. J. (2000), «Religión como resistencia y solidaridad en el pensamiento tardío de Max Horkheimer», en M. Horkheimer, 2000.
Sánchez, J. J. (2001), «Compasión, política y memoria. El entimiento moral en Max Horkheimer»: *Isegoría*, 25, pp. 223-247.
Sánchez Ferlosio, R. (1996), «La señal de Caín»: *Claves de la Razón Práctica*, 64.
Sartre, J.-P. (1954), *Réflexions sur la question juive*, Gallimard, Paris.
Schmitt, C. (1975), «El concepto de política», en *Estudios políticos*, Doncel, Madrid.
Semprún, J. (1990), *Mal et Modernité*, Climats, Paris.
Semprún, J. y Wiesel, E. (1995), *Se taire est impossible*, Arte, Paris.
Serrano de Haro, A. (2000), «Totalitarismo y filosofía»: *Isegoría*, 23, pp. 91-117.
Steiner, G. (1973), *Dans le château de Barbe-Bleu*, Seuil, Paris.
Steiner, G. (1999), *Langage et silence*, Bibliothèques 10/18, Paris.
Sternschein, R. y Mardones, J. M. (2000), «Recepción teológica de Auschwitz»: *Isegoría*, 23.
Strauss, L. (1991), *Le testament de Spinoza*, Cerf, Paris.
Todorov, T. (1994), *Face à l'extrême*, Seuil, Paris.
Todorov, T. (1998), *Les abus de la mémoire*, Arlea, Paris.
Torner, C. (2001), *Shoah. Une pédagogie de la mémoire*, L'Atelier, Paris.

Traverso, E. (1997), *L'histoire déchirée*, Cerf, Paris.
Tugendhadt, E. (2002), *Problemas*, Gedisa, Barcelona,
Tugendhat, E. (1999), *Diálogo en Leticia*, Gedisa, Barcelona.
Valladolid, T. (2003), *Democracia y pensamiento judío: de Habermas a Benjamin, caminos de intencionalidad práctica*, Universidad de Huelva.
Vidal-Naquet, P. (1987), *Les assassins de la mémoire*, La Découverte, Paris.
Vidal-Naquet, P. (1991), *Le juifs, la mémoire et le présent*, La Découverte, Paris.
Wiesel, E. (1961), *Le jour*, Seuil, Paris; trad. española, *La noche, el alba, el día*, Barcelona, ³1987.
Wieviorka (1998), *L'ère du témoin*, Plon, Paris.
Zamora, J. A. (1994), *Krise-Kritik-Erinnerung. Ein politisch-theologischer Versuch über das Denken Adornos im Horizont der Krise der Moderne*, LIT, Münster.
Zamora, J. A. (1997), «Civilización y barbarie. Sobre *Dialéctica de la Ilustración* en el 50 aniversario de su publicación»: *Scripta Fulgentina*, VII, 2/14, pp. 255-291.
Zizek, S. (Internet), *Warum Hanna Arendt und Daniel Goldhagen unrecht haben*.
Zizek, S. (2001), *El espinoso sujeto. El centro ausente de la ontología política*, Paidós, Barcelona.

ÍNDICE GENERAL

Contenido 7
Introducción 9

1. DEL HITLERISMO A LA RACIONALIDAD OCCIDENTAL 33

   I. La modernidad del hitlerismo 34
   II. El encadenamiento del cuerpo.. 38
   III. Del hitlerismo a la racionalidad occidental 48
      1. La intencionalidad del yo moderno 49
      2. La conciencia preintencional.. 50
      3. La prioridad de la responsabilidad sobre la libertad 53
   IV. El concepto benjaminiano de experiencia 55
   V. El Idealismo, fuente del totalitarismo 63

2. EL CAMPO, LUGAR DE LA POLÍTICA MODERNA 71

   I. La biopolítica que viene de lejos 71
   II. ¿Es todo campo de concentración?.................................... 79
   III. Para los oprimidos, el estado de excepción es la norma 85
   IV. Dos discursos y una misma historia 92
      1. Cultura y barbarie 93
      2. Fascismo y progreso 97
      3. La complicidad del imperativo categórico kantiano 99

V. El *demos* o la negación de toda exclusión 105
VI. La política como *interrupción* del campo 111

3. La memoria de Auschwitz 117

I. El nuevo imperativo categórico según Adorno 118
II. Del mal radical a la banalidad del mal 122
III. Entre la necesidad de conocer y la imposibilidad de comprender 131
IV. Los avisadores del fuego 137
   1. Ontología de la guerra (Rosenzweig) 137
   2. Tiempo vacío y tiempo pleno (Walter Benjamin) 142
V. La razón anamnética 151
   1. El discurso amnésico 154
   2. El discurso anamnético 156
VI. La ejemplaridad de Auschwitz 162

4. La autoridad del testigo 167

I. Testimonio y verdad 170
   1. Para Rosenzweig la verdad es testimonio 172
   2. En Lévinas el decir es testimonio 176
   3. El narrador como testigo, en Benjamin 178
II. Las preguntas del testigo 184
   1. ¿Dónde estaba Dios? 186
   2. ¿Dónde estaba el hombre? 194
     a) La víctima 195
     b) El verdugo 200
     c) El espectador 204
IV. El «era aquí» del testigo 211
   1. Sentido jurídico 212
   2. La dimensión moral 214

5. El testigo, entre la palabra y el silencio 217

I. Contra la frialdad burguesa 218
II. El «musulmán», testigo integral 222
III. La necesidad del testimonio 225

ÍNDICE GENERAL

IV. De la palabra del testigo al silencio del «musulmán» 230
V. La responsabilidad absoluta 238

6. POR UNA JUSTICIA DE LAS VÍCTIMAS 241

I. El interés por la víctima 242
II. La justicia de los antiguos y la justicia de los modernos 244
III. Igualdad a cambio de amnesia 247
IV. La justicia como respuesta a la injusticia 251
V. La justicia a y desde las víctimas 258

Índice general 267